民族宗教工作的坚持与探索

朱维群 著

四川人民出版社

图书在版编目（CIP）数据

民族宗教工作的坚持与探索 / 朱维群著. —成都：四川人民出版社，2016.4
ISBN 978-7-220-09571-9

Ⅰ.①民… Ⅱ.①朱… Ⅲ.①民族工作－中国－文集 Ⅳ.①D633－53

中国版本图书馆CIP数据核字（2015）第179004号

MINZU ZONGJIAO GONGZUO DE JIANCHI YU TANSUO
民族宗教工作的坚持与探索

朱维群 著

责任编辑	周　颖　吴焕姣　江　澄
封面设计	陆红强
版式设计	戴雨虹
责任校对	蓝　海
责任印制	祝　健
出版发行	四川人民出版社（成都槐树街2号）
网　　址	http://www.scpph.com
E-mail	scrmcbs@sina.com
新浪微博	@四川人民出版社
微信公众号	四川人民出版社
发行部业务电话	（028）86259624　86259453
防盗版举报电话	（028）86259624
照　　排	四川胜翔数码印务设计有限公司
印　　刷	成都东江印务有限公司
成品尺寸	170mm×240mm
印　　张	25.25
字　　数	300千
版　　次	2016年4月第1版
印　　次	2016年4月第1次印刷
书　　号	ISBN 978-7-220-09571-9
定　　价	48.00元

■版权所有·侵权必究
本书若出现印装质量问题，请与我社发行部联系调换
电话：（028）86259453

自 序

1988年我作为《人民日报》记者参加"民族地区纪行"报道活动，先后深入云、贵、川少数民族地区采访；1991年为纪念"西藏和平解放"40周年，又进藏采访40余天。回想起来，我涉足民族宗教工作，就是从这两次采访活动开始的。从西藏回到北京不久，我被调入中共中央办公厅调研室，职责所在，开始注重研究党的统一战线中的民族宗教问题，并直接参与了一系列重要的实际工作。1998年我被调入中央统战部，先后任副部长、常务副部长，在较长时间内联系民族宗教工作，在理论政策研究和实际工作两方面承担的任务更重，责任也更大。2013年由于年龄关系，我转入全国政协任民族和宗教委员会主任，尽管工作仍然繁忙，但终于有时间对以往工作做一点回顾与梳理。我把至今自己有关民族宗教问题的文章、讲话、访谈等收集起来，居然也有数百篇之多，从中筛选出内容比较重要而文字也比较完整者，得四五十篇，其中大多数曾公开发表过，这就是这本书的基础。我以为，相当长一个时期内中国社会仍将处于转型过程之中，各领域变化快速而深刻，这种变化不断给民族宗教工作提出新的课题和挑战，而我们工作的理论、政策、措施和方法一方面需要坚持，保持其总体上的连续性和有效性，另一方面也需要不断适应新的社会实际，不断进行新的探索，作出必要的调整和创新，并接受新的实践的检验。我编这本文稿集，多少有一点不自信，带有期待自己和别人在今后新的实践中深化认识，予以纠正、批判的意思。

这本书所有文稿有一个共同点，就是同这一时期党的民族宗教工作紧密结合，都在努力运用党的理论、政策对民族宗教领域现实问题作出回应，具有较强的实用性和时效性。所选篇目大多出于2008年至今这个不长的时间段。因为这个时间段内发生了2008年拉萨"3·14"事件，2009年乌鲁木齐"7·5"事件等一系列分裂主义、暴力恐怖主义事件，党中央领导人民同达赖集团、"东突"势力及在背后怂恿、支持它们的某些国际势力进行了坚决而卓有成效的斗争。这场斗争至今仍在持续之中。国家利益要求民族宗教理论工作者、实际工作者自觉把夺取这场斗争的胜利，维护国家统一和社会稳定的大局作为工作的重心。我有幸亲历了这场斗争，本书不少文稿就是为解决某一时段、某一地域、某一事件的特定问题而匆匆草就的。这样产生的文稿，政治上的现实针对性强，而学理性往往显得不足。但是我相信，它所体现的一般原则、策略和方法，所遵循的基本思路，如果是符合当时工作与斗争实际的，则在相当长的一个时期内对后来者不会失其实用意义。正是由于这场斗争的启迪和需要，我对当前民族宗教领域的一些理论、政策问题，从坚持与探索相结合的角度进行了再学习和再思考，于是有了2012年《对当前民族领域问题的几点思考》等文稿发表。尽管其中一些观点受到民族学界一些人士的反对，但我认为这些观点是从民族宗教工作的实际出发而提出的，要否定它，只能以理论施行于实践的效果而

自 序

不是任何其他东西为依据。

这本书中许多文稿出自这一时期我同西方政要、媒体就中国民族宗教政策尤其是涉藏涉疆问题的对话。应当说，对话者中多数人的态度是友好的，但是确有一些人士出于根深蒂固的种族优越感和对中国实际情况的隔膜，习惯于咄咄逼人的指责、问罪的态度，更有一些人公开为分裂主义势力的暴力恐怖行为张目。没有哪一场争论是由我挑起的，但是面对这些人对中国内部事务的无端干涉，我不可能采取任何忍让、回避、谦逊的态度，只能以更加"直率"的态度，老实不客气地把对方的这一套顶回去。这就使不少文稿内容具有很强的抗争性。而每次谈下来，我都得出同样的结论：讲中国的事，无论是自由人权、民族宗教、西藏新疆，我们都不亏理，没有任何理由说不过外国人，关键在于丢掉幻想，不怕交锋，同时要有充分的说理准备。民族宗教问题今后长时期内仍将是某些国际势力对中国"找碴"的重点领域，我们有必要继续掌握和提升向国际社会传播中国声音的能力，包括面对面辩驳的能力。

在文稿工作中，我一直力争做到文字上尽可能简练、质朴，努力用最少的文字表达最多的内容，少一些没有错也没有用的空洞辞藻和套话，少一点四六句和排比对仗。本书所收录的文稿，除了几篇讲座提纲，篇幅都不算长。2013年《改改我们的文风》连同其他少数几篇同民族宗教问题没有直接关联的文稿也收入这个集子，是因为我一向认为包括民族宗教工作在内的统一战线工作，往往涉及党和国家的重大政治决策，这些决策又往往事关长远，必须有一个老老实实的学风和文风。这是使我们的工作和斗争立于不败之地的不可或缺的保障。我自己做得并不够好，但是愿意朝这个方向努力。

在本书编辑过程中我坚持一项原则：除少量文字订正外，所有文稿均保持其发表或使用时的原样。有个别文稿重拟了标题或恢复了最初发表时因篇幅所限被略去的段落。我认为，凡涉及重大政治问题的文稿，读者有权利了解它的本来模样，据此了解事物发展的整个客观过程，作出自己的判断。这是真正对读者负责的态度。如果后来的实践证明文稿观点有错误，作者对由此引起的批评只能硬着头皮顶住：谁叫你当初见识浅又不慎重！由于我所从事工作的性质，一些观点、事例会在不同场合反复使用，这就造成一些文稿内容上有重复，这是需要请读者谅解的。

如果这本书对于今后民族宗教工作还有一些借鉴作用，首先要感谢所有帮助、支持过我的同志，特别是中央统战部、全国政协同我一起度过那些富有挑战性岁月的同志。在这本书里，我们的激情和心血是交融在一起的。

朱维群

2016 年 2 月

目　录

001　统一战线工作要适应城市化进程（2002年8月21日）

018　《西藏视点丛书》再版序言（2006年6月）

022　"西藏独立"不行，"半独立""变相独立"也不行（2008年11月10日）
　　　——在国务院新闻办公室举行的发布会上答记者问

039　拉萨"3·14"事件再次暴露达赖集团的暴力本质（2008年11月14日）
　　　——在英国就拉萨"3·14"事件答BBC记者问

048　我们办任何事必须从中国自己的利益出发（2009年9月22日）
　　　——就涉藏问题答德国《焦点》杂志记者问

065　西藏的现在和未来是由全中国人民决定的（2010年2月3日）
　　　——在国务院新闻办公室举行的发布会上答记者问

080　美国应尽早甩掉达赖集团这个包袱（2010年4月2日）
　　　——会见美国两党代表团时的谈话

085　努力推动统一战线工作的创新（2010年12月15日）

088　民族团结教育活动要结合新的实际（2011年4月28日）

097　西藏和平解放：中华民族统一大业的辉煌篇章（2011年5月）
　　　——答《中国西藏》杂志记者问

108　西藏文化是中华文化的有机组成部分（2011年8月20日）

115	藏传佛教要与我们的国家和人民一起前进（2011年10月20日）
122	中国政府绝不会让达赖分裂图谋得逞（2011年12月9日） ——在德国就达赖喇嘛转世等问题答《法兰克福报》记者问
129	中国有能力捍卫自己的主权和利益（2011年12月12日） ——在比利时同欧盟官员、学者、记者谈达赖等问题
142	共产党员不能信仰宗教（2011年12月17日）
151	对当前民族领域问题的几点思考（2012年2月13日）
158	《十四世达赖言行评析》序（2012年4月）
163	关于对达赖集团斗争问题（2012年5月）
185	以科学发展观推动对口援藏工作（2012年8月31日）
194	改改我们的文风（2013年1月21日）
201	民族地区职业教育需要关注的几个问题（2013年6月）
208	民族地区城镇化建设需要关注的几个问题（2013年7月）
214	要更多关注"引导藏传佛教与社会主义社会相适应"问题（2013年7月19日）
219	"我对新疆反分裂斗争充满信心"（2013年8月19日） ——接受《中国新闻周刊》记者专访时的谈话
229	为什么不问苍生问鬼神？（2013年9月16日） ——谈保持共产党人世界观的纯洁性
234	中国不容分裂（2013年10月17日） ——在比利时接受欧盟记者集体采访时的谈话
243	中国政府不会同达赖讨论什么"西藏问题"（2013年10月18日） ——在瑞士接受《新苏黎世报》记者专访时的谈话
253	没有国家尊严也就谈不上个人人权（2013年10月22日） ——在意大利同"自由社会"人权组织会见时的谈话

目 录

259	达赖集团是煽动制造自焚事件的罪魁祸首（2013年10月22日）
	——在意大利接受《快报》记者专访时的谈话
268	人民政协的民族宗教工作（2013年10月29日）
277	西方为何在涉藏涉疆问题上与中国过不去（2014年2月19日）
292	不能把昆明暴恐事件同特定民族挂钩（2014年3月4日）
	——接受《南方都市报》记者专访时的谈话
294	如果是现在，奥巴马还会见达赖吗？（2014年3月20日）
297	处理暴恐事件要从民族宗教问题中脱敏（2014年4月2日）
	——接受凤凰网资讯记者专访时的谈话
314	反对宗教极端主义要综合施策（2014年5月27日）
321	新形势下民族宗教工作的坚持与探索（2014年6月）
348	关于民族地区城镇化进程中就业问题的几点建议（2014年9月11日）
353	《民族区域自治法》是反分裂的强有力武器（2014年10月17日）
357	"党员不能信教"原则不可动摇（2014年11月14日）
362	顺应民族交融的大势（2014年12月13日）
	——由历史纪实文学《瞻对》引起的对话
380	关注"丝路经济带"的民族宗教问题（2015年12月8日）
385	"活佛转世"最高决定权在中央（2015年11月30日）
391	达赖与暴力恐怖主义的关系能撇清吗？（2015年12月25日）

统一战线工作要适应城市化进程

(2002年8月21日)

"城市化进程和统一战线工作"研讨会今天在上海召开了。我就课题的选择和有关问题谈几点看法。因为这个课题比较新,总体上还处于研究的初步阶段,所以我的发言只能反映我和有关同志的一些看法,与大家共同研讨、交流。

一、 开展"城市化进程和统一战线工作"课题研究的意义

城市化是随着工业化水平提高、以农村人口向城市迁移和集中为特征的一种历史过程,是现代化进程中不可避免的一种经济社会结构变动。近代以来世界范围内的城市化高潮,首先在西方发达国家兴起,是工业革命后资本主义生产方式在经济领域逐步占居主导地位的产物。此后,世界多数国家或早或迟,或快或慢进入到这个过程之中。当前,在经济全球化和信息网络化的进一步推动下,城市化在全球范围内加速发展,成为衡量一个国家经济社会发展程度的重要标志,对各国经济、政治和社会生活各领

域产生广泛而深远的影响。

近年来，我国政府有关部门和社科界许多学者对我国城市化问题进行了深入的研究，取得了许多重要的研究成果。但从我们查阅到的文献资料看，从经济发展角度研究得比较多，从社会、政治角度研究得比较少。一个时期以来，我们许多从事统战工作的同志从自己的工作实践中感到这个问题的重要性，并且从不同角度进行了一些初步的研究、探讨。今年，中央统战部把"城市化进程和统一战线工作"作为重点课题，组织14个省、22个市党委统战部共同进行研究。中央统战部课题组于4月份分两路赴江苏、浙江和四川、重庆四省市进行了实地调研。在广泛调研的基础上，我们组织召开这次专题研讨会，希望通过这次会议，加深我们对于中国城市化进程规律性的认识，并据此改进和加强新时期的统一战线工作。

回顾中国城市化的历史，我们可以看到，这一进程与发达国家城市化进程有着许多共同之处，但也有着显著区别。发达国家的城市化，是工业革命的直接产物，而工业革命主要是由本国资本主义生产关系的形成与发展推动的。我国明清资本主义生产关系萌芽的出现和发展，本来是可以自然导致中国工业化和城市化发生的，但这一进程在鸦片战争后被打断了。我国的近代工业和近代城镇的开端，在很大程度上首先是由西方列强的殖民扩张造成，在其后的一个半世纪中经历了一个极为曲折复杂的过程。从鸦片战争开始，至今我国的城市化大体经历了三个较快发展时期，各自表现出鲜明的时代特征，并且都给予中国的政治发展以极大的影响。第一个发展时期是1840年鸦片战争后。帝国主义列强用坚船利炮打开了中国长期闭锁的国门，强迫中国政府签订了一系列不平等条约，随着开埠通商和资本主义生产方式的进入，一批以经济功能为主的工商业城市和交通枢纽城市出现，形成了以上海为中心，南北沿海、东西沿江的两条贸易城市带，以及东北等城镇密集地区。伴随着中国近代第一个城市化高潮，中国社会除原有的农民阶级、地主阶级之外，诞生了"中国新的生产力的代表者"工业无产阶级，它需要争取的政治同盟者民族资产阶级，以及它的政治对立面、帝国主义的附庸——官僚资产阶级。第二个发展时期是新中国成立后。国家在社会主义改造中对原有城市的功能进行了改造，同时，为了适应工业发展的需要，又有计划地增设了一些城镇。到1952年底，我国大陆设市城市发展到160多个，比1949年年底增加了17.6%，城市人口增加到7163万，比1949年增加了24.2%，占总人口的12.5%。1952年党中央提出实现国家工业化，在搞好苏联援建的156个项目和694个限额以上项目建设的基础上，又新建了一批城市工业基地。这次城市化发展是在高度集中的计划经济体制和强大行政力量推动下开展和完成的，后来又经过多次反复，其中既有成功的经验，也有值得反思的教训。在这次城市化高潮中，我国工人阶级队伍进一步壮大，资产阶级作为一个阶级不复存在。也是在这次城市化高潮中，我国逐步形成行政主导的城乡二元结构，这一结构的影响一直延及现在。第三个发展时期是党的十一届三中全会至今。经济建设成为党和国家的中心任务，改革开放极大地促进了生产力的解放和发展，城市化呈现出空前的发展势头。我国城市数量由改革开放初期的193个增长到2000年的663个，城市化率也由14%迅速上升到2000年的36.1%，年均上升0.83个百分点。这一时期我国城市化以社会主义市场经济为基本导向，也是发展最为迅速、最为稳定的时期。在这一时期的城市化高潮中，城乡二元结构逐步被打破，城乡发展的互动作用明显增强，社会结构发生深刻变化，工人阶级队伍人数空前增加，产生了江泽民同志在"七一"讲话中讲到的"民营科技企业的创业人员和技术人员、受聘于外资企业的管理技术人员、个体户、私营企业主、中介组织的从业人员、自由职业人员等社会阶层"。

今天，城市化所给予中国社会经济和政治的广泛而深刻的影响，使我们从事统一战线工作的同志不能不把它作为一个专门的视角进行研究。

1. 研究城市化进程中的统战工作，是统一战线为推进社会主义现代化建设服务的需要。加快推进社会主义现代化建设，顺利实现第三步战略目标，是党和国家在21世纪的三大任务之一，也是统一战线围绕中心、服务大局的基本内容。城市化是世界各国实现现代化的普遍规律，也是我国加快经济发展、全面建设现代化国家的必由之路。改革开放以来，我国城市化进程明显加快，城市的质量和竞争力迅速提高，吸引力和辐射力都明显增强，但与世界发达国家相比，仍然有较大的差距。仅从城市化率来看，1998年，美国城市化水平为77%，日本为79%，德国为87%，我国只有30.4%。城市化滞后于工业化已经明显制约了我国经济社会的发展。因此，党的十五届五中全会通过的《中共中央关于制定国民经济和社会发展第十个五年计划的建议》，首次明确把城市发展战略列入国家的五年计划，并列为我国实现中国特色社会主义现代化五大战略重点之一，要求"走出一条符合中国国情、大中小城市和小城镇协调发展的城镇化道路"。可以说，城市化已经成为21世纪我国建设现代化国家的关键因素之一，没有城市化的顺利推进和健康发展，就没有我国社会主义现代化的迅速实现。统一战线要为推进社会主义现代化做贡献，就必须高度关注和深入研究城市化问题，准确把握中国城市化的现状、特点和发展趋势，选准介入和推动这一进程的角度。这是统战工作为现代化建设服务的重要任务，也是统一战线贯彻

"三个代表"重要思想、与时俱进的必然要求。

2. 研究城市化进程中的统战工作，是抓住城市这个战略重点，全面带动、推进统战工作的需要。列宁曾经指出，"城市是经济、政治和人民精神生活的中心，是前进的主要动力"。城市的这种"动力"作用，同样体现于统一战线工作。尽管我们党在革命战争时期的主要同盟军农民是在农村，中国革命是走农村包围城市的道路而获成功的，但同我们党两次合作的国民党主要在城市，我们党需要加以争取和团结的民族资产阶级主要在城市，我们党广泛联系的社会各界代表人士也大多在城市，所以城市一直是党的统战工作的重点。在抗日战争后期和解放战争初期，统战部就叫城市工作部。新中国成立后，随着党的工作重心由农村转移到城市，统一战线的工作更是主要以城市特别是大城市为舞台而开展的。进入21世纪，随着我国城市化水平的提高，城市数量越来越多，规模越来越大，在经济、政治、科学技术、文化教育的中心地位更加突出，对周边辐射和影响能力与日俱增。统一战线各方面代表人物也越来越多地向城市集聚，又通过城市对整个社会产生影响。因此，我们要切实抓住城市这个战略重点，全面带动和推进统一战线工作，就必须关注和研究城市化问题，准确把握我国城市化的主要内容、基本特点、发展模式及其对统一战线各领域工作的影响，探讨在城市化进程中做好统战工作的新路子。

3. 研究城市化进程中的统战工作，是统一战线立足新的实践、进行理论创新的需要。我们所说的理论创新历来是以社会实践新的发展为前提的。城市化是以经济发展为起点进而影响政治、文化和社会生活各方面的深刻革命，它所带来的社会变革，既有物质方面的变化，如人口由农村向城市转移，各种生产要素在城市集聚，城市基础设施和公共服务设施水平不断提高等；也有精神方面的变化，如城市文化和价值观念成为社会文化的主体并在农村扩散和推广等。围绕城市化发生的新的社会实践和深刻的社会变化，使统一战线面临着内涵更加丰富、关系更加复杂、变化更加迅速的社会大环境，也使统一战线内部构成及其相互关系发生了一系列重大变化，并因此而提出了一系列需要回答的重大理论政策问题。加大对城市化进程中统战工作新情况新问题的研究力度，必将在推动统一战线各领域工作深入开展的同时，有力地促进统一战线的理论创新。

二、 城市化给新时期统一战线带来的影响

城市化所带来的经济结构、产业结构、社会结构的变化，以及工农关系、城乡关系、人们利益关系的调整，不可避免地会对统一战线产生广泛而深刻的影响。从我们的调查情况看，主要有以下几方面：

1. 统一战线内部构成发生变化。伴随着农村人口向城市转移和城市社会经济结构的变化，社会阶层结构也发生了变化，属于统一战线工作对象的一些阶层人数越来越多，在经济和社会生活中的影响越来越大。一是非公有制经济人士队伍迅速扩大。我国私营企业中相当一部分是在农村和乡镇起步的，而近年来，为了谋求更大的发展空间和更好的发展机遇，越来越多的私营企业从农村向城市集聚，从中小城市向大城市集聚，城市经济中非公有制经济成分增加，非公有制经济人士增多。仅2001年，就有100余家实力雄厚的私营企业把总部迁入杭州，从温州地区到杭州创业的企业近两年超过300家。非公有制经济在高新技术产业中发展势头也很迅猛。杭州高新技术开发区中属于高新技术私营企业有679家，占总数的

70.1%。二是城市中自由择业的党外知识分子人数迅速增多。他们分布在信息、咨询、仲裁、监理、信托、业务代理等新兴的知识密集型行业，群体意识和参政意识都在增强，是城市社会最具活力的群体之一。三是台湾同胞到大陆投资办企业方兴未艾。近年来台商投资有由珠江三角洲与福建沿海广大地区向上海、苏州、昆山等城市为中心的长江三角洲地区扩展的趋势。截至2002年6月，上海已累计批准设立台资项目4394项，合同资金68.27亿美元。苏州市有台资企业2700家，成为台商在大陆投资新的热点地区之一。这些城市都出现台商投资规模大型化、投资区域密集化的特点。随之而来的是台商、台胞人数迅速增长。2001年常驻大陆台商达100万人。目前常住上海一年以上的台胞超过1.5万人，经常往来于上海及周边地区的台胞超过30万人。四是出国留学人员回国创业形成趋势。从1978年至2000年的22年间，我国各类出国留学人员近38万人，同期回国创业的超过14万人，一个明显迹象是越到近期回国的人越多。留学回国人员基本上都选择城市尤其是大城市作为创业基地，到2000年底，由他们创立的企业达5000多家。此外，一个全国性现象是，作为统一战线基础——工农联盟中一方的农民，以农民工的身份大规模进城。在一些城市，以农民工为主的城市暂住人口已与城市户籍人口规模相当。成都市有户籍的市区人口200余万，居住在城市边缘的外地农民工达180万。浙江义乌市区户籍人口29万，暂住人口却有33万。江苏昆山总人口59万，其中相对固定的外来人口就有20万以上。随着经济所有制形式继续向多元化发展，以及城市原有社会管理方式的改变和户籍管理制度的松动等，城市社会原有和新产生的阶层正在发生更加细密的分化和重组，包括出现一些边缘阶层和模糊身份者。这些，都将使更多的人进入统战工作领域，统一战线的成员构成将更加广泛、多样。

2. 社会利益关系更加复杂。伴随着城市化进程，社会利益主体多样化、利益关系复杂化、利益矛盾公开化的现象越来越明显，统一战线协调关系、化解矛盾的责任更为重大。城市居民与农村居民之间，城市居民与城市流动人口之间，城市不同民族、不同宗教信仰者之间以及各种利益群体与党政部门之间的关系都不可能再等同于过去，新的矛盾不断产生。比如，随着城市范围的扩大和行政区划的调整，一些城郊农民的土地被用作城市建设用地，因土地征用补偿引发的矛盾增加，这些农民成为市民后，虽然社会身份、居住地点发生了巨大变化，但寻找新的城市就业岗位困难很多，他们的思想意识、行为方式往往不适应城市社会生活的要求，很容易变成城市社会所谓"弱势群体"的组成部分。城市经济生活中不可避免经常发生的产业结构调整和市场变化，使下岗成为经常、普遍的现象，一些统战工作对象如少数民族群众、台属、侨眷、原工商业者，乃至一部分党外知识分子下岗失业、生活困难者增多。外来投资、创业的各方面人士在某些方面不能享受城市原居民同等待遇，亲属、子女的落户、读书、就业等问题得不到及时、妥善解决。非公有制经济人士的一些要求经常与原有管理体制发生矛盾，如参与城市基础设施建设受到市场准入限制，不能获得资质证；外地私营企业希望成立自己的商会，难以取得合法地位。私营企业主与雇工、与党政有关部门之间的矛盾，也经常以各种形式表现出来。

3. 民族、宗教问题更趋敏感。城市人口的多民族化是市场经济条件下城市化的必然现象。随着东西部交流的增加和西部大开发战略的实施，越来越多的少数民族人口从西部来到东部、从偏僻乡村来到繁华都市求温饱、求发展,各少数民族与汉族杂散居现象更加普遍。据统计,北京每天100多万流动人口中至少十分之一以上是少数民族人口。2000年北京城市少数民族人口达58.6万人,与1990年相比增加17.2万人,增长率为41.4%,高出全市人口增长率16个百分点。深圳1982年建市初期有少数民族成分12个,人口仅372人,到2000年少数民族成分达54个,人口达22.46万人。广州白云区10年来少数民族成分增加17个,少数民族常住人口增长30%,流动人口增长120多倍。这种状况有利于少数民族群众开阔眼界,提高他们的综合素质,有利于促进各民族的交流交往,也有利于少数民族地区的发展。但具有不同文化背景、生活习俗和宗教信仰的少数民族群众在适应城市生活的过程中,也不可避免地产生了一些问题,城市中因民族宗教因素引发的矛盾和纠纷明显增加,而这种矛盾和纠纷比在农村发生更具社会影响力和扩散力。如我国西北一些少数民族群众在东部城市里开拉面馆,许多人无照经营,与城市管理和工商部门经常发生摩擦。以往城市建设和旧城改造很少考虑少数民族的特点和需要,清真饮食点和宗教活动场所的总量和布局满足不了日益增多的宗教信徒的需要,因为宗教活动场所过少,信教群众有的在家里过宗教生活,有的擅自设立临时聚会点,有的租用公用场地过宗教生活,加大了政府管理工作的难度。南京市原有3个基督堂,能容纳3000人做礼拜,但全市现有基督徒3万人,做礼拜时人满为患。浙江义乌有新疆少数民族1000人,此外还有以色列、巴基斯坦、韩国等外籍人口3000人,一些伊斯兰教信徒一天要做5次礼拜,现有清真寺满足不了信教群众过正常宗教生活的需求。这些都使统一战线在城市民族、宗教工作方面任务加重。此外,随着越来越多的外国人到城市投资、旅游和上学,国外宗教组织和新兴宗教的渗透也有加剧倾向。

4. 民主政治建设任务加重。社会政治生活更为开放和民主是城市区别于乡村的重要标志。在城市化进程中，加强民主政治建设日益成为保证社会各阶层、各利益团体之间进行有效沟通，实现各种利益多元共存和协调发展，使城市公共利益得到最大程度实现的内在要求。我们在工作中明显感觉到，城市社会各阶层和利益群体如非公有制经济人士、党外知识分子、港澳企业家等越来越希望畅通与党政有关部门的沟通渠道，借以表达和维护自己的经济利益和政治要求。有越来越多的人要求进行政治安排，希望当上人大代表、政协委员。但目前沟通的渠道和途径相对较少，安排的原则、规模、比例等也有待于进一步明确和调整。同时，社会各界要求围绕城市生活中关系公众利益的重大问题如城市化道路选择、城市的规划建设和管理、城市产业布局、城市基础设施安排以及环境与文物保护等进行广泛、充分协商的呼声越来越高。但目前许多城市对这种合理要求重视不够，实际组织工作做得不充分，往往是少数领导者就决定了城市化中的重大问题，以至影响决策的科学水平，一些城市的建设规划一改再改甚至造成难以挽回的损失就是例子。可以预计，城市化进程将有力推进我国民主政治建设进程。统一战线如何在城市化进程中积极而又稳妥地推进民主政治建设，使各方面人士的意见和建议充分反映出来并实现有效的政治引导，任务更为突出。

5. 依靠行政级别规范城市功能的办法显得滞后。我国城市化既是政策推动的结果，也是市场选择的结果，而社会主义市场经济体制越成熟，市场选择的作用就会越大。在政策推动和市场选择的双重作用下，东部一些经济比较发达的省市已初步形成特大城市、大城市、中等城市、小城市、县城和乡镇六级比较完善的城市体系。地级市、县级市连肩接踵，小城镇更是星罗棋布。一个引人注目的现象是，一批不在计划之中、但由于适应了市场经济要求而快速发展的中小城市迅速崛起。这些城市行政级别不高，但经济总量和人口规模已接近或超过一些行政级别高的城市，这使我们严格按照行政级别开展城市统战工作的传统思路和模式遇到了新问题。比较突出的问题有：这些新兴城镇聚积了大量高素质的各方面党外人士，一些非公有制经济代表人士的经济实力和社会影响力已很可观，但这些地方统战部门只能按照原有的较低的行政级别设置机构和配备人员，工作力量严重不足；随着城乡一体化的发展，有的地方农村开始走上城市化的道路，越来越多的党外人士把事业转向这些新兴的半城半乡地区，但这些地区的统战工作一般没有引起足够的重视；东部一些经济发达的县市经济总量已远远超过中西部地区的同级县市乃至一些省会城市，越来越多的民主党派成员流动到县级市甚至中心镇求发展，要求建立民主党派县级委员会的呼声很高，与现行政策发生矛盾。

6. 统战工作社会化趋势更加明显。在计划经济体制下，"单位"是城市政治、经济和社会生活的"细胞"，是国家对城市社会进行管理的主要组织手段和基本环节，统战工作也主要依靠单位来进行。市场经济体制的逐步建立，使单位办社会的功能降低，人们对单位的依赖性与归属感受到冲击，人才流动成为普遍的、经常的现象，不固定隶属甚至不隶属于系统、部门和单位的"社会人"日益增多。这使统一战线建立在传统单位基础上的工作方式遇到挑战。比如，党外人士工作流动性增强，部门、单位愈来愈难以对其实现跟踪了解和连续培养；对不断增多的"海归派"和在跨国公司等外资企业中就业的高层次人才，我们还缺少联系渠道和办法，他们大部分人还在我们工作视野之外。

三、 城市化进程中统战工作需要研究的几个问题

城市化已经并将继续对统一战线产生全面、深刻的影响。加强城市化进程中关系到统一战线全局的重大理论和政策问题的研究，既是巩固和发展党领导的最广泛的爱国统一战线的需要，也是统一战线为推进城市化健康发展服务的需要。就目前我们所了解的情况看，在城市化进程中，要关注和研究以下几个重要问题。

1. 要研究城市化进程中巩固工农联盟基础地位问题。一般地说，农民不是我们所从事的统战工作的具体对象。但无论是在革命战争时期还是建设时期，农民都是工人阶级的最可靠的同盟军，工农联盟是我国人民民主专政的基础，也是整个统一战线的基础。我们今天研究统一战线问题，仍然要关注这个涉及统一战线根本的问题。城市化进程已经使超过8000万农民进入城市，成为城市建设的重要力量（如大量的建筑工人、第三产业服务人员。目前在建筑业3300多万从业人员中，农民工占2000多万），今后还将有更多的农民进入城市。他们获得了高于农村的经济收入，享受到现代文明成果；他们所挣的钱相当一部分回流到农村，有效增加了农村建设的资金来源；他们的进城缓解了农村剩余劳动力问题，使农业集约化、规模化经营获得必要条件，这些都极大地巩固了工农联盟。但另一方面，在这个长过程中也出现一些在计划经济体制下未曾遇到的问题。如果我们对这些问题缺少长远考虑，处理失当，又会损害工农联盟。这里，一个是帮助由于行政区划改变而变成城镇居民的那部分人如何更快适应城市生活问题，另一个是给农民工以市民待遇问题。总体上看，农民工属于农民人群

中最年轻、最具活力的那部分。我国几千万农民工虽然大部分劳动时间用于城市，为城市建设做出重大贡献，但由于城乡二元体制的影响，多数人不仅得不到与城市居民同等的待遇，甚至作为公民的一些基本合法权益也难以得到保障，其就业、医疗、教育、保险等没有纳入整个城市建设的总体规划。一些城市几十个部门中只有公安部门能说清他们的分布情况。由于没有人为他们说话，一些地方农民工中已经出现了自己的代表人物。我们看到，一些发展中国家，如印度、巴西，在城市化过程中出现主要由失去土地的农民组成的环城贫民带、城市中心贫民区。社会主义中国不应当也不能允许出现这种情况。我国城市在吸纳大量农民工劳动力的同时，应有计划地、逐步地解决农民工市民待遇问题。我们必须从巩固工农联盟基础地位和推进城市化健康发展的战略高度，关注和研究城市化进程中的农民工问题，从统一战线工作角度推动有关问题的解决。

2. 要研究如何提高城市民族、宗教工作的水平。在民族工作中，我们除了继续关注广大民族地区的民族问题，也要把城市少数民族流动人口问题、城市人口多民族化问题作为重要问题加以关注和研究。少数民族人口加快向城市流动，一方面有利于各民族间的交流、融合，共同发展，另一方面，在汉族的汪洋大海中，在比较农村而言更加动荡多变的城市生活中，他们的民族认同感和自我意识有可能得到加强，成为引发城市民族关系问题的敏感人群。我国的一些少数民族长期保留着自己特有的风俗习惯和虔诚的宗教信仰，一旦受到伤害，引导不当就有可能出现损害全局的极端行为。在宗教方面，伴随着城市经济实力的增强和对外交往的扩大，城市宗教发展的物质基础日益雄厚，各宗教组织经济实力增强，自养能力提高，传教方式更加现代化，国际交流也更加频繁。可以预测，在未来一段时间内宗教在城市将有一个持续的发展。此外，还有一些需要引起注意的现象，比如过去限于藏族地区的藏传佛教，有向东部城市扩张的趋势；过去主要立足于农村和小城镇的西部伊斯兰教门宦制度，也有向大中城市扩大影响的趋势，等等。所有这些，都要求我们对城市化进程中的民族、宗教问题进行总体的、长远的、持续的考察和考虑。要推动有关部门把城市宗教活动场所纳入城市建设的总体规划；要加大向城市管理、工商税收以及公安等部门宣传普及党的民族、宗教政策的力度；要积极帮助少数民族和信教群众解决工作和生活中遇到的困难；要研究掌握城市化进程中民族、宗教工作的特点和规律，从全局着眼，及时制定相应的政策法规，抑制某些消极因素在城市里增长。总之，要通过我们的工作，使城市化进程同时也成为增进民族团结、增进信教与不信教群众以及信仰不同宗教群众团结的进程。

3. 要研究社区统战工作问题。社区统战工作是城市化进程中城市管理体制改革提出的新要求，是城市统战工作的新领域。社区统战工作的意义在于它突破了传统的单纯由单位管人的体制，而在城市最基层层面实现统战工作的社会化。去年，中央统战部在青岛召开了部分城市社区统战工作研讨会，会上反映出各地统战部在通过社区做"社会人"统战工作方面进行了积极探索，并取得了一定的成绩。但总的看，这项工作还处在探索阶段。一方面，我国社区建设工作刚刚起步，不少地方社区建设没有突破福利服务的范围，本身还不具备相对独立的活动能力，有的还把社区建设混同于基层政权建设，没有真正实行社区的"自我管理""自治管理"。另一方面，社区建设实行区、街道、居委会三级管理，而街道、社区干部过去对统战工作了解不多，要使统战工作成为社区党建工作的有机组成部分，有待于人们思想认识的提高,也有待于良好工作机制的建立。

4. 要研究开展社团统战工作的思路。随着城市管理逐步向"小政府、大社会"的模式转变,各类社团作为社会管理的中间地带,作为人民群众与党和政府之间的桥梁纽带,在城市迅速发展起来,规模不断扩大,层次不断提高。目前,全国各类登记社团达16万多个。这些社会组织中有相当数量的非中共人士,有各行各业的代表性人士和领头人物,如四川数千家各类社团,党外人士所占比例通常在50%至60%,多的达到70%以上,统战资源非常丰富。开展社团统战工作是适应统战成员社会化的必然要求,也是开拓城市统战工作新局面的必然要求。目前社团统战工作仍处在摸索阶段,还没有完全破题,大量的党外代表性人士仍在我们现有的工作体制之外。如何创新工作载体,建立工作渠道,通过统一战线的方式把党的领导体现到社团中去,是我们迫切需要研究的问题。

5. 要研究如何做好台商工作。近些年,祖国大陆经济的持续稳定增长为台商提供了巨大的投资市场与无限商机。台商到大陆投资的企业数目、金额日益增加,台资已位居祖国大陆吸收境外投资的第4位,一些中小城市甚至因台商聚集而兴起。台商也带来一些新问题,如据有关部门调查,目前在大陆的外资企业中,台资企业中劳资矛盾最为严重,工人的财产与人身安全最没有保障。据中央电视台和《工人日报》的一则报道,在深圳,每天有31人因工致伤、致残,每4天半有1人因工死亡,多是在台资、港资等"三来一补"企业及个体私营企业工作的外来农民工。做好台商的工作,把他们的经济活动纳入到社会主义市场经济体制和社会主义法制轨道,是加快我国现代化建设的需要。另一方面,台商是台湾在大陆利益最多的群体,且他们中以台湾省籍人居多。在对待祖国统一问题上,他们的政治、思想状况相当复杂。如何使他们真正接受"和平统一、一国两制"方针、如何发挥他们在反独促统、实现祖国完全统一中的积极作用，是一个具有重要意义的问题。统战部和统战系统各涉台部门，应重视台商这个日益扩大的群体，把做好台商工作摆在重要位置和议事日程，形成思路，形成渠道，达到以经济促政治、以经济促统一的目的。

6. 要研究城市行政区划调整对统战工作的影响。科学合理地调整行政区划，拓展城市发展空间，是推进城市化的必要措施，日益频繁地被各地采用。城市行政区划调整给统战工作提出的问题，一个是随着许多郊县变为城市的区，不仅使大量农村人口成为市民，而且使过去的农村成为城市统战工作的一部分。这部分城区既不同于过去的县，也不同于老城区，农村味道比较重，又往往很快便成为城市发展最具活力的地方，统战工作如何铺垫如何加强，需要研究和明确。另一个是，一些地方原本是完整的一个城区被一分为几划入其他不同的区，民主党派等原有区级组织体系和人员怎么办，也需要提出办法。

7. 要研究如何加强城区统战部门的建设。城区是城市各方面党外代表人士最集中的区域，是城市统战工作的重点。城区统战工作对象人数多、密度大、信息灵，但城区统战部门历来人员编制偏少，平均只有三四人，多的也就五六人，工作条件偏差，力量普遍不足。杭州市委统战部通过实地调研，认为城区统战部门编制一般应有10人，但目前其5个中心城区三定编制各只有5人，除部长、副部长外，办事人员很少；全年办公经费最多的7.5万元，最少的只有2万元，只有江干区一家有交通工具，有的连传真机都没有。西部一些省区城区统战部面临的困难更多。因此，要认真研究如何适应城市化进程中各方面党外人士不断向城区集聚的客观趋势，采取切实措施，增加城区统战部门编制和经费，帮助他们改善办公条件，使城区统战工作得到强化。

8. 要研究新形势下如何培育统战工作的新优势。在计划经济体制下以及改革开放初期，统战工作有许多固有优势，如通过行政渠道发文件、做指示的政策优势，由于长期共事拥有各方面党外朋友的历史优势，利用海外关系广泛开展"三引进"的服务优势等。现在情况有了一些变化，随着依法治国方略的推进和市场经济条件下各方面主体意识的增强，政策优势的有效性打了折扣；随着对外开放的扩大和政府部门招商引资力度的加大，服务优势已不明显；随着老的党外朋友逐步退出政治舞台、一大批主要因自身成绩突出而得到安排的新一代党外代表人物的成长，历史优势也正在失去。因此，各级统战部门要适应这种发展变化，积极探索和培育新的工作优势。特别要注意放宽视野，拓宽渠道，加强与城市新的社会阶层代表人物的联系，深入研究他们思想政治状况和特点，增强对他们政治引导的有效性。

同志们，我们这次会议对城市化与统一战线问题的研究，仅仅是个开篇。中国的城市化水平还不高，还在发展过程之中，因此，我们的研究也将是一个长期的过程。希望通过这次课题研究和交流，更好地分析和总结城市化对统一战线的影响以及开展城市统战工作的成功经验和做法，同时也进一步加强中央统战部与各省会城市、副省级城市和一些新兴城市的工作联系。

本文为作者在中央统战部研究室在上海召开的"城市化进程和统一战线工作"研讨会上的讲话。

《西藏视点丛书》再版序言

(2006年6月)

华文出版社于2000年首版《西藏视点丛书》，受到了广大读者的好评。为适应读者群特别是藏学爱好者和工作者的需要，现在又对这套丛书进行再版。

丛书中的《达赖喇嘛传》《班禅额尔德尼传》是西藏刚和平解放时就进藏工作的牙含章先生的力作，以元朝西藏正式纳入中国政府行政管理以来的历史为经，以达赖、班禅两个世系历代活佛的主要活动为纬，织成了一幅西藏六百多年历史的画卷。这两本书作为早期自觉以马克思主义理论为指导，研究西藏历史和社会，研究达赖、班禅世系发展的学术专著，曾对几代藏学研究者和涉藏实际工作者产生启蒙的作用，至今有着重要的学术价值和资料价值。蔡志纯与黄颢合著的《活佛转世》比较系统、扼要地介绍了活佛转世的由来及转世全过程、新转世活佛的教育和日常生活、中央政府对转世活佛寻访认定的管理和对大活佛的册封等等。活佛及活佛转世是藏传佛教的一种特有现象，对西藏的政治及社会生活曾具有关键性影响，至今这种影响力仍不可忽视。无论是从西藏的发展与稳定工作角度看，还是从藏学研究的角度看，活佛转世问题都是一个必须重视、必须搞懂的问题。赵志忠的《清王朝与西藏》将满学与藏学相结合，详细论述了清朝对西藏长达二百多年的有效治理，记述了清朝的西藏政策、这一时期西藏的重大事件以及达赖、班禅进京觐见皇帝等重大历史活动，不仅以丰富的史实说明西藏自古是中国领土的一部分，而且也为今天涉藏工作提供了一定的历史借鉴。这四本书分别出自不同时期我国学者之手，各有特点，自成体系，同时又互相映衬，可以视为研究西藏的历史，研究西藏的政治、经济、文化、宗教，研究西藏与中央政府关系的基础性读物。

在中国，现代意义上的藏学是在新中国成立以后才逐渐发展起来的。特别是改革开放以后，国家高度重视藏学研究工作，促使藏学研究更加生机勃勃、繁荣兴旺。中国藏学研究中心、西藏社科院等一大批综合性专业研究机构、出版机构以及群众性的学术团体相继建立起来并不断发展壮大，全国藏学科研人员逐年增长到3000多名，研究领域扩大，研究成果丰硕，基本形成了系统的学科框架，国际学术交流也日趋活跃。这些不仅使藏学在短短二十多年间成为我国学术界一门"显学"，也为藏学今后更大的发展打下了雄厚基础。

当前，我们国家已经进入全面建设小康社会的新的历史阶段。加强藏学研究与出版，对于人们从历史和文化的更深层面上理解国家对西藏工作的方针政策，对于促进西藏社会的长期稳定和经济的跨越式发展，对于保护和发展西藏文化，对于世界上更多的人正确认识西藏，都具有重要的意义。藏学工作者如同他们的研究对象——西藏一样，都面临着历史上未曾有过的大好机遇。

现代意义的藏学研究从一开始就有很强的政治属性。早在17、18世纪，外国殖民势力觊觎西藏，从不同方向派遣人员进藏刺探情报，其中一些人也就开始研究西藏，以"藏学家"自居。为殖民主义服务是出不了什么真正意义上的科学成果的，直到今天，国际上还有一些势力或挖空心思地歪曲历史，炮制所谓"西藏独立"的依据，或在民族、宗教、人权等领域以学术为幌子，攻击我们国家的西藏政策。这就使我国藏学研究领域不能不成为学术领域维护祖国统一和反对分裂的前沿，我国藏学工作者不能不直接面对维护民族利益的责任。多年来，我国的藏学工作者倾注大量心血，拿出了一大批兼有正确的政治立场和深厚的理论学术水平的成果，使国际藏学研究领域一扫阴霾，透出些许生气。但是战斗未有穷期，我们还要在已有基础上，深入研究，还西藏历史和文化的本来面目，有针对性地批驳各种谬论，自觉为维护国家统一和民族团结服务。这是西藏反分裂斗争的重要组成部分，也是我们的藏学工作者光荣的历史使命。

进入新世纪新阶段，国家作出了促进西藏从加快发展走向跨越式发展、从基本稳定走向长治久安，与全国人民一道实现全面建设小康社会宏伟目标的战略决策。实现这一决策，需要藏学研究从各个领域予以理论和学术上的支持，同时也就为藏学研究指明了方向，提出了新的更高的任务。藏学工作者要始终把握时代的发展脉络，把自己的研究最大限度地同西藏各族人民创造历史的实践结合起来，提高为藏区经济社会发展、满足群众精神生活需求服务的能力。只有这样，藏学研究才能建立在坚实的基础之上，才能找到广阔的舞台。

藏学是一门富有民族（藏族）和地域（藏区）特色的学科，领域广阔，门类众多。由于历史的原因，也由于学科发展自身规律，藏学在相当长一段时间内囿于狭小领域。时代到了今天，我们不能再接着画地为牢，不自觉地限制了自己的视野。要坚持以马克思主义为指导,贴近社会的发展变化,关注藏族群众现实的生产生活,从更广阔的角度研究西藏的过去、现在和未来,研究西藏的经济和各项社会事业,吸收、运用国内外新的理论成果和研究方法,推进藏学不断拓展新的研究领域。中国是藏学的故乡,有着取之不尽的藏学资源,新时代的新生活又为藏学提供了新的源头活水。我们要进一步加强对藏学研究的领导和协调,统筹研究项目,整合各方力量,形成整体优势,使藏学在其故乡不断焕发新的光彩。

"西藏独立"不行，"半独立""变相独立"也不行

——在国务院新闻办公室举行的发布会上答记者问

(2008年11月10日)

朱维群：女士们、先生们，我和斯塔副部长、白玛赤林常务副主席今天与大家见面感到很高兴。这两位都是藏族同志，今天我们三个人当中我是"少数民族"。现在，我向各位介绍此次与十四世达赖喇嘛①私人代表接触商谈的主要情况。

10月31日至11月5日，达赖喇嘛的私人代表甲日·洛迪②、格桑坚

---

① 十四世达赖喇嘛·丹增嘉措（1935～），青海西宁祁家川（在今青海平安境内）人。1940年2月5日经当时的中央政府批准为第十四世达赖喇嘛，成为原西藏地方宗教和政治首领之一。1951年西藏和平解放后，曾任全国人民代表大会常务委员会副委员长、西藏自治区筹备委员会主任委员等职。1959年3月10日西藏上层反动集团发动武装叛乱，3月17日达赖逃往印度。

② 甲日·洛迪（1949～），生于现四川省甘孜藏族自治州新龙县，1959年逃亡印度。1970年成为"西藏独立"激进组织"西藏青年大会"的创始人之一，5年后当选"藏青会"主席。长期作为达赖喇嘛在美国的代理人进行活动。从2002年至2010年作为达赖的首席私人代表，10次与中国政府代表进行接触商谈。

赞①一行五人回国。这次接触商谈是 2002 年以来的第 9 次，今年以来的第 3 次。全国政协副主席、中央统战部部长杜青林接见了他们。我和中央统战部副部长斯塔、西藏自治区常务副主席白玛赤林同他们进行了一整天的谈话。此外，我们请国内有关专家学者向他们介绍了中国民族区域自治的理论、政策和实践的情况，安排他们到宁夏回族自治区参观。这次接触商谈，相互在观点上仍然存在很大分歧，但总的气氛是坦诚的。

杜青林副主席在接见时，全面介绍了当前国家的形势，着重讲了三点意见：

第一，要维护宪法和法律的尊严。在中国，任何组织、个人都必须以宪法为根本活动准则。坚持中国共产党领导、坚持中国特色社会主义道路、坚持民族区域自治制度，是宪法明确规定的，任何违反宪法、否定"三个坚持"的行为都是绝不能允许的。

第二，要正确认识民族区域自治制度。所有民族区域自治地方都是中华人民共和国不可分离的部分；民族区域自治是我国单一制国家结构下的一种自治形式，不同于一些国家的联邦制、邦联制；民族区域自治是民族自治和区域自治的有机结合，不同于我国在香港、澳门实行的"一国两制"；不允许任何人打着"真正自治"旗号制造民族分裂，损害民族团结。

第三，中央对达赖喇嘛的政策是一贯的、明确的，中央对与达赖喇嘛接触商谈的态度是认真的。中央多次明确指出，"西藏独立"不行，"半独立"不行，"变相独立"也不行。关键是达赖喇嘛对自己的政治主张和行为

---

① 格桑坚赞（1953~），10 岁时和其他一些随父母流亡的藏族儿童被送到瑞士。曾任达赖喇嘛"派驻欧洲代表"，长驻瑞士日内瓦进行活动。从 2002 年至 2010 年作为达赖的私人代表之一，随同甲日·洛迪 10 次参加与中国政府代表的接触商谈。

要进行彻底反思和根本改正，言行一致，这样才能为改善与中央的关系创造条件。

我们在与甲日一行谈话时首先指出：在今年7月接触时，你们曾经表示做到中央提出的"四个不支持"没有困难。但是此后你们食言而肥，完全没有履行承诺，抵制和破坏北京奥运会的行为不仅没有停止，反而进一步升级；继续攻击中央政府，支持"藏青会"等组织公开搞"西藏独立"，煽动组织暴力活动；继续推动"西藏问题"国际化，企图利用一些外国人对中央政府施压；继续勾结"民运"分子、"法轮功"、"东突"等败类，企图制造反对中央政府、分裂祖国的"统一战线"。你们的行为激起全国人民的强烈反感，激起了全球华人、华侨、留学生的强烈反感。

甲日等到北京后，向我们提交了一份《为全体藏民获得真正自治的备忘录》。此次甲日·洛迪一行到北京的主要目的就是向中央提交这份"备忘录"。针对"备忘录"声称"西藏流亡政府是广大藏民的利益和藏人的代表者"的谬论，我们严正指出：代表西藏各族人民的是中国中央人民政府及中央领导下的西藏自治区人民政府。所谓"西藏流亡政府"是少数分裂主义分子1959年发动武装叛乱失败后逃亡外国的产物，搞了几十年分裂破坏活动，它的存在就是非法的，全世界也没有任何一个国家承认它。

我们只接受甲日等人作为达赖喇嘛的私人代表与我们接触商谈，谈的只能是达赖喇嘛彻底放弃分裂主义主张和活动，争取中央和全国人民谅解，解决其个人前途问题，最多再加上他身边一些人的前途问题。我们根本不会与之讨论什么"西藏问题"。

为了使达赖喇嘛进一步了解中央的态度，认识自己的错误，我们在接触商谈当中可以听取其解释，目的还是检验达赖喇嘛有没有放弃分裂主张而向中央要求靠拢。这个意思并不是什么新的意思,在以往的历次接触商谈当中我们一直坚持这样的立场,而且早早就跟达赖喇嘛讲清楚了。

我们指出,尽管"备忘录"故意使用大量晦涩不清的语言,但可以清楚地看出,你们并没有放弃一贯的分裂主义主张。"备忘录"列出了有关"真正自治"的各项条款,把中央的统一领导与民族区域自治对立起来,企图否定、限制和削弱中央政府的权力,否定全国人民代表大会的最高立法权威,甚至企图由你们这个分裂主义集团来修改宪法,从而使你们实际上拥有相当于独立国家的权利。

"备忘录"尽管借用中国宪法和民族区域自治法的个别词句,进行了包装、点缀,但是从标题到内容还是"大藏区""高度自治"那一套,也就是我们早就指出的"半独立""变相独立",实质还是"西藏独立"那一套,这一套与宪法是根本不相容的。我这里说这一番话也是给各位以及世界上关心中央政府同达赖喇嘛关系问题的人士,提供对这个"备忘录"的解读。

针对"备忘录"要求"把所有藏人自治区域合并为一个自治区"的要求,我们指出,藏民族自治地方的建立和区域的划分,是遵照宪法原则,在充分尊重历史事实,综合考虑政治、经济与现实条件的基础上确立的。所谓"大藏区",历史上不存在,更没有现实的基础和根据。

我国《民族区域自治法》规定:"民族自治地方一经建立,未经法定程序,不得撤销或者合并;民族自治地方的区域界线一经确定,未经法定程序,不得变动;确实需要撤销、合并或者变动的,由上级国家机关的有关部门和民族自治地方的自治机关充分协商拟定,按照法定程序报请批准。"

我们指出,你们既不是"上级国家机关的有关部门",也不是"民族自治地方的自治机关",连个合法身份都没有,说得客气一点,你们提出这个问题是不适宜的。说得直白一点，你们没有提出这个问题的资格。

我们在这次接谈之前，查阅了上世纪80年代初中央领导和有关部门同达赖派出回国的参观团中的有关人接触时的谈话记录。当时，习仲勋等中央领导同志就向达赖喇嘛派出的参观团（甲日·洛迪先生也是这个参观团的成员）严肃指出：把西藏搞成一个国家不成，搞所谓的"高度自治"也不成；搞什么大藏族自治区，这个根本不现实，也绝不可能。时隔二十多年，你们还是用这一套同中央兜圈子，表明恰恰是你们缺少起码的诚意。迄今接触商谈没有进展，责任完全在你们。

我们在谈话当中严肃地指出，祖国的统一、领土的完整、民族的尊严，是中国人民的最高利益所在。在这些问题上，我们在任何时候、任何地方，对任何人不会做丝毫的退让。中央对达赖喇嘛回到爱国立场上的大门始终是敞开的，今后也是敞开的；但是对"西藏独立""半独立""变相独立"这一套，以前没有开过门，今后也不会开。

下面，我们愿意回答大家的提问。

中国国际广播电台记者：请问朱副部长，达赖方面近日说，如果接谈失败的话，可能就不再坚持"中间道路"。请问"中间道路"包括哪些内容？中央为什么不能接受？

朱维群：20世纪80年代，达赖喇嘛提出了"中间道路"这样一个政治纲领，从字面上解释，"中间道路"的意思就是既不坚持再搞"西藏独立"了，同时也不认同中央提出的对他的要求，而是在二者之间寻找一个折中的方案。这个"中间道路"一经提出，国外有些人纷纷叫好，为他打气，要求中国中央政府在"中间道路"的基础上同达赖喇嘛达成一个什么解决问题的协议。

· "西藏独立"不行,"半独立""变相独立"也不行 ·

关于"中间道路",达赖喇嘛讲过很多话,其中1987年他在美国国会提出了一个"五点和平方案",1988年在法国斯特拉斯堡提出了"七点新建议",这就是达赖喇嘛关于"中间道路"的解释的"权威版本"。再加上这一次甲日·洛迪提交给我们的"备忘录",可以清楚地看出达赖喇嘛的"中间道路"到底想干什么。

我以下引述达赖喇嘛的意思,完全由他这两个文件和最近提交的"备忘录"中找出他的原话作为根据。第一条,他不承认西藏自古就是中国的一部分。达赖喇嘛反复声称,在中国人民解放军于1949年进藏的时候,西藏是一个完全独立的国家,到现在西藏仍然是一个被违法占领的独立国家。凡是稍有历史常识的人都知道,西藏自古就是中国领土的一部分,自元朝开始,中国中央政府就对西藏行使着无可争辩的、有效的行政管辖。主权问题是根本的问题,达赖喇嘛否定中国对于西藏地方的主权,实际上是在为他搞"西藏独立"或"半独立""变相独立"这一套寻找法理的根据。

第二条,图谋历史上根本就不存在的"大藏区"。很多人以为达赖喇嘛想要的就是中国今天的西藏自治区这一块地方,如果这样看,就把达赖喇嘛的野心看小了,他的"大藏区"是指整个西藏、青海的绝大部分、甘肃的甘南自治州、四川的甘孜和阿坝自治州、云南的迪庆自治州,乃至其他地方,总面积占中华人民共和国领土的1/4。这个"大藏区"有历史根据吗?丝毫没有。元朝统治的时候就把青藏高原分成了卫藏、安多、康巴三大块进行行政管理。此外,经过了明代、清代、民国,这样一个行政区划尽管中间有过一些局部调整,但是总体上是延续下来的。西藏和平解放的时候,西藏地方管理的范围也没有超出今天这个范围。

达赖喇嘛的这个要求还包藏着一个祸心,就是以单一民族来建立民族自治地方。我们中国是一个各民族高度混居的国家，这是我们的基本国情之一。如果我们中国各个民族都要求以单一民族来建立自治地方，对中国的国情和历史稍有了解的人都知道，那就会天下大乱了。

第三条，以高度自治为名，否定、推翻西藏现行的社会政治制度。什么叫作"高度自治"？达赖喇嘛和他这个集团的头面人物多次反复讲过，就是除了外交和国防，其他的所有政治、经济、文化、教育、宗教等等，全都要由他们说的"藏人"来管理，这才叫作自治。达赖喇嘛在法国的"七条"中说，最后的决定大权必须完全操于"藏人"之手，这就是他说的"高度自治"。按照达赖喇嘛的设计，在我们四分之一的国土上，近60年来我们中国共产党的领导、社会主义制度、全国人民代表大会制度、民族区域自治制度要全部推倒，由他们执政、上台，重搞一套。重搞哪一套呢？就是政教合一的封建农奴制度。

第四条，要求中央把中国人民解放军从"大藏区"范围内，也就是我们四分之一的国土上全部撤走。达赖喇嘛在美国提出的"五点和平建议"中说："需要中共将军队和军事设施迁走，只有中国军队全部撤走了，才能开始真正的和解过程。"在中国人民解放军撤走之后，由他召开一个"国际和平会议"，把我们的四分之一的国土搞成一个"国际和平区"。就在这次接谈之前，达赖"流亡政府"的主要头头桑东①在见某一个媒体时说："自治区内不能驻扎军队，这是我们的核心问题。"我想，没有人不知道，军队是一个国家主权的象征，是领土完整、国家安全、社会稳定的基本保障。

----

① 桑东（1939~）出生于云南迪庆藏族自治州，5岁被确认为第四世桑东仁波切的转世神童。1959年随同达赖喇嘛逃亡印度。1969年在达赖的授意下参与组建"西藏青年大会"。1970年桑东被达赖推荐出任第一届"藏青会"副主席，2001年当选"西藏流亡政府"首席噶伦，2006年连任。

实际上，没有哪一个主权国家会同意把自己的军队从自己的国土上撤走，中国也绝不会允许在我们的国土上搞一个"国际和平区"。

不要以为达赖喇嘛提出这样一个无理要求是缺少思考，他一点也不傻，因为只有把人民解放军撤走了，他才可以放手搞"西藏独立"。达赖喇嘛在讲到"高度自治"的时候说，"未来的国防和外交可以归中央管"。如果我们的军队都撤走了，中央还管什么国防？可见这句话本来就是句骗人的鬼话。

第五条，要求在他的"大藏区"的范围内把其他民族统统赶走。达赖喇嘛经常在一些场合说，"我从来没有说过要把汉人从我们这里赶走"。但是我要告诉大家，他的"五点和平方案"的第一条中就明确写着"必须停止向西藏移民，并使移民入藏的汉民回到中国"。达赖喇嘛"流亡政府"的头头桑东在这次接谈之前接受采访的时候说："居住在西藏自治区的非藏人不享有自治权，少数民族自治区的所有官员和政府官员，都应当由少数民族担任。"

众所周知，在达赖喇嘛的"大藏区"范围内，几千年以来，我们各民族迁移、繁衍、交流，形成了藏、汉、回、蒙多民族交错居住、共同生活的局面，各民族群众都是这一片土地的主人，都有在这片土地上自由居住、自由工作的权利，这是属于他们的基本人权。达赖喇嘛想把居住、生活在这片土地上的数以千万计的各族群众赶走，这就透露出一个信息：如果有朝一日他真的在西藏这个地方掌了权，他将毫不犹豫、毫不留情地实行民族歧视、民族隔离、民族清洗。

这五条，每一条都是"西藏独立"，加在一起更是彻头彻尾的"西藏独立"，只不过是加了一个"大藏区""高度自治"的包装而已，我不知道在座的哪一位中国公民认为可以接受这五条，或者其中的任何一条。我也不知道在座的外国人，如果有人向你们的政府提出这样的要求，你们是否会接受？如果我们的这些外国朋友自己不打算接受有人对你们的国家提出的这样的要求，那么为什么要中国人接受这样的要求？为什么要中国人接受这样明摆着是要分裂我们国家、分裂我们民族的"中间道路"？

日本共同社记者：达赖喇嘛方面过去多次说过，70年代末达赖喇嘛代表见到邓小平先生的时候，邓小平先生说过，如果他不主张西藏独立，所有的问题都可以谈。请问，邓小平是否真的这样说过？你承认他的说法吗？如果你承认，现在的政策和邓小平先生的说法不一致吗？

朱维群：您的这个提问恰恰也是甲日·洛迪先生多次向我提出的。邓小平同志没有说过这样的话，甲日捏造的这个话是对邓小平同志有关讲话的极大歪曲。邓小平的原话是说："最关键的是西藏是不是中国的一部分，你们是站在一个所谓的独立国家的立场上同我们来谈，还是站在西藏是中国的一部分这个立场上来同我们谈。"

既然讲到邓小平同志，我想顺便请大家注意，回去好好读读《邓小平文选》（第三卷）他同美国前总统卡特先生的一番讲话。邓小平说："西藏是人口很稀少的地区，地方大得很，单靠二百万藏族同胞去建设是不够的，汉人去帮助他们没有什么坏处。如果以在西藏有多少汉人来判断中国的民族政策和西藏问题，不会得出正确的结论。关键是看怎样对西藏人民有利，怎样才能使西藏很快发展起来，在中国四个现代化建设中走进前列。"如果有人想从我们伟大的爱国主义者邓小平同志的话当中挑出一点他们分裂主义势力可以利用的东西，那未免也太愚蠢了。我们今天所做的一切，就是在邓小平同志所确定的指导思想之下进行的。

华尔街日报记者：我们通过一些报道看到，现在在拉萨方面和藏区，愤怒的情绪比较严重，可能您可以说这是达赖支持的，但是我们可以看到确实有一些愤怒的情绪,而且有紧张的气氛。现在的情况到底怎样呢?在你们方面和达赖方面的立场中距离真的很远吗?到底存在什么样的分歧?现在我们看到一些愤怒的情绪,你们打算怎么往前走,来维持这个地方的和平与稳定?而且现在我们确实看到接谈似乎进入到了一个僵局。

朱维群:西藏目前的局势很稳定,而且会继续向持续稳定、长期稳定的方向发展,不存在有的先生所说的"日益紧张"的气氛。如果说有紧张气氛,那是一些参与了"打、砸、抢、烧"的坏分子和他们背后的策划人感到紧张了,他们紧张并不是坏事。拉萨乃至整个西藏广大干部群众这么多年从改革开放当中、从全国人民的支持当中、从中央的关怀当中获得了实实在在的利益,他们反对分裂,维护祖国的统一;反对动乱,维护社会的稳定。他们是西藏建设,也是西藏稳定靠得住的力量,对此我们毫不怀疑。拉萨"3·14"打砸抢烧暴力事件①为什么迅速得到了平息?社会迅速恢复了稳定?就是因为拉萨的广大市民、西藏的广大人民群众反对分裂,反对"打、砸、抢、烧"。这是我们能够实现拉萨那么快恢复的一个基础条件。而且我要告诉各位,在反分裂的斗争中,在打击这些"打、砸、抢、烧"的坏分子过程中,我们的藏族干部、藏族军警、藏族人民群众是主力军,他们是走在前面的,他们是稳定的力量,而不是像达赖方面有些人以为的自己还在人民中有什么影响,以为还能搞出什么乱子来。

现在西藏各族人民正在尽最大的努力发展经济、维护稳定、改善生活,

---

① 拉萨"3·14"打砸抢烧暴力事件:在达赖集团煽动策划之下,2008年3月14日,一群不法分子在西藏自治区首府拉萨市区的主要路段实施打砸抢烧,焚烧过往车辆,追打过路群众,冲击商场、电信营业网点和政府机关,给当地人民群众生命财产造成重大损失,使当地的社会秩序受到严重破坏,18名无辜群众被烧死或打死,造成直接财产损失近2.5亿元。西藏自治区人民政府采取一系列措施后,拉萨的社会秩序恢复正常。

西藏的未来是清晰可见的，请为此感到担心的朋友们尽管放心就是了。

香港文汇报记者：请问斯塔副部长，在此次商谈以前，达赖喇嘛对境外一些媒体也公开表示，他对此次商谈持悲观的态度，他对此次商谈结果不抱希望。请问您对此怎么看？第二个问题，此次商谈有没有谈到下一次商谈的时间？

斯塔：我们也看到了达赖喇嘛的相关表态，关键就看怎么样对待接触商谈。如果把接触商谈作为搞"西藏独立"的一个途径，那么任何时候都不会成功，都会失望。如果把接触商谈当作自己改正错误、正视现实、回到正确立场上、回到爱国立场上的一个机会，那么这个大门始终是敞开的。关于今后的接触商谈，我们在双方谈话的时候已经明确表示，中央的政策是一贯的、明确的，接触商谈的大门始终是敞开的，达赖喇嘛回到爱国立场的大门，过去是敞开的，现在也是敞开的，今后还会敞开。但是，搞"西藏独立""半独立""变相独立"的大门永远是不会打开的。

瑞士记者：刚才您向我们介绍了，也对达赖说了什么事情是不可能的，您有没有考虑提出一些建议是可以做的事情，来改善这个地方的自治，或者实现一种更高的自治？

朱维群：中国的民族区域自治制度是我们的宪法确定了的，我们的民族区域自治法对宪法确定的这一制度加以具体化，我们这一套制度应该说是很完备的，而且在实践当中是很成功的，在中国搞民族区域自治就是这个搞法，没有别的搞法，没有别的什么"真正的自治"。

在具体工作当中，我们还要进一步落实我们的宪法和民族区域自治法所规定的各项内容，通过中央支持和全国的帮助，使我们的民族区域自治地方得到更快的发展，人民的生活能有更快的提高，而这和达赖喇嘛所说的"真正的自治"完完全全是两回事。

达赖喇嘛是可以做一些事情的，他可以做的事情我们中央早就明确地指出了，那就是真正放弃分裂祖国的立场，停止分裂祖国的活动，公开承认西藏是中国不可分割的一部分，公开承认台湾是中国不可分割的一部分，承认中华人民共和国是中国的唯一合法政府。那么，我们还可以继续同他就他的个人前途问题进行接触商谈，这是他要做的事情。达赖喇嘛应该把心思用到这个方面，而不是整天琢磨怎么样对他的"高度自治""大藏区"进行各种包装，对他的"西藏独立""半独立""变相独立"进行各种包装，与中央兜圈子。

中央电视台记者：请问斯塔副部长，近年来我们看到中央与达赖方面进行了多次接触，在上次接触中达赖也作出了一些承诺，您认为他们是否信守了承诺？有什么证据吗？

斯塔：今年7月2日，达赖私人代表在今年第二次到北京来的时候，全国政协副主席、中央统战部部长杜青林在接见他们的时候就强调指出，达赖喇嘛方面必须公开明确承诺，并且以实际行动不支持干扰破坏北京奥运会的活动，不支持煽动策划暴力犯罪活动，不支持并切实约束"西藏青年大会党"的暴力恐怖活动，不支持一切谋取西藏独立、分裂祖国的主张和活动。第二天下午，朱维群副部长和我们在跟达赖私人代表谈话的时候，达赖的私人代表表示，他们向有关人士请示以后认为，达赖喇嘛方面可以接受中央的"四个不支持"的要求。我们非常重视他们这个承诺。可是，他们后来的言论和行动再一次让我们感到失望，他们并没有停止破坏奥运会的活动。

举两个例子，8月8日奥运会在北京开幕前后短短的几天内，达赖喇嘛方面一共先后组织了1.6万多人次在中国驻外40多个使领馆前进行骚扰、闹事、滋事活动，严重干扰了我国驻外使领馆的正常工作，对我国驻外使领馆的人员和财产造成了严重的威胁。另外一个事实，在奥运会开幕式前后，他们多次雇佣外国人在奥运会场馆附近和天安门广场进行一系列骚扰、闹事活动。这个行动证明，他们并没有像他们承诺的那样停止对奥运会的破坏活动。

另外，他们也没有停止继续煽动和策划暴力活动，比如"西藏青年大会党"这个组织，从今年7月28日开始，连续多次在印度新德里发起了"绝食活动"，对中央进行要挟。8月7日，他们又宣布发起第二阶段的"西藏人民起义运动"。8月13日，达赖喇嘛本人在法国议会"作证"的时候也承认，某些藏人可能做出了暴力行为。他本人也承认有暴力行为，但是对这些暴力行为并没有加以任何谴责。随后发生的事情，9月份温家宝总理到联合国访问的时候，这些"藏独"分子也多次进行干扰，威胁到总理的人身安全。

达赖喇嘛方面一直拒不承认西藏自古以来就是中国领土不可分割的一部分。从2002年开始到最近这一次，我们同达赖的私人代表进行了九次接触，每次接触当中，他们都表示他们不接受西藏自古以来是中国领土一部分。8月13号，达赖在法国参议院"作证"的时候还在宣称，西藏在历史上一直是印度和中国的"缓冲地带"。8月26号，达赖在会见记者的时候又一次说，"关于独立，从一开始年轻一代就要求完全独立，我们完全承诺实行民主制度，因此不同声音、不同观点是最受欢迎的"。实际上就是说，独立的观点是最受"欢迎"的。

在这里我想强调一句，中央一直在强调，要正确认识接触商谈的性质，接触商谈的对象只能是达赖的私人代表，接触商谈的内容只能是达赖喇嘛及其周围的人如何放弃分裂立场、考虑自己的政治前途的问题，接触商谈的一个根本的政治基础就是必须承认西藏自古以来就是中国领土不可分割的一部分。达赖喇嘛方面在这样一些根本性的问题上一直没有做出认真的、正确的反省。7月份的这次接触以后，达赖喇嘛方面言而无信，没有起码的诚意，再一次严重破坏了接触商谈的气氛。

CNN 记者：您刚才完全否定了达赖的"中间道路"，现在达赖已经70多岁了，据报道称他的健康状况很不乐观。您有没有考虑到"后达赖时代"，有没有考虑到达赖的继任者是否会改变这个"中间道路"的立场？有没有考虑到这样的情况，达赖集团的一些人，尤其在海外的这些人更激进，他们主张更加激进的解决方式，也就是寻求独立？

朱维群：关于中央对达赖喇嘛的政策，我这里已经说过了。达赖喇嘛年事已高，身体也不好，但是看来干劲还是挺大的，最近又跑到日本去了。不管他身体是好还是不好，我们还是希望他改正错误，向中央的要求靠拢，在有生之年做一点对国家、对人民（包括藏族）有益的事情，不要最后在历史上落下一个不好的名声。因为达赖世系的名号在历史上都是由中央册封的，每一任达赖喇嘛最后的认定都是要经过中央政府批准的，如果达赖喇嘛不听劝告，还是坚持他目前这一套，不仅会在历史上留下一个不好的名声，也给我们所尊重的达赖世系抹了黑。

我也注意到达赖集团内部有一些人，还有国外有一些人，在用达赖喇嘛万一圆寂了，藏人当中会不会出现暴力、恐怖抬头的问题与我们说事。我听得出来，有的是想吓唬我们，但也有的确实是想提醒我们。我相信，流亡藏人的大多数是不会赞成暴力恐怖的；就是在将来，我相信流亡藏人中的绝大多数也不会赞成有人对中国、对我们的西藏搞暴力恐怖。

话说回来，如果有的人想对我们搞暴力恐怖，咱们过去又不是没有交过手，每次交手的结果如何，这些人应该清楚。而且这些年，实际上有一些人始终是在搞暴力恐怖来对付我们，结果如何，这些人自己更清楚。如果未来有的人想搞暴力恐怖，不仅没有成功的任何希望，而且将使有些人背上一个大大的骂名，在政治上加快走向覆灭。

中国日报社记者：第一个问题，请问白玛赤林副主席，在拉萨"3·14"事件后，目前西藏的局势如何？您怎样看现在的局势走向？第二个问题请问朱维群副部长，目前谈判已经陷入僵局，您认为谈判双方应该做出怎样的努力来使谈判进一步发展？

白玛赤林：拉萨"3·14"事件以后，西藏自治区从维护社会稳定、维护社会主义法制、维护西藏人民根本利益出发，迅速果断平息了事态。今年4月24日，迎来了第一批旅游团队；4月25日恢复了境外旅游开放；6月30日以前，受损失的商户基本恢复了正常的生产经营。

刚才朱维群副部长也讲了，西藏目前的局势总体上是平稳的，并继续向好的方向发展。"3·14"事件以后，西藏的经济工作面临一些困难，但是在中央的关心、支持下，西藏自治区采取了一些综合政策措施，下半年经济持续、平稳、快速增长。通过"3·14"打砸抢烧严重暴力犯罪事件，西藏各族人民深深体会到，我们务必维护、珍惜来之不易的稳定的环境和发展的环境，也更加珍惜西藏人民的幸福生活。

朱维群：所谓接谈陷入僵局这个提法，我不认同，因为从接触商谈到现在，每一次甲日他们提出来的都是这些问题，每一次我们的回答也没有什么实质性的变化。这一次他给了我们一个"备忘录"，遭到我们拒绝，是不是就陷入僵局了呢？我看不一定。

这次接谈实际上是有进展的。首先，这是第九次谈。今年以来由于达赖集团策划了拉萨"3·14"打砸抢烧严重事件，由于达赖集团干扰破坏北京奥运会，出了这么大的情况，我们没有停止接触商谈，而且今年一连谈了三次，这难道不是一个进展吗？

第二，这九次接谈，以往好几次甲日他们见到的最大的官员就是鄙人和斯塔副部长，而这次能够由杜青林部长第二次接见他们，这可是我们国家领导级的干部，这难道不是一个进展吗？

第三，这一次我们相互充分阐述了自己的看法，而且甲日先生把他们的宝贝"备忘录"呈交到中央手里，这难道不是一个进展吗？

所以，对接触商谈今后的前景，大可不必悲观。但是如果有人想通过接触商谈还是搞"西藏独立""半独立""变相独立"这一套，他只好悲观下去了，那我是没办法的。

美国迈齐报系记者：刚才您提到现在西藏已经恢复了稳定，那为什么现在还不让外国的记者自由进入西藏呢？在四川汶川发生特大地震之后，我们看到灾难的情况非常严重，但当时外国记者仍然可以到四川去采访。在一个月以前西藏也发生了地震，有30人丧生，现在一个月过去了，我们觉得是不是也可以让外国记者进入西藏采访？什么时候你们可以让外国记者进入到西藏去看一看你们说的这个稳定的西藏呢？

斯塔：今年"3·14"事件以后，由于分裂势力的所做所为危害社会秩序，对记者到西藏采访造成了障碍。后来随着局势稳定，有关部门批准、安排了很多外国记者多次进藏采访。我相信，随着西藏局势的进一步稳定，今后会有更多的外国朋友到西藏去。

白玛赤林：刚才这位记者提到西藏地震死了 30 人，不知道你是从哪儿看到的。10 月 6 日西藏地震，在当雄死了 9 个人，在一个县里有一个学生意外死亡，一共死了 10 个人，不是 30 个人。最近西藏发生了雪灾，我们从记者朋友的安全角度考虑，别说外国记者，就是我们自治区的记者采访也要受到限制，一是首先要确保救灾的行动，二是要确保所有人的安全。

拉萨"3·14"事件再次暴露达赖集团的暴力本质

——在英国就拉萨"3·14"事件答 BBC 记者问

(2008年11月14日)

BBC 国际事务编辑辛普森：副部长先生，我想您一定对英国政府在西藏问题上最近所采取的步骤感到高兴。现在很多人认为，这是英方对中方做的一个很大的妥协。

朱维群：英国政府表示西藏是中国领土的一部分，我们对此表示赞赏。这是对客观事实的承认，也同世界各国对这个问题的普遍态度取得了一致。事实上，英国政府一直表示反对西藏独立，在你们的地图上，西藏本来就标为中国的一部分。最近的表述，不过是这样一个立场的延续，当然也有新的积极意义。据我所知，有些英国朋友认为英国政府的这一表态会使中国政府更趋强硬。我不这样认为，因为这是一件很自然的事情。实际上，这次我和十四世达赖喇嘛私人代表接谈时，我们都没有谈到这个事情。我也没有感到因此就增添了什么优势。

记者：但是西方国家支持"藏独"运动的朋友们会认为他们的立场以

及达赖喇嘛的立场由于英国政府出现这样的政策调整而被极大削弱了。

朱维群：这是一个很没有道理的想法。达赖喇嘛总是错误地把希望寄托在外国人身上。因此，他在接谈过程中经常采取一些不能正确估计形势的行动。可能正是因为这一点，他才对英国政府这一表态做出如此强烈的反应。英政府这一表述对我们来说是一个积极的消息，但我不认为这会对我们与达赖喇嘛的关系产生实质影响，它的作用主要在于将增进我们两国政府之间的信任，对中英关系进一步发展会有积极作用。

记者：我想英国政府调整西藏政策的时机并非巧合。目前全球经济陷入困境，布朗首相希望其振兴经济的计划收到成效，而这需要中国的支持。他这样做，你觉得是不是为讨好中国政府？

朱维群：中英关系对两国而言，在任何时候都非常重要，而不仅仅是在我们需要共同应对全球金融危机的时刻。我们当然希望英方早些做出这一表态。英国政府在中国中央政府和达赖喇嘛开始接谈之前做出这样一个表态，和接谈有什么关系？英国政府有什么考虑？我不得而知，但我认为这是一个正确的表态。

记者：今天很多西方国家的人也都认为，英国承认中国对西藏的主权与否并不重要。西藏确实是一个独立的国家，有自己独特的民族、语言、传统和文化。中国之所以宣称对西藏拥有主权，主要是基于1950年对西藏的入侵。所以他们认为，中国应该停止宣布对西藏拥有主权而让其独立。

朱维群：我首先要澄清的是，现在世界各国都承认西藏是中国的一部分，没有一个国家认为西藏是一个独立的国家，也没有一个国家承认达赖喇嘛所谓的"流亡政府"。这是世界各国官方、正式、严肃的态度。

片面地将西藏的民族特征与中原民族相比较有一些特点作为"西藏独

立"的理由，这是非常荒谬的。中国有56个民族，他们的语言、身体特征和宗教信仰有一定差异，我们尊重这个差异。我们之所以能成为一个国家，就是因为在几千年的漫长历史过程中，各民族共同生活，共同劳动，后来又共同抵抗帝国主义的侵略，使我们凝聚成为一个整体，与此相比，族群间差异是次要的。中国的民族构成和欧洲一些国家的民族构成不太一样。欧洲国家更多是以某一个民族为主体发展起来的，而中国固然汉族人口多一些，当过好几个王朝的皇帝，但少数民族同样可以建立中央政权，也可以当皇帝，如蒙古族建立元朝、满族建立清朝等。从这一角度看，藏族的宗教和文化等特征丝毫不妨碍其成为中华民族大家庭的一员，相反，中国就是这样形成的。另外，我还想说一点，西藏自古以来就同中原有密切联系。至少从元代起，西藏就归入中国的版图，接受中央政府的有效行政管辖，到现在已经700多年了，这是一个不能改变的事实。从元朝到明、清、中华民国和今天的中华人民共和国，中国一直享有对西藏的主权，中国政府一直对西藏行使着统一管理的权力，没有中断过。

一直到上世纪初，伴随着外国，坦率地说就是贵国对西藏的入侵，西藏才出现"独立"的概念。此前，藏人都承认中国的"大皇帝"，承认中央政府对西藏有充分的管辖权。达赖喇嘛声称西藏过去是一个"独立的国家"，是1951年被中国侵略、占领的，但达赖喇嘛不要数典忘祖，他自己最明白，连"达赖喇嘛世系"本身也是因为得到中国中央政府给予封号才得以存在的。历代达赖喇嘛灵童的选择、资格认定乃至最后的坐床，都要向中国中央政府报告，得到中央政府的批准才能实行。十四世达赖喇嘛本人的坐床也是向当时的中华民国中央政府报告，获得批准的。

记者：中国政府通过镇压的手段维护在西藏的统治，这种镇压是世上最糟糕的之一，通过这种方式牢牢掌控西藏。我想问的是，从3月份拉萨骚乱以来，目前还在监狱里服刑的政治犯有多少？您能给一个数字吗？

朱维群： 我完全不同意你所说中国中央政府是靠镇压才能维持在西藏的统治。西藏各族人民是中国的公民，藏族是我们各民族的兄弟，我们为什么要镇压他们？相反，这些年来，中央政府对西藏的经济和社会建设给予了全方位的照顾和支持。各省分别负担了西藏一个地区或者一个市的建设，体现了中央和全国人民对西藏的深情厚谊，根本不存在欺负、镇压的问题。比如我的家乡江苏省就负责帮助拉萨市的建设。西藏要发展起来，走进现代化的前列，要靠西藏各族人民自己努力，也需要中央政府和各省市给予更多的关照和帮助。

至于你所说的镇压，我们仅仅是对搞分裂的这一部分人，对制造"3·14"打砸抢烧严重犯罪行为的人给予法律制裁。"3·14"事件中，不到一天时间，18名无辜群众被打死烧死，被打伤烧伤的群众将近400人，其中有几十个人重伤。致死的18个人中，包括一个商店的5个女孩子，都是20岁刚出头，被一把火全部烧死，其中有一个是藏族。拉萨的近郊达孜县有一个修理摩托车的人家，一家五口被一把火全部烧死。对那些坏分子，难道不应该依法惩办吗？世界上哪一个国家会认同、纵容、允许这样的人残害人民而不给予法律制裁？为什么一到我们这里就成了"残酷的镇压"？这是毫无道理的。

在整个办案过程中，违法犯罪分子以及被裹挟的人都享有法律规定的权利。如果不懂汉语，审讯的时候我们一定配备翻译，保证他的法律权利能够得到保障。迄今为止，经审理，大约有1000多人已经被释放，其中绝大多数人是向政府自首的。真正受到法律制裁的只有四五十个人。当前审理工作还没有结束,最后会有多少人受到法律惩处,受到什么样的惩处,是司法机关的任务,不是我能够干预的。

我看到欧洲有些国家的人士和舆论对因打砸抢烧而被法律处理的这些人的人权是否得到尊重和保障非常关注,发表了很多意见。但我没有看到有人对无辜被打死烧死的18个普通老百姓、受伤的数百人有什么表示,包括你刚才也没有表示。他们难道没有人权吗?他们的生命权难道不应该得到保护吗?3月14日以后,我很快到了拉萨,我在5个姑娘被烧死的商店废墟上给她们献了一条哈达。我支持司法机关依法惩办那些随意剥夺他人生命的坏人,这也是中国人民普遍的心愿。我希望有关国家的人士和舆论对这些无辜受害者也能矛以关注。

可能你还没来得及表达对被烧死打死的无辜群众的沉痛慰问,我就把话先说出来了。

记者:我同情一切由于民族属性而被攻击或者被谋杀的人。我认为中国不应该损害自己的良好形象,不应该让人把"迫害"这样的词同中国联系起来。因为有压迫就有愤怒的情绪,而这种愤怒的情绪又导致一些无辜的人丧生。我认为即使是从中国的角度来说,也应该和达赖喇嘛达成协议,而达赖喇嘛也说过了他是不支持独立的。这样就能把问题解决,以后就不会再有暴力,不会再有压迫,世界各国对中国也不会再有愤怒了。

朱维群:我先简要回答第一个问题。我们对违法犯罪分子依法处理,在办案的过程中根本不会去考虑民族、宗教区别,只看是不是犯罪了。正因为如此,"3·14"事件才能迅速得以平息,拉萨迅速恢复正常的生活秩序。

我这里还要告诉你一个事实,打砸抢烧事件是遭到各族人民共同反对的。在逮捕坏分子过程中，公安干警中大多数是我们的藏族同志，很多藏族基层群众带领我们的干警去搜捕那些罪大恶极的坏分子。这里根本就没有什么民族的区分、宗教的区分，有的只是我们要恢复法律的尊严，不能让违法分子从我们眼前溜掉的共同决心。把这个问题归结为所谓民族问题、宗教问题是毫无道理的，而且在我看来是别有用心的。

第二个问题，你说通过和达赖喇嘛商量使一切问题得到解决，实际上中国中央政府对达赖喇嘛已经仁至义尽。达赖喇嘛是因为1959年武装叛乱失败以后逃到国外的，随后他就宣布"西藏独立"，撕毁西藏和平解放时与中央政府签订的协定。从上世纪60年代起，达赖集团在某些外国力量的支持下，用外国的枪械装备起来，对我们进行了十多年的边境武装袭扰。

尽管这样，20世纪80年代初达赖喇嘛说他不想搞"西藏独立"了，我们中央政府马上就跟他进行了接触，请他身边的人，先后20批回到国内和我们接谈、到西藏参观。但是他们利用了我们的好心，在西藏境内又大肆宣传"西藏独立"。到了90年代初，达赖喇嘛错误估计当时形势，宣称"不和一个即将垮台的政权谈判"，于1993年宣布停止和中央政府的接触。但是，他们的预期没有实现，只好再度提出要和中央政府接触。从2002年起，我们又和他开始了接触，到今年已经是第九次了，今年之内就进行了三次。这说明中国中央政府是宽容的，期望达赖喇嘛选择正确的道路，我们的门始终是敞开的。

尽管达赖喇嘛说不搞独立，但他向中央提出的要求内涵是"半独立""变相独立"，实质上还是"西藏独立"。我这里给你介绍一下所谓"高度自治"，所谓"大藏区"有哪些主要内容，这些内容为什么我们中央政府不能接受。达赖喇嘛1987年在美国国会散发"五点和平建议"，1988年在法国斯特拉斯堡又提出了"七点新建议",最近一次进行接谈,他们又提交给我们一个"备忘录"。依据上述文件,我概括出五条主要内容。

第一点,拒不承认西藏自古是中国领土的一部分,坚持声称西藏是1951年被中国占领的国家。实际上这就为今后继续搞公开的"西藏独立"埋下法理的伏笔。

第二点,如果将来能够回国,他要求把他的统治范围扩大到整个青藏高原。现在的西藏自治区面积为120万平方公里,西藏和平解放的时候,达赖喇嘛自己也承认他那个地方政权能够管理的也不超过现在西藏自治区这样一个范围,实际上其中还有一块由班禅喇嘛管,他还管不到。但是他要求我们把几乎是整个青海,甘肃的一个州,四川的两个州,云南的一个州连同西藏都要交给他统治,加起来约240万平方公里,相当于十个英国的面积,占中国整个领土的四分之一。这个要求无论从历史、现实来说,还是从我们的法律来说,都毫无根据。

第三点,在这个"大藏区"之内,他要搞所谓的"高度自治"。要"自治"到什么程度呢?就是除了国防和外交由中央管之外,其他的政治、经济、文化、宗教、教育等等都由他们"独立管理",中央政府不得说话,不得干预。换句话说,就是把我们近60年在这片国土上已经建成的社会主义制度,包括我们的人民代表大会制度、政治协商制度、民族区域自治制度全部推翻,另搞一套。

第四点,他要求在这个"大藏区",也就是我们四分之一的国土上,中国人民解放军全部撤走,把这个地方搞成一个"国际和平区"。尽管达赖喇嘛后来不再多提这个事情,但不提不代表他撤销了这个要求。所谓"流亡政府"的头头在这次接谈之前,10月27日还公开说:"军队撤走是最重要的核心问题"。

第五点，在这个"大藏区"范围内，除了藏族以外其他的民族要统统赶走，这要涉及多少人呢？涉及到世代居住在青藏高原上的汉、蒙、回等民族，大体上有几千万人。

记者：达赖喇嘛从本质上说是一个和平人士，他在世界各地也很受尊重。但有很多年轻的藏人批评他，说他对中国政府太好了，不够强硬。一些藏族人是不想和平解决问题的，对中国而言，是不是与达赖达成协议更好，而不是爆发一场惨重的独立战争？

朱维群：我首先要把上面的话说完。我上面提到了五条，其中最后一条，达赖多次否认他说过。但是我告诉你，这句话就在他1987年在美国提出的五点建议中第一点里头。这五条加在一起就是"西藏独立"。如果你是中国领导人，你会接受其中任何一条吗？

达赖自称是非暴力主义者，但在我们看来，他是把非暴力的牌子举在手里，而对暴力活动采取纵容的态度。比如，拉萨"3·14"事件已经死了那么多人，他还说这是一次"和平示威"，"藏人无论做什么事情我都不会叫停"。同样，1959年发生的也不是一次和平示威，而是武装叛乱。叛逃出去后，达赖集团又对我国边境进行了十几年的武装袭扰。这难道是非暴力吗？

至于达赖之后，是否会有年轻人采取更加强硬的态度，我认为绝大多数国外藏胞是不会赞成搞暴力活动的。他们希望有一个更好的生存环境，希望与西藏有更多联系。我们每年都要安排将近3000名藏胞回西藏探亲。我不相信暴力活动会得到大多数国外藏胞的赞成。如果真有人搞暴力活动，他们首先应该为自己担心，因为他们会把自己葬送掉。

记者： 如果真如您所言，藏族人乐于接受中央政府管理，生活幸福，为什么不能让外国记者自由进藏采访报道，为什么不能让我去西藏，就像在中国其他地方一样不受阻拦？

朱维群： 西藏对外国记者的开放程度与其他省份基本是一样的。但由于出现"3·14"这样激烈、破坏性很强的打、砸、抢、烧事件，我们不得不加强对外国记者进藏的管理，目的是为了避免他们受到意外的伤害。社会秩序一旦恢复正常，从4月份开始就陆续有不少外国记者已经进藏采访，现在仍有很多记者在拉萨。

目前门之所以不能开得太大，是因为拉萨郊区当雄县发生地震，紧接着山南地区又发生大面积雪灾。西藏地方的党、政、军全部力量都投入到抗震、救灾、救人中去，没有太多精力照顾外国朋友。目前灾情已得到控制，人民生活秩序又回归正常，相信用不了太长时间就会有更多的外国记者赴藏。

我们办任何事必须从中国自己的利益出发

——就涉藏问题答德国《焦点》杂志记者问

(2009年9月22日)

朱维群：首先对德国《焦点》杂志古德隆·多梅泰特女士和你的同事到中央统战部来表示欢迎。我希望你们的采访能够自由一些，随意一些，包括提出你们认为是尖锐的问题。但是，我也希望我谈的主要内容，你们能够刊出。因为我见过不少西方记者，发现他们有一个不太好的倾向，就是当我谈的内容不是他们所需要的东西的时候，他们没有勇气予以报道。

记者：多谢您这番非常热情的欢迎，也感谢给我们这样的一次采访机会，我们都非常知道有这样一个机会不是那么平常的事情。你刚才说，我们认为尖锐的问题都可以提，那我们就当真了。

在中国，西藏是一个自治区，您是怎么理解"自治"这个概念的？

朱维群：这个问题既是一个理论性的问题、政治性的问题，同时也是一个实践性很强的问题。中国是一个多民族的国家，我们有56个民族，我们实行"平等、团结、互助、和谐"这样一个民族工作方针。在少数民族聚居区，就是少数民族人口占当地人口比例比较大的地区，我们实行民族区域自治的制度。中国的少数民族人口占全国人口8%略多一些，但实行民族区域自治地方的面积达到我们整个国土面积的64%。中国民族分布的一个显著特点是各民族混居的程度比较高。比如实行民族区域自治的西藏，除了藏族，还有门巴、珞巴、满、回、羌、汉等众多的民族。在普通的省市，比如我们现在所在的北京市以及中东部省，也有很多的少数民族群众居住，他们同样享受公民的各项权利和少数民族应该得到的照顾。各国的民族构成不一样，历史、文化、传统不一样，所以实行某种自治的国家实际上自治的方式也不可能一样。各国都有权利根据自己的实际来决定实行什么样的制度处理民族关系。换句话说，同样是"自治"这一个词，各国根据自己的国情，理解不一样，实行政策的内涵不一样。谁也没有权利把自己的一套强加给别的国家。

中国的民族区域自治包括哪些内涵，这在我国的宪法和民族区域自治法中都有明确的规定，这些规定在实践中都得到了认真的贯彻、落实。我们会随着实践的发展，不断充实我们民族区域自治制度的内容，使它更加完善。但是，我们不会偏离根据自己的国情制定的民族政策和民族区域自治制度的总方向。如果说中国的民族区域自治应当是什么样子，更简单地说，就是我们现在实行的这个样子。

记者：我们想知道西藏人民都有一些什么样的权利，他们对民族地区的发展作出自我决定的权利，能给我们举一个具体的例子吗？

朱维群：由西藏各族人民选出来的各级人民代表大会和各级政府，根据宪法的原则，或者在不违反宪法原则的前提下，享有决定西藏的经济、社会、文化发展各项事务的充分权利。同时我要指出，中国的民族区域自治，不是您所理解的纯而又纯的某个民族单独的自我治理。我们的民族区域自治是和国家的统一、中华民族的团结联系在一起的。没有国家的统一和中华民族的团结，也就没有任何自治可言，因为历史已经证明，如果我们国家不统一、民族不团结，我们所有的民族都要遭受帝国主义的欺凌、侵略，这个时候谈不上任何自治。

我这里就自治权利问题举一个例子。譬如，有些朋友关心，藏族在西藏的干部队伍当中到底占有多大的比例？十四世达赖喇嘛攻击说藏人在西藏已经丧失了政治地位，我要告诉你们，这完全是假话。在西藏，自治区这一级的干部70%以上是藏族，地区这一级80%以上是藏族，县和县以下90%以上是藏族。

记者：达赖喇嘛以及某些藏人对中方提出的斥责，他们的理由是，在现代化过程当中，他们被排斥在外，没有得到充分的参与，也包括在文化和宗教事务上的足够的参与权。您能够理解他们这样一种斥责吗？藏人的确是担任了很多职务，占的比例很大，但是这些职务都不是真正的、重要的、关键的职务，真正的政策是北京这边拍板的。

朱维群：一个简单的事实是，如果没有广大藏族干部和群众的全力投入，如果如同达赖喇嘛所说的我们的藏族干部没有实权，那么西藏不可能在短短几十年当中发生如此巨大的变化。西藏现在人口是280万，藏族占到92%以上，也就是说，汉族和其他民族充其量只有二十几万人。您不可能想象仅仅靠二十几万人能把一个昔日封建农奴制的西藏建设成今天您看到的这个西藏，展现出您在拉萨和其他城市以及广大农村所看到的景象。

说藏族干部仅仅占有形式上的职务而不是关键性的职务，这完全违背事实。自治区政府主席向巴平措是藏族，难道这不是一个关键职务吗？自治区人大常委会主任列确同志是藏族，难道说这不是实质性的职务吗？自治区党委宣传部长、统战部长、党委办公厅秘书长也是藏族。就是说，执政党自治区级组织的四个重要机构，办公厅、宣传部、组织部、统战部，有三个是藏族同志当第一把手。藏族同志担任党、政、军、群重要部门领导职务，多得数不过来。从自治区一级到乡镇一级，我们曾经有过一个统计，党的组织的第一把手，藏族占到70%以上。达赖喇嘛把我们这么多的藏族干部和同志说成是汉人的傀儡，说成是占着位置而不能发挥作用，这是对藏族的诬蔑。不仅完全不符合事实，而且表现出他作为旧西藏高层僧侣、大贵族、大农奴主的代言人，对翻身当了主人的藏民族广大群众的仇恨、蔑视和傲慢。

达赖喇嘛为什么如此愤愤不平呢？原因很简单，在他看来，如果不是他和他周围的那一小部分人，也就是1959年因为反对民主改革而发动叛乱，失败后逃亡国外的这部分人，由他们回来执掌政权，重操一切，那么就不是"自治"。他所希望的"自治"无非就是任由他们这些人恢复旧西藏政教合一的封建农奴制度，恢复旧西藏达赖喇嘛至高无上的权力和地位。而这一切是同我们国家的前进方向、西藏的前进方向，以及西藏各族人民的利益是根本背道而驰的。

所以，现在不是我来理解他对我们斥责的问题，而是他应当接受我们中央政府和西藏各族人民对他妄图恢复旧西藏封建农奴制度的斥责！

记者：中国最近几十年发生了翻天覆地的变化，难道不应该承认达赖喇嘛本人也发生了变化？他不是想去恢复西藏封建的政教合一的农奴制度。贵方这样对达赖喇嘛极度的不信任和猜疑，原因是什么？指责达赖喇嘛在搞分裂祖国的活动，说2008年拉萨骚乱幕后的煽动者或者主谋就是达赖喇嘛，中方有什么证据吗？达赖喇嘛强调要有一个真正的自治，并不是要分裂祖国，而且他在劝阻或约束一些有暴力倾向的年轻人。

朱维群：您刚才肯定了中国这些年包括西藏在内发生了巨变，承认了达赖喇嘛代表的旧西藏实行的是封建农奴制，我想我们在这个问题上观点一致。但是我们有不一致的地方，就是您认为达赖喇嘛发生了根本性的变化，但是我认为他没有本质性的变化。首先我要重复地讲，达赖喇嘛当初为什么跑出去？1959年他跑出去是因为他反对西藏的民主改革。实际上，当时中央为了照顾西藏上层的利益，已经明确把民主改革往后再推迟，而且要征求达赖喇嘛的同意。但是达赖喇嘛为了旧西藏的封建农奴制度永远不变，宁可发动武装叛乱。

达赖喇嘛叛逃出去以后，从1959年一直到70年代，在某些西方国家的支持下，对我们的边境地区进行了长达十多年之久的武装、流血的骚扰。这个事实，我希望有些朋友不要忘记，或者故意抹杀。到了70年代末，由于他的捣乱破坏、武装骚扰屡遭失败，也由于国际形势发生了变化，达赖喇嘛声称不搞"西藏独立"了，改行"中间道路"了。但是他的"中间道路"仍然是"半独立""变相独立"，本质上仍然是"西藏独立"那一套，没有什么实质性的改变。这一点早在80年代初我们中央领导同志接见达赖喇嘛派回国内的参观团的时候，就已经明确指出。近几年我和我的同事们在许多场合多次解释，为什么说"中间道路"本质还是"西藏独立"。

中央对达赖喇嘛一直是留有出路的。他叛乱出逃之后，中央把他人大副委员长的职务一直保持到1964年。70年代末80年代初，当达赖喇嘛表示愿意和中央接触商谈的时候，中央领导和有关部门又开始了和他的接触。但是，达赖喇嘛这些人完全辜负了中央的好意。一是公然向中央提出了所谓的"大藏区""高度自治",二是在西藏策划了一系列的分裂主义活动和"打、砸、抢、烧"犯罪活动,在1987年、1988年、1989年这种活动达到高峰,导致拉萨1989年不得不实施戒严。从去年3月14日事件发生,到北京奥运会结束,他们的这种捣乱破坏又达到了一个新的高峰。去年之所以达到一个新的高峰,很清楚,就是企图以绑架奥运会为要挟,迫使中央在所谓"实质性问题"上对他作出让步。但是他们的这个图谋,众所周知,完全破产。三是在搞乱藏区没有效果的情况下,达赖喇嘛在国际上到处去进行所谓的"访问",蓄意使中国和有关国家关系产生紧张。我们希望达赖喇嘛发生您所说的"变化",但是,这种变化不应该仅仅是口头上的,而应该是实际的。我们始终没有看到这种变化。

至于您刚才问到拉萨发生"打、砸、抢、烧"事件,说是达赖喇嘛策划的有什么证据?我认为事实是很清楚的。第一,这个分裂主义集团包括所谓"流亡政府"的存在,本身就是违反中国法律的,本身就是动乱的根源。第二,从2007年开始,也就是在我们筹备奥运会期间,达赖集团特别是它的"藏青会"等极端组织策划了一系列扰乱西藏的计划,其中包括所谓的"西藏人民大起义计划"。后来在拉萨发生的很多暴力犯罪事件,都和"西藏人民大起义计划"有着密切的联系。第三,达赖喇嘛虽然很注意把自己的手洗干净,但他还是按捺不住,多次公开讲话,对"3·14事件"中少数人的暴力犯罪活动给予支持,企图煽动更大的事件。比如他曾经这样说,无论藏人在何时何地做何事,都不会要求他们停下来。比如他多次散布,说拉萨的"打、砸、抢、烧"事件是中国当局、中国军队干的,嫁祸于藏族。一直到今年4月24日他在美国还造这个谣。再比如,去年4月6日,达赖喇嘛在接受《亚洲周刊》采访的时候声称,"拉萨大部分被烧的汉人商店，是有从事卖淫活动的场所，是有妓女的场所"。把人家商店烧了还诬蔑人家是妓院，把人家人烧死了，还诬蔑人家是妓女。有一个商店被坏分子一把火烧死了5个女孩子，都是青年人，其中还有一个是藏族，达赖喇嘛有什么证据说她们是妓女？这像是一个佛陀弟子说的话吗？像是一个心地善良的人说的话吗？我这里仅仅列举了达赖喇嘛很少一部分言论，但从这些言论可以看出，达赖喇嘛到底是在灭火，还是在火上浇油？是在约束暴力，还是在鼓吹、纵容暴力？

记者： 如果中方如此肯定达赖喇嘛和他的一些支持者是去年"3·14"事件背后主谋，那为什么中国不能请一些国际人士去搜集相关的证据。如果来龙去脉搞清楚的话，国际社会一些人的猜疑，不就可以打消了吗？

朱维群： 我理解您提出这个问题出于好意。但是，我们中国人办事有一个原则，就是我们的内政不受外国的干预，包括外国人，也包括外国的机构。西藏的事情纯属中国的内政。我们会向外国朋友介绍有关的情况，解释有关的问题，包括请您到西藏去采访，但是我们不会允许外国人、外国机构来插手，干涉我们内政，在中国事务上充当什么中间人，充当什么道义的执行者。中国人站起来已经60年了，事实证明了我们中国人完全有能力解决好我们内部的一切事务。外国人插手中国内部事务，给中国人带来了什么？我想大家都非常清楚。我可以说得再清楚一点：1840年以后的100多年当中，中国是帝国主义列强侵略的受害者。受害者的感受和加害者的感受是不一样的。在中国人心目中，外国干预者的道义形象并不如同他们自己想象的那般美好。

记者： 不好意思，我并不是要质疑中国处理自己内政的事务的能力，我只是想说，是不是可以借助国际上的一些机会，让大家能够对达赖喇嘛去神圣化，揭开他身上神秘的面纱。在西方很多国家，达赖喇嘛拥有非常多的同情者。

朱维群：我知道一些外国人和外国机构十分热烈、十分迫切地想介入到我们和达赖喇嘛的关系中来，介入到所谓的"西藏问题"中来。我再次说，没有这个必要和可能性。

至于说达赖喇嘛在一些国家有众多的所谓"同情者"，这是这些国家的当政者和新闻媒体自己造成的。大家可以回顾一下，在1989年以前，达赖喇嘛在西方有多少支持者和同情者？甚至有多少人知道这个喇嘛？达赖喇嘛是被西方一些人作为整治中国的工具而抬高的。包括授予他"诺贝尔和平奖"，实际上是1989年西方国家"制裁"中国的行动的一部分。

但是，这种状态一旦形成了以后，想要改变这种状态就有点麻烦了，这就给有关国家后来发展同中国的关系带来了一个很不利的因素。当这些国家当政者认识到需要改善与中国关系时，却不能不受到达赖喇嘛"同情者"的牵制。这个问题是这些国家自己造成的。希望有些国家从中吸取一些教训。

我们并不想把西藏的门对世界关上，西藏作为中国的一部分，它的门应该是向世界敞开的。我们欢迎大家到西藏来旅游，来帮助建设，来进行采访，但是我们任何时候都不会欢迎外国人到我们这里来指手画脚。

记者：您可能知道，中国的威望因为西藏的问题已经受到损害，西藏很长一段时间是封闭的，不允许我们记者自由前往去采访。

朱维群：所谓西藏对外国新闻媒体实行封闭，其实只是加强一些管理措施，因为我们从来没有关过门，"3·14"以来始终有外国记者经过允许到西藏去采访。现在，我们正安排越来越多的外国记者去西藏，包括您在内。但是西藏的门开多大，说到底，我们要从中国自己的利益出发，从西藏稳定、发展的需要出发。中国三国时期著名的政治家、军事家曹操先生讲过一句很重要的话：不得慕虚名而处实祸。我们当然希望更多的外国朋友了解西藏，也希望外国媒体说我们的好话。但是，多说几句好话、少说几句好话毕竟是次要的，最重要的是我们的利益不能受到损害。

记者： 2008年年底的时候，贵方同达赖的私人代表终止了商谈。在什么样的条件下，你们会再跟他进行商谈？

朱维群： 首先我要说明，不是中央方面终止接谈，而是达赖喇嘛方面终止接谈。达赖喇嘛悍然终止同中央的接触有过两次了。第一次是经过20世纪70年代末80年代初多次接触之后，他发现他的那套东西不可能在中央这里取得什么突破，后来，由于发生了1989年北京风波和苏联、东欧政局的变化，他错误估计形势，认为中国共产党不能长久了，中国政府很快就要垮台了，于是在90年代初宣布终止和中央的接谈。

对于达赖喇嘛来说，很不幸的是中国没有垮。到了2002年，他不得不再次提出希望和中央接触。我们中央历来是宽宏大量的，这就有了从2002年一直到2008年九次接触商谈，其中有三次是去年一年当中进行的。

在去年11月的第三次接谈中，达赖喇嘛的私人代表拿出一份《为全体藏民获得真正自治的备忘录》，并狂妄要求，今后的接谈要以"备忘录"为基础，中央必须接受这个"备忘录"。我们很清楚地向他们表示，这个"备忘录"仍然是"半独立""变相独立"乃至"西藏独立"的货色，中央是不可能接受的。于是这位私人代表当面向我们宣称，接谈不再进行。紧接着还是在11月，达赖集团召开了一个所谓的"全体流亡藏人特别会议"。这个会议作出了一个决定，就是中止和中央的接触商谈。所以说达赖喇嘛已是两次主动中断接触商谈。

  我们中央的态度始终如一。就是说，接触商谈的大门是敞开的，但是，要谈的只能是在达赖喇嘛放弃分裂主义主张和行为的前提下，他的个人前途问题，想谈"西藏独立""半独立""变相独立"，那么没什么可谈。我们现在还是这个态度。达赖喇嘛方面如果愿意和我们再接着谈，可以，但是，他要注意几件事。第一，对于他两次悍然中断接触商谈，特别是去年第二次中断接触商谈，总应该向中央有一个交代吧。第二，去年11月以后，他们自己也感到中断接谈在政治上太愚蠢了，又放出空气说还要谈，但是声称再谈还是以那个"备忘录"为基础。这个"备忘录"已经被中央批回去了，再拿这个东西和中央谈，能谈出什么来？也就是说，他们应当对他们的政治纲领有一个认真、彻底的反思和改正。

  记者：用什么样的形式呢？

  朱维群：形式多得很。只要有想法，有决心，通道是存在的。第三，达赖喇嘛从去年到今年，不辞辛苦，加快在一些国家游走。我曾经对他的私人代表说过，你们让这样一个高龄老人以这样的频率到处跑，太不人道。由于达赖集团的政治性质，他到一些国家去势必给中国和有关的国家的关系带来双方都不愿意看到的麻烦。达赖喇嘛这种使中央不快，不利于中国和有关国家发展友好关系的动作，应该收敛。

  记者：你讲的达赖喇嘛的这些行为是说他的一些政治上的宣示吗？是指政治色彩的声音吗？

  朱维群：达赖喇嘛到一些国家游走，一些国家的政要推卸说达赖是一个宗教人士，他的活动属于宗教活动而不是政治活动，所以无法阻止，不能管束。这是毫无道理的，是自欺欺人。达赖喇嘛固然是一个"活佛"——我希望他能记住他"达赖喇嘛"封号还是中国中央政府封给他的——但更是一个政治流亡者。他是所谓"流亡政府"的最高政教首领，是这个分裂国家的政治集团的头头。这样一个人到国际上活动，中国政府当然不能同意。

达赖喇嘛到各国去，是不是如同他自己及某些人反复声称的只讲宗教？实际情况大家都很清楚。我会见您之前，在办公室抽屉里随便翻了翻，这就找出了去年5月22日达赖喇嘛在英国议会"作证"的谈话、8月13日在法国参议院"作证"的谈话、12月4日在欧洲议会的谈话以及其他一堆材料。有趣的是，还找到了今年8月2日他接受贵国"德国之声"采访的谈话。所有这些谈话和宗教都没有什么关系，全部都是政治性谈话。全部引用实在是太冗长，何况这些材料任何人都可以随便找到，我这里只引用他接受"德国之声"专访的一段话："共产党执政已经60年了，60岁到了退休的年龄了，他如果现在退休的话是一种光荣的退休，而如果被别的政治力量赶下台的话，这就不光荣了。"请问这是宗教还是政治？

达赖喇嘛一方面说要和中央接触商谈，一方面要共产党退休、下台，这是什么意思？是真想谈还是假想谈？达赖喇嘛不要把接谈当成作秀。如果真心想和中央谈，当前对他来说，最重要的是营造一个有利于接触商谈的气氛，而不要恶化这个气氛。达赖喇嘛要共产党退休、下台，这个心思最近越来越公开化了，不但在德国，而且在好几个场合包括在我国台湾，他都反复讲这个话。我希望这个话不是达赖喇嘛的本意，而是他身边的有些人为了破坏他和中央的关系，故意给他设计的。

记者：达赖喇嘛讲了这些话，作为中共来说，会不会理解为达赖喇嘛是自己的政治竞争对手，是不是认为他挑战了中共的垄断地位？

朱维群：达赖喇嘛看着共产党执政，不舒服60年了，从他叛逃出去算起，也有50年了。几十年来，他给我们添了一些麻烦，但是，他构不成什么竞争者、挑战者。我们这个党，还怕这么一个代表封建奴隶制的喇嘛竞争和挑战吗？如果连达赖喇嘛都能够对我们构成竞争和挑战，我们中国共产党就不会走到今天，我们的国家也不会走到今天。我们碰到的真正的困难和对手，达赖喇嘛是不可比的。

达赖喇嘛之所以还是给我们带来一些麻烦，并不是因为他本身有多大的能力，有多高的水平，而是有些国家、有些势力在支持他。这些国家、这些势力给达赖喇嘛提供宣传平台、提供金钱，给他戴上各种桂冠，搞得挺热闹。没有这些国家和势力的支持，达赖喇嘛是一天也混不下去的。比如某国的国会，今年一笔就批给达赖集团1675万美元的资金支持。

记者：是哪个国家？

朱维群：因为今天我们是中德两国人士谈话，我不想点第三国的名字。在国际金融危机的情况下，这笔资金比2008年增加了25％，可以说是不惜工本。这个钱仅仅是有些国家和势力给达赖经济支持的一小部分。但是，正是这样一些支持，使得达赖喇嘛不能正确看待自己的位置和前途，使得他做出一系列的错误判断和选择，使得他难以和中央改善关系，使得他离回家的路越来越远。实际上这些支持是坑了达赖喇嘛。

记者：双方总得相互让一步才能谈得起来。现在中国愿意作出一些什么样的让步以促成跟达赖的私人代表的接谈？

朱维群：我们在达赖喇嘛两次断然中止同中央接触商谈之后，仍然表示我们接谈的大门是敞开的，这已经是很大的诚意。有些人指责我们不谈"实质性问题"，实际上每次接谈谈的都是实质性问题。达赖私人代表所要求的都是危及我们国家的统一、民族的团结、西藏的前途的问题，而我们对这些予以坚决揭露和批驳，这难道不是"实质性谈话"？实际上，达赖喇嘛方面从来也没有对我们作出过什么实质性的让步，他无非是变换一些辞藻，把"西藏独立"包装、转换为"半独立"和"变相独立"而已。

记者：我们这次访问西藏，也跟一些年轻人谈了，他们其实也是非常钦佩自己的生活水平得到改善，发展急速。但是另一方面，他们觉得现代化的进程过快，而精神生活上比如说宗教、佛教的普及、宣传、推广，大部分都局限在寺庙里，公众、社会上比较缺少，如果公开讲出来，可能受到惩罚。

朱维群：认为西藏的现代化进程过快，这个命题不管它是谁提出的，本身就提得奇怪。尽管这些年西藏同自己的过去相比发展是比较快，但是同我们国家的东部、中部地区相比还有很大的差距。我们不认为西藏现代化太快了，而是认为还需要加快。至于宗教，西藏和全国一样实行的是宗教信仰自由的政策，人们的宗教信仰自由得到了充分的尊重和保护，没有受到什么阻碍。现在西藏的寺庙是1787座，僧人46000人，同西藏的280万人口比，僧人的比重已经是相当高了。也不存在对西藏的现实进行批评就要受到惩罚的问题。

记者：我并不是怀疑中国宗教信仰自由的政策，我想问的是有没有表达意见的自由，或者发表批评的自由。还有就是学校里公开的宗教课、佛教课的问题，因为更多的宗教老师集中在寺庙里。如果有人有什么不满，大声提出批评的话，可能会有很大的危险，因为在西藏有很多驻军，还有很多警察，他们或许感到受到威胁。

朱维群：在我们全国包括在西藏，公民对我们的工作和发展中出现的问题进行批评是自由的。这种批评不仅在各种会议上有，报纸上有，电视上有，尤其是网络发展起来以后，对我们工作的批评是非常之多的。这些批评是受到保护的。但是如果有人以舆论自由为名，破坏法律，破坏人民利益，破坏民族团结，企图颠覆我们的政权，那是不能允许的。我们绝对不能允许"3·14"那样的事情再度发生。

驻军、警察在西藏当然有。西藏是我们国土不可分割的一部分，中国的军队、警察理所当然地要驻扎在西藏。我们的军队也好，警察也好，都是为了保护国家的安全，保护民族的团结，保护公民的合法权益不受侵害，广大人民群众并没有因为军队、警察的存在而感到什么不便。感到心里不痛快、感到压力的是那些心里老想搞点事，想制造紧张空气的人。达赖喇嘛的所谓"中间道路"有一项内容，就是要求中央政府从西藏撤出军队，把西藏变成一个所谓的"国际和平区"。达赖喇嘛他们后来说，现在的"中间道路"内容有所变动，中央在西藏驻军的问题，他们不再提了，而且指责我们忽略了他这一改变。但是就在去年第三次接触商谈的时候，10月27日，所谓"流亡政府"的所谓"首席噶伦"①桑东在接受一个所谓"独立中文笔会"记者采访时，再次宣称："自治区内不能驻扎军队，军队一直是我们的核心问题。"所以，只有达赖集团的这些人，只有妄图搞"西藏独立"和"变相独立""半独立"的人，才把人民解放军在西藏的驻扎看成是一种不能容忍的现象。

至于佛学老师的问题，我可能对您的提问意图还不很清楚。中国和世

---

① "噶伦"，藏语音译，亦作"噶布伦""噶卜伦"。清政府规定：员四人，三品，为主持"噶厦"之官，总办西藏行政事务，受驻藏大臣及达赖喇嘛管辖。新中国成立后，西藏地方政府又增设助理噶伦、代理噶伦等职务，1959年该官职被废除。现"西藏流亡政府"中设有"首席噶伦"一职。

界上大多数国家一样，实行政教分离的原则。就是政权、教育要和宗教分开。我们的国民教育，包括小学、中学、大学，根据政教分离的原则，不允许进行宗教的灌输、传播和活动。但是，在寺庙里，高僧、经师讲课，只要他们不违背有关的法律，不违背《宗教事务管理条例》，可以说是完全自由的。

记者：还有一个问题，可能是一个秘密，班禅喇嘛或者说咱们中国选的班禅喇嘛现在哪儿？

朱维群：只有一个班禅喇嘛，就是经过严格历史定制和宗教仪轨而认定的第十一世班禅额尔德尼·确吉杰布①。您的问题有意只问了一半，我给您补上另一半，就是还有一个达赖非法指定的所谓"班禅"在哪儿？

记者：是这样的。

朱维群：我首先要说，在班禅转世问题上，达赖喇嘛撒了一个很大的谎，就是利用西方社会很多人对佛教尤其是对藏传佛教知识的欠缺，故意把班禅转世说成是他个人的权利。实际上一个新的达赖或新的班禅产生，它有一套完整的历史定制和宗教仪轨，而这套历史定制和宗教仪轨，有着漫长的历史形成过程。

首先，上一代达赖或者班禅圆寂以后，西藏地方要找新的继任者，必须向中国中央政府报告，获得中央政府的批准；然后由西藏地方启动一个很大的寻找转世灵童的工程，找出若干孩子，再从这些孩子里重重筛选；

---

① 第十一世班禅额尔德尼·确吉杰布，藏族，1990年2月13日生于西藏自治区那曲地区嘉黎县。1995年11月29日严格按照宗教仪轨和历史定制，在拉萨大昭寺的佛祖释迦牟尼像前，通过金瓶掣签，并经国务院批准，确认为十世班禅转世灵童真身，为中国政府批准认定的藏传佛教格鲁派第十一世班禅额尔德尼。现任中国佛教协会副会长，中国人民政治协商会议全国委员会常务委员。

我们办任何事必须从中国自己的利益出发

在选出最后几个孩子的时候，要向中央政府报告，由中央决定是否批准这几个孩子参加金瓶掣签，而这个金瓶本身就是由中央政府颁发给西藏地方的；得到中央政府的批准之后，西藏地方进行金瓶掣签，选出一个孩子，然后向中央报告，经中央批准他才能成为上一世达赖或者班禅的转世灵童；当这个转世灵童坐床也就是登上上一代达赖或班禅的座位的时候，要由中央政府的驻藏大臣或者派员进行现场主持和监督，由中央政府正式颁给金册、金印，表示对他的认可。到此时，这个孩子才真正成为下一世的达赖或者班禅。这个传统在1793年乾隆皇帝的时候已经非常的确定和完备了。期间也有孩子不经过金瓶掣签，也就是只有一个候选人。这种情况下，如果不举行掣签，也必须经过中央政府批准。

我很啰唆地讲了这么多，就是说明现在第十一世班禅额尔德尼·确吉杰布，是经过了这一完整的政治和宗教的程序产生的，政治上是合法的，宗教上是灵异的。班禅现在已经是一个青年了，知识、宗教造诣、人品各方面都非常的好，受到了广大藏族信教群众的崇奉。班禅额尔德尼现在正在西藏进行宗教的修习。达赖喇嘛破坏活佛转世的历史定制和宗教仪轨，擅自指定所谓"班禅"是非法的、无效的。至于他指认的那个孩子，他是我们自己的孩子，是藏族的孩子，是我们的公民，我们一定会创造条件让他健康成长。

记者：达赖喇嘛指定的这个灵童在哪儿健康成长？在西藏，信徒会认可政治上指定的这么一个班禅吗？

朱维群：达赖喇嘛非法指定的这个孩子，当然是在中国境内健康成长。他一定会成长为一个对国家，对西藏人民有用的人才。第十一世班禅额尔德尼得到了广大信教群众的认可和拥戴。他每次到西藏或者四省藏区去进行宗教活动，都要受到以万为计数单位的信教群众热烈欢迎和真诚崇奉。

达赖喇嘛总是说第十一世班禅是政治产生的。但是他不要忘记，他自己当初产生也是经过中央政府批准的。按照他的逻辑，他自己就是政治的产物。

记者：感谢朱副部长给我这么详细的解答。我知道"西藏"这个题目是一个非常困难的题目。在很多情况之下很少能够像朱副部长谈得这么长，这么详细。

朱维群：我本来希望您今天提问的火力更猛一点。我认为当记者的基本准则就是报道事实，这里既包括您在西藏所看到的事实，也包括今天我们谈话内容的事实。

西藏的现在和未来是由全中国人民决定的

——在国务院新闻办公室举行的发布会上答记者问

（2010年2月3日）

朱维群：女士们、先生们，我发现这次来的记者比2008年11月份那次来的多，我很高兴。现在我向各位介绍这次我们同十四世达赖喇嘛私人代表接触商谈的主要情况。

1月26日至31日，达赖喇嘛私人代表甲日·洛迪、格桑坚赞及其助手一行5人回国。全国政协副主席、中央统战部部长杜青林接见了他们，我和中央统战部副部长斯塔、西藏自治区人大常委会副主任尼玛次仁同他们进行了一整天谈话。此外，还安排他们到湖南韶山参观毛主席故居和湘西土家族苗族自治州。

杜青林副主席在接见时，全面介绍了中央政府成功应对国际金融危机影响，全国人民共庆新中国成立60周年华诞的情况，介绍了前不久召开的中央第五次西藏工作座谈会情况。指出，这次会议确定了西藏实现跨越式发展和长治久安的战略目标，突出彰显新世纪以来西藏工作的辉煌成就，突出西藏实现全面小康的各项任务,突出保障和改善西藏民生,突出西藏生态环境建设和保护,突出西藏文化保护与发展,充分体现了中央对西藏经济社会发展的高度重视,对西藏各族人民的深切关怀。

杜青林副主席指出,达赖喇嘛如果真正希望接触商谈取得进展,真正希望与中央改善关系,就应该尊重历史、正视现实、顺应时代,对自己的言行进行彻底反思,对自己的政治主张进行根本性改正。杜青林副主席着重从四个方面对达赖喇嘛提出要求,即:国家利益不容侵犯,主权和领土问题不可能有任何商谈的空间,不可能有丝毫妥协的余地;宪法准则不容践踏,所谓的"大藏区"和"高度自治"明显违反中国宪法,只有彻底放弃,接触商谈才有基础,达赖喇嘛本人才有出路;民族尊严不容诋毁,如果达赖喇嘛继续在国际上从事反华宣传和破坏活动,缺乏基本的尊重和诚意,接触商谈不可能有实质性进展;各族人民的共同心愿不容背离,西藏各族人民倍加珍视安定局面,任何形式的渗透破坏活动都不可能得逞,只会给接触商谈设置障碍,只会使达赖喇嘛更加孤立。

我们在与甲日一行谈话时首先指出,从2008年11月接触商谈至今已有1年多时间,这是从2002年恢复接谈以来间隔时间最长的一次。出现这种情况,一个很重要的原因,是他们自己在2008年11月的"西藏前途特别大会"上公开宣布停止与中央的接触。即使在这种情况下,中央并没有把接触商谈的大门关上,而是耐心等待他们的觉悟。此次根据他们的请求安排这次接谈,充分体现了我们的诚意和一贯态度。

上次接谈时甲日一行递交了一份《为全体藏人获得真正自治的备忘录》,故意用晦涩不清的语言,企图以中国宪法、民族区域自治法的个别词语对"大藏区""高度自治"那一套进行包装,其实质仍然是"半独立"

"变相独立",我们对此进行了严正批驳。这次他们又递交了一份"对备忘录的阐释",声言对"备忘录"不作只字修改,不作任何退让,特别是继续坚持"西藏流亡政府是西藏人民利益的代表","达赖喇嘛作为西藏人民合法代表的地位,在任何时候都是不容置疑的",声称要同我们讨论"西藏问题"、"600万藏人的福利问题"。对此我们严正指出,1959年3月10日,原西藏地方政府统治集团发动武装叛乱,3月28日,周恩来总理发布国务院命令,解散西藏地方政府,由西藏自治区筹备委员会行使西藏地方政府职权。由此,原西藏地方政府因发动武装叛乱,早已被中央政府依法解散,叛逃到印度的人员纠合组成的所谓"西藏流亡政府"完全是违反中国法律的。1964年12月17日国务院全体会议通过《关于撤销达赖职务的决定》指出:"达赖在其1959年发动叛国的反革命武装叛乱,逃亡国外后,组织流亡伪政府,公布伪宪法,……这一切证明他早已自绝于祖国和人民。"达赖集团这个伪政府一日不解散,伪宪法一日不取消,他们就一日处于与中国中央政府、西藏自治区政府相对立的位置,他们就属于违抗中国宪法和法律的分裂祖国的政治集团。

我们严肃指出,代表西藏人民的只能是中国中央政府及其领导下的西藏自治区政府。甲日一行没有同我们讨论西藏自治区事务的任何合法身份,他们只是达赖喇嘛的私人代表,要谈的只能是达赖喇嘛个人最多加上周围一些人的前途问题,也就是达赖喇嘛如何放弃一切分裂祖国的言行,取信于中央,取得全国人民谅解的问题。中央对达赖喇嘛及其集团的态度在五十年前就讲清楚了,对"备忘录"的态度在一年多前也讲清楚了,没有任何含糊之处。甲日一行应该做的是改正错误,而不是重抄"备忘录"的内容,搞什么故弄玄虚的"阐释"。

我们指出，如果达赖喇嘛方面真正希望改善与中央的关系，首先要收敛其种种反对中央的言行，但是仅上次接谈以来，他们继续公然勾结各种分裂主义势力攻击中国共产党和中国政府，极力破坏国内社会稳定，诬蔑损害国家形象，干扰我国家领导人出访，损害我国家领土和主权安全。达赖喇嘛甚至反复公开宣称"我是印度之子，这是无可质疑的"，他应当就此作出澄清。

我们强调，与达赖喇嘛改善关系是中国内部事务，外人绝无置喙余地。然而达赖喇嘛仍然频繁在国际上到处活动，寻求外国人支持。这种行为，实际上使他在国际上扮演了一个麻烦制造者的角色，只会激起全国人民更大的反感，给接触商谈制造障碍。

中央对达赖喇嘛的基本要求还是那几句话，即：只要达赖喇嘛真正放弃分裂祖国的立场，停止分裂祖国的活动，公开承认西藏是中国不可分割的一部分，承认台湾是中国不可分割的一部分，承认中华人民共和国政府是代表中国的唯一合法政府，我们就可以与达赖喇嘛就其个人及周围人的前途问题进行商谈。达赖喇嘛今年已经75岁了，我们希望他能够正视现实，转变立场，在有生之年作出正确的选择。

下面，我和我的同事们愿意回答大家的提问，欢迎提出你们认为是尖锐的问题。

中央电视台记者：请问朱维群副部长，这次接谈是否和前几次一样仍然处于僵持的状态，您对这次接谈有何评论，对今后接谈的前景您如何看待？

朱维群：这次接谈同以往每一次接谈一样，双方的观点尖锐对立。我们已经习惯了这样一种尖锐的对立，已经成为接触商谈的一种常态，这是因为我们双方在立场上是根本对立的。但是我想这次接谈还是有成效的。

第一，这次我们安排他们到湖南参观毛主席旧居，参观湘西土家族苗族自治州，这使他们对我们国家当前的实际情况，对我们的民族区域自治制度的实施情况有一定的了解。

第二，间隔一年多之后，杜青林副主席再次接见了他们，向他们介绍了国家当前建设的情况，60年大庆的情况和中央第五次西藏工作座谈会的情况，这有助于他们进一步了解当前中央的方针政策。杜青林同志是全国政协副主席，杜青林同志来接见他们，这个规格是相当高的。

第三，我们同他们进行了一整天的谈话，尽管进行了激烈的交锋，但是交锋不完全是消极的，因为这使我们双方更加深刻地认识到分歧在哪里、分歧有多大，这样的交锋有助于达赖喇嘛了解自己处于一个什么位置上。我每次在接谈谈话前都提议，双方不管对方的话多么尖锐和多么不中听，都要把对方的话听完，这一条得到了很好的实行，效果不错。

第四，这次接谈和上次有一个不一样的地方，2008年11月份的接谈将结束的时候，甲日先生因为我们全面把他的"备忘录"顶回去了而非常的不高兴，表示今后谈不谈就说不清了。但是这一次他很诚恳地再一次提出，希望下面还要谈。我想这个态度比上一次来说是好的。

关于接谈的前景，我们的态度是一贯的，那就是同达赖喇嘛私人代表接触商谈这个门一直是开着的。但是，想跟我们谈所谓"大藏区""高度自治"，即"半独立""变相独立"这样的一些问题是不可能的。如果达赖喇嘛私人代表还是坚持要谈所谓"达赖喇嘛是西藏人民的代表"这套东西，而拒绝谈达赖喇嘛的个人前途问题，那么我们的接谈就只能继续保持2002年恢复接谈以来的状况。

我们希望达赖喇嘛方面不要再发生 2008 年 11 月他们"流亡藏人特别会议"做出不再和中央接谈那样错得太远的事情。

路透社记者：我想问的是，如果今年晚些时候美国总统奥巴马会见达赖喇嘛的话，后果是什么？他这样做，会不会影响到中美的关系？

朱维群：中国政府和达赖喇嘛的关系问题是中国的内部事务，我们反对任何外国势力借达赖喇嘛问题干涉中国的内政，我们这个态度是一贯的、鲜明的、不可动摇的。据说，美国领导人近期可能有会见达赖喇嘛的安排，如果发生这样的事情，我们一如既往地持坚决反对的态度。我认为，如果美国领导人做出这样的举动，一是叫作无理，二是叫作无利。达赖喇嘛根本就不是如同有些人说的那样，仅仅是一个什么宗教人士，他是一个分裂祖国的政治集团的头头，他领导着一个伪政府，这个伪政府还有一个伪宪法，这个伪宪法规定达赖喇嘛是这个伪政府的最高政教首领，我希望不知道这个伪宪法的人去查一查。

每当有外国政要以达赖喇嘛是宗教人士为由会见他的时候，我都感到不可理喻。无视事实，无视达赖喇嘛的伪政府、伪宪法的那套东西，硬说他不是政治人物，这道理说得过去吗？此类说法完全是自欺欺人，恐怕连他们自己都说服不了自己。美国领导人既然承认中华人民共和国是全中国的唯一合法政府，既然承认西藏是中国的一部分，而又和那个伪政府的头头达赖喇嘛发生这种关系，完全违背国际通行准则，是对中美关系政治基础的严重破坏，这就叫作无理。

那什么叫无利呢？中美关系对于我们两国来说都是最重要的外交关系之一，发展这种关系对我们两国都有利，在应对当前国际金融危机这样一个严峻的任务面前，发展巩固两国关系对我们两国来说都是至关重要的。

美国领导人如果选择在这个时候会见达赖，破坏两国的信任和合作，对美国渡过目前的经济危机有什么好处吗？是为无利。我们中国人很看不起一种行为，叫作损人利己，而我刚才讲到的这个行为又等而下之，叫作损人不利己。

一段时间以来，美国一些人把美国的政治资源、财富资源，乃至引导一部分人群的同情心，投注给达赖这样一个代表政教合一的封建农奴制度的人物身上，而又不能给自己带来任何的好处，委实不划算。中国人不会对损害自己领土完整、国家统一和民族尊严的行为视而不见。邓小平同志说过：谁也不要指望中国人吞下损害自己利益的苦果。我们非常的不希望发生那样的事情，但是，如果发生那样的事情，我们当然会采取相应的措施，使有关的国家认识到这一点。

香港文汇报记者： 我的问题是提给斯塔副部长的，近年中央与达赖作出多次的接触，达赖也作出了多次的承诺，您认为他们是否信守了承诺？

斯塔： 2008年11月杜青林副主席在接见达赖私人代表的时候，明确指出：坚持中国共产党的领导，坚持社会主义制度，坚持民族区域自治制度是中国宪法明确规定的，是西藏最大的政治现实，否定"三个坚持"的行为是绝对不能允许的。达赖喇嘛方面曾经表示尊重中央政府提出来的"三个坚持"，但是在行动上并没有兑现他们这个承诺。

我简单举几个例子，去年5月5日达赖喇嘛在纽约宣称：中国共产党领导中国已经60年了，该是退休的时候了。8月2日，达赖喇嘛在接受一家境外媒体采访的时候再一次宣称：共产党在中国执政已经60年了，而60年是到了退休的年龄。那么，请问这是尊重中国共产党的领导吗？

又比如，去年3月，西藏各族人民欢庆百万农奴翻身解放50周年，在这个时候，达赖喇嘛方面组织一些人在我30多个驻外使馆门前滋扰。去年10月1日是中华人民共和国成立60周年，是中华民族非常盛大的节日，而达赖喇嘛方面在这前后又纠集一些"藏独"分子在我驻外使领馆示威、骚扰、滋事。去年一年，达赖集团先后纠集一万多人次在我40多个驻外使领馆不断进行骚扰滋事活动。

去年新疆乌鲁木齐"7·5"事件以后，达赖喇嘛7月9日发表声明说"对近日以来东突厥斯坦局势深感痛心"。大家都知道"东突厥斯坦"这个名称在历史上并不存在，是分裂主义分子炮制出来的。达赖喇嘛故意使用这样的称谓，其用心昭然若揭。

去年9月11日，达赖喇嘛还和新疆民族分裂分子热比娅①在捷克同台参加所谓的国际研讨会，并且单独和热比娅会晤，事后达赖喇嘛还举行记者招待会，表示对热比娅的支持。从这些事实我们可以看到，达赖喇嘛方面口头表示尊重"三个坚持"，但是在行动上他们推翻中国共产党领导的人民民主政权、分裂社会主义中国、否定民族区域自治制度的活动一刻也没有停止。

我们注意到，达赖集团在进行分裂祖国活动的时候，经常盗用"西藏人民代表"的名义，打着"西藏真正自治"的招牌。在这次和达赖喇嘛私人代表接触商谈的过程当中，西藏自治区人大常委会副主任尼玛次仁先生和我都已经非常明确地给他们指出，他们代表的不是西藏人民的利益，他

---

① 热比娅·卡德尔（1951年～），生于新疆阿勒泰市，曾任新疆工商联副主席、新疆女企业家协会副会长，1993年当选中国人民政治协商会议第八届全国委员会委员。1999年因危害国家安全罪被捕。2005年获准赴美保外就医，她出国前一再保证绝不再参与危害中国国家安全的任何活动，但一到美国便投身"疆独"活动。2006年当选"世界维吾尔代表大会"的主席，长期在境外策划、组织各种反华分裂活动。

们代表的只是被西藏人民推翻了的旧西藏封建农奴主残余势力的利益；他们要的也不是什么西藏人民的真正自治，而是要恢复他们对西藏人民政教合一的专制统治，要剥夺西藏人民来之不易的当家作主的民主权利。

今天来了很多境外媒体的朋友，我们殷切期望各位把尼玛次仁主任和我刚才讲的最后这番话，介绍给更多的人。

朱维群：斯塔副部长讲得非常好，我补充几句话。达赖喇嘛远的不说，就从2008年11月接触商谈这一年多里，他对于几个话题非常的心爱，喋喋不休地讲。一个叫作"共产党应该退休"；一个叫作"2008年拉萨发生的'3·14'事件是中国政府、中国军队策划、而嫁祸给他们流亡政府"；一个是我们说的藏南地区也就是所谓的"麦克马洪线"以南的地区，他说"这是印度的领土"；还有一个叫作他是"印度的儿子"。如果要列举的话，我这里厚厚的一大本。这些话和他说尊重中国共产党、尊重中华人民共和国能够一致吗？这样的言论和行动怎么改善和中央的关系？所以对于达赖喇嘛来说，当务之急是要言行一致，不要再说一套、做一套。

斯塔副部长和我列举的以上达赖喇嘛言行，全部都是从达赖集团自己办的媒体和西方一些同情他的西方媒体刊载材料当中摘出来的，没有一句是出自我们的媒体。

美国之音记者：有两个问题。刚才在您的回答当中，您说在上一轮的接谈当中，你们方面是全盘驳斥了或者拒绝了甲日·洛迪所提交的"备忘录"。我想请问，在什么样的问题上，中国中央政府愿意做出一些让步，不然的话，达赖喇嘛方面怎么会愿意继续和你们进行下一步的接谈？第二，在您的介绍当中，对达赖喇嘛除了批评还是批评，那么我想请问，既然你们对达赖喇嘛只有批评之词，为什么还愿意和他们继续接谈下去呢？

朱维群：达赖喇嘛的政治主张，他自己并不隐蔽，除了那些漂亮话之外，所谓"大藏区""高度自治"是公开的，这些都涉及我们国家的领土完整、涉及我们国家的尊严，是不可以谈的，我们是不可能作出任何让步的。但是，为什么还要谈？为了给达赖喇嘛一个改正错误的机会。尽管达赖喇嘛长期从事分裂祖国的活动，到我们改革开放初期，也就是70年代末，他仅仅讲不想搞"西藏独立"了，我们中央就开始了和他的接触商谈，请他身边的不少人到内地和西藏参观。尽管达赖集团一手策划了80年代末拉萨骚乱，给西藏人民带来了巨大的生命和财产的损失，但是当他后来表示愿意在中国宪法框架内、在中华人民共和国内解决问题，我们又同他恢复了接触商谈。

难道这个诚意、这个灵活性还不大吗？难道对达赖喇嘛照顾还不够吗？非要把我们的国土让一块给他，非要他回来恢复旧西藏政教合一的封建农奴制度、搞什么"大藏区""高度自治"，才算我们做出让步吗？对于他们提出的先是"备忘录"，后是"阐释"，我们进行了耐心的教育和开导。2008年11月那次接谈当中，我对甲日先生说，我们不会和你们讨论什么"西藏问题"，但是我们可以对你们这个"备忘录"进行检验，目的是看你们是不是放弃了"西藏独立"，回到了爱国的立场上来。为此，我们对这个"备忘录"进行了全面的分析，而且专门从七个方面指出这个"备忘录"是一个反对中国中央政府、反对宪法的东西。这种批评本身就表达了我们的诚意和耐心，而本来我们是可以对这个"备忘录"完全置之不理的。但是这一次接谈，甲日先生又把这个"备忘录"原封不动地搬到我们面前，那么我们除了批评还是批评之外，我还能说什么呢？如果达赖喇嘛不想挨中央的批评，那很简单，放弃他的一切"西藏独立""半独立""变相独立"

的幻想，满足中央给他提出的这些要求，那个时候，当然我们就要表扬了。

中新社记者：在昨天发布的有关杜青林副主席接见达赖喇嘛私人代表的新闻稿中谈到，我们介绍了中央第四次西藏工作座谈会以来西藏的发展和战略目标。我想请尼玛次仁副主任谈谈对于西藏地区发展的评估和未来前景的看法。

尼玛次仁：经过民族改革50年，特别是改革开放30多年来的不懈努力，西藏已经实现了基本的小康，西藏的发展已经站在新的历史起点上。去年我们西藏自治区GDP国内生产总值增长了12.1%，农牧民平均纯收入增长了13%。农牧区的面貌发生了可喜的变化，已经有23万户、123万农牧民住上了新房，基础设施建设有了很大幅度的改善，生态环境的保护与建设全面的加强，教育、科学、文化、卫生等社会事业全面的发展。目前，我们西藏的社会局势稳定，人民安居乐业，社会秩序良好，上学的上学，做工的做工，朝佛的朝佛，一切生活正常。老百姓盼发展、思稳定，更加珍惜来之不易的幸福生活。团结稳定是福，分裂动乱是祸，已经成为我们全区人民的共识。我们非常高兴的是，去年到西藏的国内外的游客越来越多，去年我们接待游客已经达到556万人次，旅游收入已经达到52.4亿元，创下我们历史最高水平。

20世纪80年代初以来，中央人民政府先后召开了五次西藏工作座谈会，我本人就参加了三次。中央对西藏的政策的扶持和资金的投入力度，一次比一次大，比如2001年到2008年期间，中央财政向西藏转移支付已经达到1541亿，占同期西藏总财力的93.7%，也就是说，西藏每花100元钱，有90多元钱来自中央人民政府的支持。世界上没有一个政党像中国共产党这样，连续十几年举全国之力支援一个民族地区的发展，我作为一个民族干部很受感动。本人是参与者，也是受益者。刚刚召开的第五次西藏工作座谈会，再一次充分体现了以胡锦涛同志为总书记的党中央对我们西藏人民的殷切关怀。会议成果丰硕，意义重大，为推进西藏快速发展和长治久安作了战略的部署，是确保西藏实现全面建设小康社会奋斗目标的一个重要的会议，具有里程碑意义。

问我今后西藏的前景如何，我坚信有党中央、国务院的亲切关怀和特殊关怀，有全国人民的大力支持，有西藏自治区党委坚强领导和全区各族人民的艰苦奋斗，到2020年西藏人民一定能够同全国人民一道实现全面建设小康社会宏伟目标，西藏的明天会更加美好！

南华早报记者：如果达赖方面坚持对"备忘录"不做任何修改的话，还会有下一次的会谈吗？下一次的会谈大概在什么时候呢？这次的会谈是北京方面提出来的吗？

朱维群：我们说过了，我们的这个门是不会关上的，除非发生他公然宣布"西藏独立"这类的事情。2008年11月"流亡藏人特别会议"，有一个"决议"，其中宣称如果接谈没有什么结果，不排除有一天他们会重新搞"西藏独立"。所谓的"流亡政府首席噶伦"桑东声称，他们搞"中间道路"不是说他们没有权利搞"西藏独立"。很清楚，达赖集团的有些人不是不想搞"西藏独立"，做梦都想搞"西藏独立"，但是他们知道现在力量对比不允许，形势不允许。而一旦他们认为形势对他们有利的时候，诸位等着看，他们会说什么，干什么！目前情况下，我们接触商谈的门还是开着的，是不是有一天达赖喇嘛自己再度把这个门关上，那我就不知道了。会不会有下一次接谈，这关键要看达赖喇嘛的态度。

刚才记者问到这一次接谈是谁先提出来的？是达赖喇嘛提出的。在他们做出停止接触商谈这个决议之后，还指望我们去找他们要求接触商谈吗？

奥地利《侧面》杂志记者：我有两个问题。第一，三位先生一直强调，西藏自治区政府是唯一可以代表西藏人民立场的政府，请问西藏自治区政府有没有调查过西藏人民，特别是藏族人民对西藏问题的看法，对藏族人民关于"西藏问题"的看法，关于"西藏问题"怎么理解？第二，朱副部长刚才提到达赖喇嘛已经75岁了，他的一些接班人很可能在"西藏问题"上采取更强烈的方式。那么三位先生怎么了解达赖喇嘛接班人对"西藏问题"的看法？会不会担心达赖喇嘛去世之后"西藏问题"会更难解决？

尼玛次仁：我对第一个问题做一个回答，然后请斯塔部长做补充。

你刚才谈到中国共产党领导下的西藏自治区人民政府是唯一能够代表西藏人民的唯一政府，我说这个答案是肯定的。我前面有一句话，我们西藏老百姓认为团结稳定是福，分裂动乱是祸。这在全区人民当中已经有了共识。越来越多的包括我自己在内的藏民，认为达赖喇嘛不仅仅是一个宗教人士，他是一个打着宗教的幌子，长期搞分裂祖国、破坏民族团结的政治集团的头子。我们有关方面曾经作过民意测验，我们在有关方面媒体也公布过这个数字。我们在接谈过程当中，面对面的时候，亮明了我们的观点和立场。

斯塔：我再补充一下。刚才问到，你们了解西藏人民的想法吗？前不久刚刚召开了中央第五次西藏工作座谈会，为了筹备好这个会议，真正了解西藏老百姓，特别是农牧民群众在盼什么、想什么、中央怎么帮他们，去年一年，中央先后有300多批省部级干部带队的调研组去了西藏的七个地市，有9位党和国家领导人到西藏去调查研究。我作为在中央部门工作的负责西藏地方重大政策问题研究的干部，经常到西藏自治区和其他所有的藏族自治州。我可以负责任地说，现在西藏老百姓、藏族老百姓最盼望的是安居乐业、红红火火过日子、一心一意奔小康。他们非常珍惜现在来之不易的幸福生活，非常害怕政教合一的制度再回来，他们不愿意再当农奴，不愿意得到的基本人权再次被剥夺。他们也深深地知道，只有祖国强大、民族团结、社会稳定，才有他们的幸福生活，才有西藏的发展进步。这是他们的最大的心愿。

朱维群：刚才记者问到达赖喇嘛去世以后"西藏问题"会不会更加难以解决，这个问题有点意思。我回答记者提问的习惯是"迎头相撞"，对这个问题我会同样给一个比较直接的回答。

我们在这里开新闻发布会，议论这样一位70多岁的老人去世以后会怎么样，首先我感到不太礼貌。我们中国人的习惯，不议论年长者何时辞世的问题。达赖喇嘛可是见过毛主席的人，我们希望他长寿，希望在他有生之年，能够解决他自己的前途问题。他应该认识到，现在有一些势力、有一些外国势力，捧着他、抬着他，实际上不是为他好，实际上是坑了他。有些外国势力怂恿他搞分裂活动，从1959年叛乱算起，这也是50多年了，达赖喇嘛除了离回家的路越来越远，得到了什么呢？西藏的现在也好，西藏的未来也好，是由包括西藏人民在内的全国人民决定的，不会因为达赖喇嘛"走"和"不走"而改变。这个"走"当然不是"走路"的"走"。有些好心的朋友问我，如果达赖喇嘛有一天"走"了，会不会在境外藏人当中暴力恐怖势力抬头。我们和境外的藏族同胞有着广泛的联系，深知境外藏族同胞绝大多数人想在国外过一个安生日子，希望和国内的亲戚、朋友经常往来，还有的希望为西藏的建设出一点力量，他们根本就不会支持什么暴力恐怖活动，这一点请国外的朋友们放心。当然不能排除极少数的人想采取一点暴力恐怖，但是看看历史吧，搞暴力恐怖有过什么好果子吃？全部都以失败告终。我要善意地提醒他们，如果有人敢动暴力恐怖的主意，首先他的"和平主义""非暴力主义"帽子就戴不长了，他就会被归为"暴力恐怖势力"的范围了。倒是达赖喇嘛身边的这些人，应该考虑考虑您刚才提出的这个问题，有一天，这位老人"走"了以后，他们该怎么办？

美国应尽早甩掉达赖集团这个包袱

——会见美国两党代表团时的谈话

（2010年4月2日）

美方：中美两国之间最为争议的一个问题就是达赖喇嘛的问题，如果我们来此不讨论达赖喇嘛的事，显然就缺少了一项重要的内容。每次达赖到访美国，都会引起中美两国之间关系的紧张。美国把达赖看作一个宗教领袖，而不是一个政治领袖。在美国的体制中，一个宗教领袖来访，领导人不予接见是不合适的。希望中国能够理解美方的看法，缓和两国在达赖访美后的紧张关系。

朱维群：你们到中央统战部来谈十四世达赖问题，是找对了地方。达赖每次窜访美国特别是会见美国总统，都会引起中美两国关系的紧张，我们希望能够尽快解决这一问题。您提出要我们理解美方在这个问题上的心情和认识，我认为美方也应该理解中国人民在此问题上的心情与认识。重要的是，达赖并不是美国人，西藏的事情是中国的内部事务，现在不是中国在插手美国的内部事务，而是你们美国人在干涉中国的内政。所以，谁的不高兴更有道理，必须搞清楚。中国老百姓在国内外许多问题上往往有着各种议论，但是在反对达赖的分裂主义、特别是反对美国领导人会见达赖方面的态度上是高度一致的。

美方认为达赖是一个宗教领袖，但请你们注意，首先，达赖喇嘛的封号是中国中央政府册封的，否则他连这个宗教身份都没有。而我要强调的是，达赖第一位的身份是一个政治流亡人物，是一股政治分裂势力的头子。而且这股政治分裂势力还不是一个一般的政治分裂势力，它有伪宪法、伪政府、伪议会，而达赖是它的"最高政教领袖"。美国既然承认西藏是中国领土不可分割的一部分，承认中华人民共和国是全中国唯一合法政府，而同时又去接见一个公然分裂中国的势力的头头，这违背了国际社会的通行准则，也违背了美国自己的国际承诺。美国只讲达赖是宗教领袖，故意"忽略"他的政治身份，而在中国人民看来，他的第一位身份是一个分裂主义政治集团的头子，而且经过中央几十年的劝导，还不肯悔改。要想缓解达赖窜访美国造成的中美两国的紧张关系，很好，但这首先不是中国的事情，第一责任在于美国。

美国背上达赖这个政治包袱，从上世纪50年代算起也已经50多年了。这个集团现在已经是"日薄西山、气息奄奄、人命危浅、朝不虑夕"，是一个腐朽的垂死的势力。中国西藏在稳定、在发展，而达赖在国际上的影响，尽管现在有些人还在给他抬着，但走下坡路是大势所趋，是不可改变的。时间将证明这一点。我希望两党的朋友向美国政府建议，尽早甩掉这个包袱，为两国关系更好更顺利的发展创造条件。再向达赖这个集团身上注入经济资源、政治资源和民众的同情心，完全是一种浪费，而且对中美如此重要的双边关系造成损害，可谓得不偿失，实际上就是有失无得。

美方：感谢您的介绍，让我们在这一问题上有了更深刻的认识。但是我相信代表团返美后，恐怕不会有人提出让美领导人不再接见达赖的提议。

朱维群：我不怀疑您的话。如果我们都不能说服对方，那么让时间去做结论吧。

美方：在达赖访美的问题上，美中两国的立场并不一致。在此，我重申，美国不支持分裂中国的活动。中美两国在政治体制、经济贸易上还有很多差异、甚至摩擦，但是看到一个强大、繁荣的中国符合美国的利益。美中之间还存在很多问题，同其他棘手问题相比，达赖喇嘛的问题并不会影响中国的繁荣和持续的发展。

朱维群：我同样希望美国能够尽快走出经济危机，尽快繁荣起来，这符合中国的利益。如你所说，中美之间还存在着许多亟待解决的问题，比达赖的问题更重要，必须要双方集中精力解决。正因为如此，我主张中美尽早解决在达赖喇嘛问题上的分歧，如果在观点上不一致，暂时解决不了，最好把它抛到一边，不要再去制造和扩大这个问题。这方面的主动权在美国手上，因为不是中国邀请了某一个违反美国宪法、分裂美国国家的势力的头头访问中国，而是美国在这样做。美国不能指望做了损害中国主权和中国人民尊严的事情，而让中国人民默不作声。正如如果有人触犯了美国的利益，美国一定会做出强硬的反应一样。

美方：美中关系的健康发展符合美中两国的利益，美中两国的历史、文化不同，美国的历史、价值观是非常尊重宗教自由和人权的，所以要让美做出违背美方价值观的事情，也损害了美方的尊严和利益，美国希望通过对话促进美中关系得到发展，但也不会在违背美价值观的事情上做出让步。

朱维群：我反复指出，达赖的问题不是什么宗教自由问题，也不是什么人权问题，而是事关中国的国家主权和领土完整的政治问题，在这个问题上我们绝不会让步，而且我相信美国遇到类似的问题也不会让步。有的人把达赖当作宗教自由、维护人权的象征，在我看来，是因为对西藏实际情况的不了解，没有看到旧西藏实行的是政教合一的封建农奴制，而达赖是这个腐朽没落制度的总代表。达赖现在的伪政府实施的也不是什么宗教自由和人权，而依然沿袭政教合一的专制统治。我很尊敬美国总统林肯，他为了废除奴隶制，维护国家统一，不惜打一场战争，一直到打赢。那么当今天中国要废除农奴制，要维护国家统一的时候，为什么就变成什么"侵犯宗教自由"和"伤害人权"了呢？

美方：在过去的十年里，达赖多次派出私人代表与中国中央政府接触谈判。达赖方面曾经向中央政府递交过两份文件，概述如何在中国宪法的体制内让西藏获得更好的自治。通过这两份文件，中央政府是如何看待达赖的，是有所改善，还是更加坚定地判断达赖是一个分裂分子？

朱维群：2002年以来，中国中央政府有关部门与达赖私人代表一共进行了10次接触商谈，我参加了其中大部分。2008年达赖方面曾经向中央政府递交了一份《关于全体藏人实现真正自治的备忘录》，声称要在中国宪法框架内，解决"所有藏人"的"真正自治"问题，今年1月又递交了一份关于这份"备忘录"的"解释"。达赖方面在国际上广为散发这两个文件，很多人由此对达赖寄予同情。对此我有两点基本看法，在接谈时也与达赖的私人代表谈过。第一点，达赖的伪政府、伪议会及伪宪法存在本身就是违反中国宪法的，达赖首先要解散他的伪政府、伪议会，废除他的伪宪法，然后才有资格与中央政府谈及宪法。我们根本不会与一个分裂主义集团的头目去谈什么"西藏问题"，可以做的只是在其放弃分裂主义立场及一切分裂言行之后，谈一谈达赖个人和他周围一些人的前途问题。第二点，我曾经向达赖的私人代表指出，我同你们谈及"备忘录"，不是在同你们讨论这个"备忘录"，而是在检查你们是否遵从中央的训导，真正放弃了分裂立场。我们检查下来的结论是，虽然"备忘录"借用了《中华人民共和国宪法》中的个别词句，但是本质上没有任何改变，所以我们断然予以驳回。1993年，2008年，达赖两次错误地判断了国际国内形势，公然宣布不再与中央政府接谈了。而我们的态度则是一贯的，只要达赖愿意放弃其分裂主义立场，接谈的门始终是打开的。至于他愿意不愿意改正，那是他自己的事情。

在这次会面即将结束的时候，我要感谢两党朋友们来到中央统战部，使我们相互有了更多的了解。我希望你们促使美国政府把达赖会见美国总统这一页尽早翻过去，而不要再重新翻回来。

努力推动统一战线工作的创新

(2010年12月15日)

统一战线工作的创新,是指统战工作者根据党在各个时期的中心任务和统战工作面临的新形势、新情况、新问题,通过工作和斗争的实践,提炼出新的理论、政策、措施,用于新的实践并接受实践检验。我们党的统一战线事业从来就是在不断创新的过程中发展壮大的。无论是在革命战争时期、社会主义建设时期还是在改革开放新时期,我们党都不断赋予统战工作新的内涵,使之充分发挥法宝作用并保持自身活力。当前,统一战线无论是其外部环境还是其内部关系,都面临许多以往未曾遇到的变化和矛盾,这就需要我们更加重视创新和创新能力的提高,在理论上、政策上、工作措施上不断有新的东西拿出来。否则,统一战线就会流于形式,就会丧失活力。

创新离不开实践。创新本质上属于人的认识活动范畴。正如人的认识活动离不开实践活动一样,创新同样离不开实践活动。毛泽东同志说:"辩证唯物论的认识论把实践提到第一的地位,认为人的认识一点也离不开实践,排斥一切否认实践重要性、使认识离开实践的错误理论。"统战工作的创新，无论是理论创新还是工作创新，第一步都是统战工作者投身统一战线各领域的工作实践，以实践为基础和源泉，从中寻求创新的题目，把功夫下到实际工作需要、广大统战成员关心的问题上去；从中获取真实、丰富的信息，进行加工处理、重组建构，形成新的认识；从中发现成功的经验，加以完善、提高，上升为具有普遍指导意义的原则乃至理论；从中发现错误和失当，加以反思和汲取，避免今后重犯。创新的第二步，则是通过实践来检验其是否符合实际、是否真的有用。毛泽东同志指出，"只有人们的社会实践，才是人们对于外界认识的真理性的标准。"统战工作任何创新，是否有价值，是否成其为创新，仅看其理论是否独特，词句是否漂亮，是不能说明问题的。关键要看其能否解决实际工作提出的问题，能否为中央分忧，为基层解难，能否推动统一战线的巩固和发展。

创新离不开继承。创新一方面来源于新的实践，一方面来源于对过去实践中产生的经验和传统的继承。毛泽东同志说："一个人的知识，不外直接经验的和间接经验的两部分。而且在我为间接经验者，在人则仍为直接经验。"统战工作过去的经验和传统是一代又一代老统战工作者在不同时期艰苦实践中形成的，不论是成功的经验还是失败的经验，都是宝贵的财富。今天的统一战线是过去统一战线的继续，如果没有对过去的继承，一切都从空白开始是不可能的。各级统战干部要加强对统一战线历史的研究，掌握主要历史事件的来龙去脉、重大方针政策的演变及其得失，把这些同我们自己从实践中获取的新鲜经验结合起来，从中总结、概括、提炼出规律性的、长远起作用的东西。这样才能在复杂形势面前保持定力，更加有把握地应对问题和挑战。

创新离不开基层。我们讲统战工作的实践，既包括高层统战部门的实践，也包括基层统战部门的实践。而必须看到，基层承担着大量经常性工作，面临大量鲜活问题，经常要面对面地做人的工作，在很多情况下处于同敌对势力斗争的第一线。基层同志是实践的主体，当然也是创新的主体。我们讲创新，要特别注意汲取基层同志的经验，尊重他们的工作成果，鼓励他们反映真实情况，听取他们的意见建议特别是不同意见。只有这样，创新才能具有广阔的视野和符合实际的招数。有句老话："欲论朝中事，山中问樵夫"，这是说，评价政治、政策得失，要看它的社会终端效应，要问最基层的感受。同样，对统战工作创新成果的评价，要增加基层同志的发言权。

本文是作者在中央统战部召开的年度全国统战部长会议上总结讲话的一部分。

民族团结教育活动要结合新的实际

（2011年4月28日）

我已经是第二次就"热爱伟大祖国，建设美好家园"主题教育活动来新疆调研，上一次是去年的8月份。近期我先后到了哈密、和田、喀什、乌鲁木齐，前一阶段也到了北疆，深切感到主题教育活动在自治区党委和兵团党委高度重视和有力领导下，正在蓬勃发展。从面上来说，基本上做到了全覆盖；从深度上来说，不断丰富和深化，在各地各族干部群众中，已经掀起了"热爱伟大祖国建设美好家园"的热潮。我们现在搞"热潮""高潮"比较多，干什么工作都讲究个"热潮""高潮"，但是这项工作之所以可以说形成了热潮，我以为首先不在于写了多少文章，造了多大声势，而在于逐步深入人心，在干部群众那里转化为新疆实现跨越式发展和长治久安的精神动力。这个热潮是和我们经济社会发展的各项工作和稳定工作紧密结合在一起的。我以为，这项主题教育活动的意义不仅对于新疆，对于其他民族地区以及内地和沿海，都有广泛的借鉴意义。民族团结教育工作在全国都要搞，而新疆提供了很好的经验。

我记得去年8月来这里讲了两点建议。一点是将中央新疆工作座谈会的精神和各项举措，凡是不涉及保密的，都要在教育活动中向群众尽可能充分地宣传，使每个人都知道，特别是使大家了解中央和全国人民对新疆各族人民的关爱，对新疆工作的重视。再一点是，除了对广大职工、农牧民、学生、军人、宗教界人士等进行教育外，要特别注重对有社会话语权的人的教育。因为有话语权的人一般是教育别人的人，而自己却容易被遗忘在教育之外或不被列入重点。有话语权的人包括我们这些人在内，包括我在内，都应当列为教育重点。为什么呢？因为这些人，包括领导干部、专业人士、教师、传媒工作者、宗教界的代表性人物等等，他们握有各种传播资源，有用自己的思想影响他人的条件。如果他们真正掌握中央精神，就能够把中央的精神不失真地、广泛地向社会广大人群宣传解释。但是，如果这些人本身没有受到教育，思想中存在种种问题甚至错误观点，那么他们对社会能够起到的负面作用，也不是一般社会成员所能比拟的。我们还记得改革开放后新疆出版过《维吾尔人》《匈奴简史》《维吾尔古代文学》等"三本书"，其作用非常之坏，多少年来还没有完全肃清其影响。其作者不可能是一个普通的市民或农牧民，只能是一个有知识的人，而出这些书的单位我们也知道还是一个正式的出版社。所以，类似影响社会人群思想的问题，只能出自拿着笔杆子、拿着话筒、掌握一定网络手段、占着讲台和讲经台的人手里，有各种权力的人手里。如果这个领域的人们游离于我们的教育之外，如果我们的主题教育活动对这些人不触动或影响很小，那么主题教育就留下一个很大窟窿，甚至可以说是不成功的。

我们知道，中央新疆工作座谈会决定国家增加对新疆的投入是相当大的，无论财政转移支付、项目投入和直接用于民生改善的资金，可以说在现有条件下，中央把能够用上的政策都用上了。但是中央新疆工作座谈会同时又把主题教育活动摆在如此重要位置，为什么呢？我以为这里有一个经济社会发展和思想教育的关系问题。经济社会发展是我们所有稳定的工作、团结的工作、宣传思想教育工作的基础。如果我们的经济长期滞后，如果民生长期得不到显著改善，如果新疆与内地的差距不断拉大，甚至同我们西边这几个独联体国家相比不具备发展的优势，那么我们其他的工作都将陷于被动。但是，是不是经济发展了，社会稳定的问题、民族团结的问题、群众思想认识的问题就自然而然解决了？经验证明，不一定。以苏联和南斯拉夫为例。我们不要以为帮助少数民族地区加快经济社会发展仅仅是我们中国共产党才有的政策和措施。苏联、南斯拉夫对其少数民族地区的投入、特殊的关照和支持力度并不小，甚至他们很早就规定并实行了从发达地区的财政当中每年拨出一定比例的资金投入到落后的民族地区去。但是，为什么后面还是出了问题？我以为，就是在政治方面出了问题。苏联的宪法规定，各加盟共和国可以加入到苏维埃联盟中来，也可以在任何时候自由宣布退出这个联盟。苏联早期领导人设计这个制度的时候，他们认为苏维埃制度这么美好，有谁加入进来以后还会退出？不可能有这么一天。而当实际生活中确实发生分裂主义倾向时，就用对人的政治清除来解决问题。可是，苏联宪法中留下的这个缺口，在几十年以后，当内外条件变化时竟然成真了。苏联的一系列加盟共和国就是以宪法这一条为依据宣布退出，苏联刹那之间解体。那么前面那些帮助和援助还有什么意义呢？南斯拉夫由六个共和国、两个自治省组成，南共联盟为了把这些地方都笼到南斯拉夫这个联邦大家庭里，采取了无原则迁就的方针。六个共和国和两个自治省的干部是不能横向流动的，而中央一级重要职务则由六个共和国、两个自治省的领导人轮流坐庄。这就造成各地方形同独立国家，仅仅靠南共联盟拢着。当时的南斯拉夫对于波黑、科索沃的支援力度也是相当之大的，但是局面一变，也是刹那之间解体，解体过程中各民族还要大大的你杀我、我杀你一番，结下血海深仇，哪还有南共联盟倡导多年的民族团结、互相支援的影子！苏联和南斯拉夫本来也都有民族团结教育的传统，但是到了上世纪八九十年代，由于国内外因素相互作用，特别是一批分裂主义分子占据了从中央到地方的领导职位和意识形态工作的关键职位，党领导各族人民奋斗的历史、功绩被否定，而代之以西方的"一个民族一个国家""民族自决"那一套，导致国家统一的思想基础完全破坏。所以，我们在加快民族地区发展，努力使各民族都能同步进入小康社会的同时，一定要从政治上加强措施，包括国家政治构建、政治制度的设计和完善，也包括对全社会思想政治教育和引导。要使我们帮助少数民族地区发展经济、改善生活的过程，同时就是一个增进各民族交往交流交融、使国家统一的物质和非物质基础更加坚实的过程。如果我们的经济投入只产生经济的效果、生活的效果，而没有同时产生政治的效果和思想的效果，我以为这个经济举措就是不完全成功的，最多只能算是成功了一半。因此，要把我们主题教育活动摆到一个更加宏观的、战略的位置上认识，即摆到不仅关系新疆的长治久安，而且关系我们这个国家的统一和不可分裂来认识，从而做得更加自觉。

下一阶段的主题教育活动怎么搞，主要靠新疆的同志们。毕竟对实际情况尤其对人们真实思想动态的了解，新疆的同志比我这样远在北京的人更深切。如果我们想对情况有一个客观的、真实的了解，如果我们所提意见能对实际工作有所裨益，还得靠诸位。我们的意见能起参考作用就算不错了。

一是主题教育活动要同中央新疆工作座谈会各项举措的实施结合成一个有机整体。中央新疆工作座谈会在经济上的举措特别多，分量非常重，所有这些措施，我们在宣传和实施中都要同时赋予其主题教育活动的意义。也就是说，不要就经济讲经济、就民生讲民生，要讲明这同时也是我们主题教育活动的重要内容，讲明其对各民族密不可分的关系和共同心理素质形成的重大意义。现在这么多援疆干部、项目施工队伍来到新疆，要促使他们也都自觉参加到主题教育活动中来，把自己所从事的援疆工作同主题教育活动联系到一起。这样，我们主题教育活动队伍就大得多了。我想，我们只有把主题教育活动同经济、民生工作，同我们正热火朝天进行的项目建设结合起来，才能避免成为"两张皮"。那么，有没有可能变成"两张皮"呢？是有可能的。一些同志跟我讲，有的地方我们给农民办了许多好事，新房子盖起来了，水电路上去了，他说感谢"胡大"，是"胡大"给的。结果弄了半天不是我们共产党的事，是"胡大"的事。我们的干部告诉他，这是党和政府做的，他又说，这是"胡大"让党和政府做的。信教群众有"胡大"观念并不奇怪，但是如果我们的努力没有促使这些群众更加拥护党和政府，更加自觉投入到维护稳定和民族团结的工作中来，就不能说效果理想。如果我们的思想政治工作不到位，是有可能出现这样一种局面的，就是经济上去了，民生也改善了，但是宗教的氛围同时也越来越浓厚，甚至狂热。

二是主题教育活动要适应社会变化的新情况，紧密结合各个领域工作对象的思想、工作实际和存在的各类实际问题。首先还是要做到全覆盖。在过去计划经济条件下，社会成员基本上都有一个相对固定的单位和地区，那时候搞"运动"谁也跑不了，哪怕跑到天涯海角去也能给你找回来。今天是市场经济条件了，大量的人口在自治区内和在全国流动。出了国的我们没办法去教育他了，那么凡是在区内国内流动的，无论他到哪里打工、发财，他们的根实际上还是在新疆，都应覆盖到。这么说，今天全覆盖的难度比过去大多了。在基本做到全覆盖的前提下，下一阶段要更加重视针对不同人群的实际情况和特点。比如，对于我们这些党政干部、科研院所、高校的知识分子，教育方式就应同对农牧民、宗教界人士等等有所不同，对青年学生又应有所不同。社会主义市场经济条件下，特别近一二十年来社会发展的一个显著特点，就是社会日益多样化。我们很难想象过去那样的教育方式能够照搬来适应今天多样化的社会人群。适应多样化的社会人群，就要有多样化的方式。教育活动的主题、核心内容是一致的，这个不能搞乱了；而侧重点、方式方法、渠道应该多样，这样才能使主题教育活动深入到不同人群的思想实际和工作实际，才能被不同人群所了解、接受，也才能产生预期的效果。你把一些人摁到那儿开个会，听我们讲一番，这个不难。但是你的话要他爱听，他感到回答了他的问题，心悦诚服，这是相当难的。我们的目标，是使"热爱伟大祖国建设美好家园"融化到各族干部群众心里，成为其生命的一部分，成为社会评判一个人、一件事好坏的共同标准，而不是一种可以随时脱离、随时改变的东西。

三是主题教育活动要进一步加强历史教育和国内外形势的教育。如果只讲现在的新疆，不讲过去的新疆，不讲我们全国的形势、不讲国际最新形势，那么教育活动可能局限于一个点状，而没有一个纵深，构不成一个立体。有新疆今天的实际包括受众的实际，加上新疆的历史，再加上全国的形势，国际上的变化，那么教育活动就有对比，就有一个纵深感，才更有说服力。毛主席讲过，对于一个政治力量，看它他的过去，就可以知道它的现在；看它的过去和现在，就可以知道它的将来。离开对历史的了解，那么我们对现在的认识是肤浅的，是非常容易动摇的。就像一棵树，从地面上看长得很大，但地面下没有根。灭人之国，必先灭其史。分裂主义的三本坏书，不也是从历史讲起吗？我们讲历史主要讲哪些东西呢？我想主要的是新疆自古以来就是中国不可分割的一部分的历史，共产党、毛主席领导我们人民翻身解放的历史，以及新中国建设的历史、改革开放的历史。当然，历史的教育也要根据对象有所区别。我认为侧重点是干部、知识分子、学生、宗教界人士，但是对普通的市民和农牧民也多少应该有一点历史的教育。今年我们国家政治生活中的一件大事是中国共产党建党90周年，全国有一大批重头的历史文化、艺术产品出台，这是我们深化主题教育工作的大好机遇。主题教育工作要同建党90周年的宣传教育工作紧密结合起来，使我们的整个主题教育上一个层次。我和新疆统战部的同志在路上谈到一个社会现象：在革命战争年代，新中国刚建立的时候，我们党领导各族人民同帝国主义、官僚资产阶级、地主阶级斗争。那时候我们的群众有多少"民族"的概念？他知道的就是毛主席领导他翻身解放，那些反动阶级是妨碍他获得幸福生活的敌人。在那个历史阶段，这个阵线是非常清楚的。改革开放以来，社会条件发生了很大的变化，过去阶级斗争的历史一页是翻过去了。但翻过去了不等于我们可以忘记。如果把这一页忘记了，把中国共产党带领我们各族人民翻身求解放的历史忘记了，就会出现"你是哪个族我是哪个族"；"你富起来了，我还没富"；"你把资源拿走了，如果我有这个资源我今天会怎么怎么样"，把族和族的所谓差异不恰当地抬升起来，这样一些错误的观点对社会对人心的负面影响越来越大。我们要抓住纪念建党90周年的这个机会，告诉我们的群众，尽管阶级斗争的那一页过去了，但是如果我们忘记了历史，对党的领导发生怀疑，对祖国大家庭的热爱发生动摇，那么我们劳动人民所得到的一切完全可能丧失，苏联、南斯拉夫出现的国家解体、民族分裂，甚至招致外国入侵，完全可能在中国重演。不要以为这一页过去了就没有了。现在的海外动乱分子和境内一些人公然邀请美国人来干涉中国内政，帮他们推翻共产党；一些人公然提出要追索当年他们"丧失的土地"。想反攻倒算的人，想当汪精卫、"胡汉三"的人今天不是没有啊！经常回顾、学习我们党的历史，才能使群众更加珍惜党带领他们通过流血牺牲所取得的一切，才不至于被那些人把思想搞乱，忘记自己的根本利益在哪里。宣传教育活动也可以多讲讲国际上正在发生的一幕又一幕。有些发展中国家由于内部矛盾包括民族、宗教问题处理不好，导致社会动乱，导致西方老殖民主义者摇身一变以人权卫士的面貌出现，以民主、自由、人权的名义往人家头上扔炸弹。我们如果不爱惜我们的稳定、团结，不爱惜我们各民族团结的政治基础，今天发生在中东、北非这些国家的一幕又一幕不是不可能在我们这里发生。

四是主题教育宣传活动要结合必要的思想交锋。毫无疑问，主题教育活动以正面教育为主，改革开放以来一系列教育活动都是这个方针，这个方针是完全正确的。但是我们不能不看到在我们的社会上，有一些人不愿意看到共产党在这个领导位置上，不愿看到我们这个国家稳定发展，而是企图用民族、宗教、人权、自由等种种名义搞垮我们，他们的背后就是美国和西方的某些势力。在内外这种势力的影响之下，社会上一些违反宪法、违反人民和国家利益的错误思想传播甚广。大家看看网上这种东西有多少，什么话没有啊！在新疆，民族分裂势力、宗教极端势力、暴力恐怖势力等"三股势力"的残余影响有没有？在座的各位比我更清楚。对群众中一般性错误的观念，没必要上那么高的纲，要坚持用说服、教育的方法对待。但是对一些蛊惑人心、已经造成现实危害的东西，要有一定的批评或批判。我认为，我们的教育活动乃至党的思想工作，不能回避必要的批评乃至批判。你想回避，但是人家不回避。我们不能再搞"大批判"，搞"运动"，揪出一帮人来，那是不能再搞的。但是在思想政治领域不能回避交锋，而且要更多采取主动态势。当然，正面宣传本身对错误的东西也是一种压制，但不能完全代替必要的批评和批判。这个问题在分寸上的把握是比较复杂的，不是简单的事情。

这几点建议，不完全是文件语言，如果完全讲文件语言，就不需要我来占用大家时间了。因此我讲的很可能有不准确的地方，欢迎大家批评乃至批判。我们共产党内不能回避思想斗争。毛主席说过，党内如果没有矛盾和解决矛盾的思想斗争，党的生命也就停止了。当然，这个斗争是广义上的、哲学意义上的斗争，而不是开"批斗会"的那个斗争。我们的主题教育活动开展得很好，再往下走，可能会遇到如何深入的问题。使我们想让群众接受的东西真正变成他们自己思想里的东西，这是比较难的事情，尤其是今天意识形态领域又是这样一个态势。这是要下真功夫的。我相信，经过我们不断努力、探索、总结，新疆主题教育活动一定能够从新疆的实际出发，不断深入并取得好的效果，也为全国意识形态领域的工作提供新鲜的经验。

本文是作者在乌鲁木齐召开的新疆"热爱伟大祖国，建设美好家园"主题教育活动汇报会上的讲话。

西藏和平解放：
中华民族统一大业的辉煌篇章
——答《中国西藏》杂志记者问

(2011年5月)

一、和平解放使西藏从中国分裂出去成为永远不可能

记者：今年5月23日，是《中央人民政府和西藏地方政府关于和平解放西藏办法的协议》即著名的"十七条协议"签订60周年。您如何评价这一历史事件？

朱维群：西藏的和平解放，是中国共产党领导的中国人民解放事业的一件大事，也是中华民族百余年来争取国家统一的斗争史上的一件大事。

解放战争的"三大战役"刚刚结束，毛主席就提出要解决西藏问题，1949年初，他在西北坡会见斯大林特使米高扬时说，"西藏问题也不难解决，只是不能太快，也不能过于鲁莽。"这年底，毛主席在出访苏联途中做出"进军西藏宜早不宜迟"的指示。1950年10月，人民解放军发起昌都战役，粉碎了西藏少数反动上层企图凭借金沙江天险和外国势力支持抗拒

西藏解放的梦想,迫使以十四世达赖喇嘛为首的西藏地方政府派出和谈代表赴京谈判。经过近一个月艰苦的谈判,签订了"十七条协议",西藏获得和平解放。这说明,解决西藏问题,在我们党高层领导心目中,是建立新中国宏伟蓝图中的大事。以和平方式解放也好,以非和平方式解放也好,西藏终究要解放,否则我们共产党人就不能算是完成了历史赋予的使命。历史也证明了当时党中央、毛主席果断决策的正确性,如果进军西藏再晚一些,我们面临的困难可能会大得多。

和平解放西藏,我认为,其意义首先是粉碎了帝国主义和西藏少数反动上层想把西藏从中国分裂出去的图谋,实现了祖国大陆的完全解放和统一。大家都知道,西藏自古就是中国的一部分,从元代开始,中央政府对西藏实行了直接的有效的行政管辖。进入近代以后,西方帝国主义势力觊觎西藏,1888年和1904年英帝国主义先后两次武力侵略西藏,后一次还占领了拉萨。但他们同时也发现,西藏地方和民众服从中国中央政府的权威,他们仅靠武力不可能把西藏从中国搞出去,由此转而在西藏少数上层中培植亲英势力,由这些人来搞"独立"。在英帝国主义入侵前,在整个藏族的语言文字里,根本没有"独立"这个概念,它完全是西方殖民主义者强行灌入的。当人民解放战争即将胜利时,美、英帝国主义及西藏少数反动上层感到,他们可能丧失最后的机会,因此策划了"驱汉事件"等一系列分裂主义事件,想把"西藏独立"弄成某种"现实",端到中国共产党人面前。但昌都战役的胜利,"十七条协议"的签订,人民解放军和平进驻西藏,彻底打破了他们的幻想。西藏的和平解放,是中国人民百余年来为国家统一和民族尊严而流血牺牲的结果,它使得西藏从中国分裂出去成为永远不可能。

西藏和平解放的另一层意义在于，它为 8 年后西藏实行民主改革，从封建农奴制度进入到现代的社会主义制度提供了前提条件。"十七条协议"照顾到西藏的实际情况，特意订立："对于西藏的现行政治制度，中央不予变更。达赖喇嘛的固有地位和职权，中央亦不予变更"，"有关西藏的各项改革事宜，中央不加强迫。西藏地方政府应自动进行改革。人民提出改革要求时，得采取与西藏领导人员协商的方法解决之。"这两条，中央是做到了的。但是，西藏上层的少数人想的不是晚一点改，而是永远不改，并因此发动了武装叛乱。这也就使西藏的民主改革提前到来。如果没有西藏和平解放的序幕，也就没有后来波澜壮阔的民主改革这一幕；如果不是和平解放，我们共产党、人民军队进入到西藏，西藏被奴役被压迫的民众也就不可能对党的政策有更多了解，从而产生要求改革的强烈愿望。从和平解放到民主改革这 8 年，客观上为民主改革创造了各方面条件，包括思想基础、群众基础、干部基础，乃至军事斗争的基础。而民主改革的胜利，意味着要想在西藏恢复政教合一的封建农奴制，搞历史的倒退，也成为永远的不可能。

现在，达赖集团和他背后的西方敌对势力，看着中国的统一，看着包括藏民族在内的中华民族的发展繁荣，心里不痛快。如果他们不赞成我的判断，不妨再试一试，反正他们也不是没试过。我相信，他们的下场不会比当年企图以武力抗拒和平解放和发动武装叛乱来得体面一点。

二、达赖喇嘛玷污了自己一生中的闪光点

记者：十四世达赖喇嘛从赞成、拥护"十七条协议"到撕毁"协议"，

跑到国外从事分裂活动,您作何评价?

朱维群:"十七条协议"签订的时候,达赖喇嘛"亲政"没多久,才16岁。在当时的大势之下,在西藏上层爱国力量,其中包括阿沛·阿旺晋美①、十世班禅②等推动下,他特派全权代表赴京与中央人民政府谈判。协议签订后,他代表西藏地方政府公开声明完全接受"十七条协议",致电毛主席表示"西藏地方政府及藏族僧俗人民一致拥护,并在毛主席及中央人民政府领导下,积极协助人民解放军进藏部队,巩固国防,驱逐帝国主义势力出西藏,保护祖国领土主权的统一"。他做出了他一生中为数不多的正确的历史性选择,这也是他一生当中最闪亮的一页。

在达赖喇嘛安排问题上,中央给予了他最优厚的待遇。1954年,中央安排他出席第一届全国人民代表大会,毛主席、周总理等国家领导人多次接见他,与他谈心,在这次会上,他还被选为全国人大常委会副委员长。即使是他1959年叛逃国外,中央还给他留着颜面,称他是被人劫持跑的,并把他的副委员长头衔一直保留到1964年。

可惜的是,恰恰是达赖自己,把这闪光一页玷污了。1959年,西藏上

---

① 阿沛·阿旺晋美(1910~2009年),藏族,西藏拉萨人。1951年任西藏地方政府赴北京谈判的首席全权代表,同中央人民政府签订了关于和平解放西藏办法的协议。曾长期担任全国人民代表大会常务委员会副委员长,中国人民政治协商会议全国委员会副主席等职。阿沛·阿旺晋美是"伟大的爱国主义者,著名的社会活动家,藏族人民的优秀儿子,我国民族工作的杰出领导人,中国共产党的亲密朋友"。

② 十世班禅,即额尔德尼·确吉坚赞(1938~1989年),原名贡布慈丹,藏族,青海循化人。1941年被班禅堪布会议厅选定为第九世班禅的转世灵童。1949年6月3日经当时的中央政府批准,为第十世班禅。中华人民共和国成立后,即致电毛泽东主席和朱德总司令,表示拥护中国共产党,拥护中央人民政府,并愿为完成祖国统一大业贡献力量。1951年4月到北京,支持中央人民政府同西藏地方政府代表关于和平解放西藏的谈判。曾长期担任全国人民代表大会常务委员会副委员长,中国人民政治协商会议全国委员会副主席等职。十世班禅是"我国伟大的爱国主义者,著名的国务活动家,中国共产党的忠诚朋友,中国藏传佛教杰出领袖"。

层少数分裂分子发动武装叛乱，达赖跟着这些人跑到国外。还在逃亡路途上，他就宣布撕毁"十七条协议"，从此要搞"西藏独立"。这一搞，就是半个多世纪。

对于中央的善意，达赖完全心知肚明，但他却选择了一条错误的道路，并越陷越深。终于，到了1964年，国务院全体会议通过《关于撤销达赖职务的决定》，指出："达赖在其1959年发动叛国的反革命武装叛乱，逃亡国外后，组织流亡伪政府，公布伪宪法……这一切证明他早已自绝于祖国和人民。"这个政治定性，至今仍有完全的效力。1995年，中央针对达赖几十年来的分裂破坏活动，给他戴上"四顶帽子"："图谋西藏独立的分裂主义政治集团的总头子，国际反华势力的忠实工具，在西藏制造社会动乱的总根源，阻挠藏传佛教建立正常秩序的最大障碍。"此后，达赖不断用其言行证明，这"四顶帽子"戴在他头上严丝合缝。我个人对达赖背离他曾经为国家做过的好事，决意戴着"四顶帽子"老去，感到遗憾。

三、"中间道路"的本质仍然是"西藏独立"

记者：您对达赖的"中间道路"及其在与中央代表接触商谈中的立场作何评价？

朱维群：上世纪80年代，达赖提出"非暴力""中间道路"这一套。所谓"非暴力"，不是他不想搞暴力，而是因为名声太臭，也因为实在搞不下去了。且不说上世纪整个60年代他一直在对我们边境实行武装袭扰，制造流血事件，破坏西藏稳定；即使在他宣称搞"中间道路"后，还制造了

1989年"拉萨事件"①、2008年拉萨"3·14"打砸抢烧暴力事件那样的一系列暴力恐怖事件，豢养了像"藏青会"这样公开主张"西藏独立"和暴力恐怖活动的分裂主义组织。

即便如此，中央仍然希望他迷途知返，给予出路，谁叫他是过去国民政府认定的达赖喇嘛呢？中央的政策早已经妇孺皆知：只要达赖喇嘛真正放弃"西藏独立"的立场，停止分裂祖国的活动，公开承认西藏是中国不可分割的一部分，承认台湾是中国不可分割的一部分，承认中华人民共和国政府是全中国唯一合法政府，我们就可以就其个人前途问题进行接触商谈。于是，这就有了改革开放初期至上世纪90年代初、2002年至今这两个阶段的接触商谈。2002年后的十次接谈，我基本都参加了。

对于接触商谈，我们有两个基本点。第一，对方的身份只能是达赖喇嘛的私人代表。他的那个"流亡政府"，不管由谁当什么"首席噶伦"，都只是一个背叛祖国的分裂主义政治集团，没有任何合法性，没有任何同中央的代表"对话"的资格。这个"流亡政府"所能做的唯一有意义的事，就是自我解散。达赖的接谈代表当着我们的面从来不敢说自己代表"流亡政府"，而一出境却经常以"流亡政府"代表自居，哄骗世人，这种做法很不体面，是对接谈的蓄意破坏。第二，接谈的内容只能是达赖喇嘛，顶多再加上他身边一小部分人的个人前途问题，也就是说，是达赖喇嘛如何彻底放弃其分裂主义主张和行为，争取中央和全国人民谅解，以解决其余生

---

① 1989年"拉萨事件"：在达赖集团煽动策划之下，1989年2月13日后，分裂主义分子在拉萨制造了4次游行，其中以3月5日至6日两天最为严重。3月5日骚乱分子使用了枪支，使事件升级。3月6日到7日拉萨街头的骚乱仍在继续。少数分裂主义分子的暴行，对全市人民生命财产的安全构成严重威胁。3月7日国务院下令拉萨实行戒严。国务院发布戒严令，这是中华人民共和国成立39年来的第一次。国务院戒严令和西藏自治区人民政府令发布后，拉萨的社会秩序恢复正常。

怎么办的问题。我们根本不会与之讨论什么"西藏问题"、什么"大藏区高度自治"问题。为了使达赖喇嘛进一步了解中央的态度，认识自己的错误，我们可以听取其解释，但目的仅仅在于检验他有没有放弃分裂主张而向中央的要求靠拢。2009年的第9次接谈中，达赖的私人代表交给我们一个"全体藏人高度自治备忘录"，当场就被我们顶回去了。至今达赖集团还装模作样地说"等待中央答复"，我劝他们不要再自欺欺人了。

可是自2002年恢复后一阶段接谈后，达赖再次辜负了中央的希望，制造了包括2008年拉萨"3·14"打砸抢烧严重暴力犯罪事件、破坏北京奥运火炬的传递、煽动西方国家抵制北京奥运会等等，企图利用北京奥运会迫使我们让步，当然他除了再次遭到惨败，不可能有别的结果。2008年第9次接谈后，达赖的接谈代表眼看达不到目标，当场宣布，不再和中央谈了，这已是他们继1993年那次后第二次宣布不再接谈。当然，诚如我们所料，这并不妨碍他们发现势头不对，几个月后就再次请求中央接谈。最近，中东地区不太安稳，达赖本人及"藏青会"等兴高采烈，好像机会又来了。他们这些人，永远不会对形势做出正确判断，因而也就永远不会采取正确步骤，也就注定不断地倒霉、难堪。

关于接谈，我们的立场还可以多说一点，就是我们绝不允许外国人插手。所有有关西藏事务，都是中国的内政，没有外国人置喙余地。达赖集团一直企图把外国人拉入接谈，也有少数西方人自告奋勇，想加入进来充当"第三者"。我劝他们自爱，放尊重一点。

现在有舆论关心达赖伪政府换届后，中央方面对接谈将是什么态度。我明确地说，以上基本点是不会改变的。当然，如果达赖公开倡言"西藏独立""武装暴动"，那就另当别论了。

四、全国支援西藏，西藏也支持全国

记者：中央先后召开五次西藏工作座谈会，说明了什么？

朱维群：改革开放以来，中央就一个省级地域的发展先后召开五次专门的工作会议，据我所知，西藏是唯一的。为什么？

第一，西藏属高寒地区，自然环境特别艰苦，经济社会建设面临特殊的自然条件制约；第二，历史上，西藏长期处于政教合一的封建农奴制度，社会发育程度严重滞后于内地；第三，达赖集团在西方反华势力支持下，几十年间不断在境外从事分裂主义活动，企图破坏西藏的稳定，遏制西藏的发展，威胁我们国家的统一和领土的完整；第四，西藏有着漫长的边界线，是我国同南亚次大陆国家的接壤地带，西藏实现稳定和发展，更有利于我们和南亚次大陆各国建立友好、合作、互利的关系，有利于形成对我们有利的国际周边环境。这些决定了西藏在我们党和国家的工作大局中，处在一个很特殊的位置，不但中央重视，全国人民也都清楚，所以才有中央关心西藏，全国支援西藏这样一个大政策。

以对口支援为例，1994年中央第三次西藏工作座谈会决定中央各部门和15个省市对口援藏，为西藏建设了62个重点工程；2001年，第四次西藏工作座谈会决定将对口支援西藏工作在原定10年的基础上再延长10年，共有59个中央国家机关、全国18个省市和17家中央企业对口支援西藏建设，其他省和自治区也参与其中，使对口援藏覆盖到西藏所有地市和74个县市区，"十一五"期间，仅对口援藏的资金就高达76亿。第五次西藏工作座谈会更进一步，明确对口支援各省市区每年拿出地方可支配收入的千分之一来支持西藏，有关各地自觉自愿地接受这个任务。这么多年来，大批内地干部离开父母妻儿，意气风发地去西藏帮助建设。这些都说明，帮助西藏加快发展，已成为全国人民的一种自觉。

我们认为，西藏300万人民在得到全国人民的关爱和帮助的同时，也在支持着全国。且不说自古以来，西藏各族人民在高寒缺氧、生态环境极其脆弱的雪域高原上，创造了独具特色的物质文明和精神文明，为国家守卫了120万平方公里的土地；和平解放60年来，更保持了如此广大地区的发展和持续稳定，日益成为国家重要的安全屏障、生态屏障、战略资源储备基地、高原特色农产品基地，以及中华民族特色文化保护地和世界旅游目的地。西藏各族干部和群众在高原艰苦环境下表现出的崇高爱国主义情怀和艰苦奋斗精神，数十年来对全国人民都是一种鼓舞、一种精神财富。这些都是西藏对全国的支持。

五、 西藏文化与内地文化水乳交融

记者：作为中国西藏文化保护与发展协会的秘书长，请问您对西藏传统文化怎么评价？

朱维群：西藏的传统文化是中华民族传统文化的重要组成部分。千百年来，西藏文化和内地文化水乳交融、密不可分。比如，你到拉萨看看布达拉宫和那些著名寺庙，它的金黄大屋顶和斗拱建筑样式，像哪儿？当然是像祖国内地。你再看西藏的绘画、舞蹈、雕塑，乃至医药、历算、宗教等等，都能清晰看到千百年来内地文化的深刻影响。同样，你在北京看看雍和宫，到承德看看外八庙，在五台山看看菩萨顶，也都可以看到西藏传统文化对内地文化的重大影响，看到西藏文化也为内地文化不断输入新鲜血液，包括新的内容和新的样式。

西藏传统文化又是中华民族传统文化当中非常有特色的一部分。雪域高原的特殊环境，藏民族在这一环境下形成的独特精神风貌，加上对南亚次大陆文化的汲取，使西藏传统文化有着极其鲜明的地域特色。唯其如此，在西藏和内地的交往当中，两方面才能相互吸引、相互吸收，从而相得益彰。

记者：西藏传统文化与社会主义新文化之间是什么样的关系？

朱维群：我们的传统文化发展到今天中国特色社会主义建设的新时期，必然随着社会经济的发展而发展，这是文化现象带有普遍性的规律。西藏传统文化到了今天，也必然要随着时代的进步、人民整体物质生活水准的提高，有所发展和进步，不会完全是老样子。

毛主席说过，"清理古代文化的发展过程，剔除其封建性的糟粕，吸收其民主性的精华，是发展民族新文化提高民族自信心的必要条件；但是决不能无批判地兼收并蓄。必须将古代封建统治阶级的一切腐朽的东西和古代优秀的人民文化即多少带有民主性和革命性的东西区别开来。"西藏传统文化产生于旧时代，必然带有旧时代的烙印，必然有一些同封建农奴制相联系的东西，这些东西应当也必然会随着时代的发展逐渐地改掉；而那些进步的、向上的、符合历史前进方向的东西，则应当也必然会得到继承和发扬。我们今天建设社会主义新西藏，还要不断创造出过去所没有的、反映新时代新社会的内容和形式，建设一种真正为广大人民群众服务并为他们喜闻乐见的新文化。

西方国家有些人，把旧西藏的旧文化说得无比神圣，一点儿也不能动，实际上是想把西藏封闭起来，禁锢起来，变成一个陈年老古董，使西藏人民在文化上永远停留在一种落后甚至是愚昧的状态，供他们这些人欣赏，使他们获得心理上高人一等的感觉。达赖集团天天指责我们"毁灭"西藏文化，其实他们要恢复的只是封建农奴制下他们享有的文化特权。我们的文化是为了满足今天建设社会主义新生活的各族人民欣赏的需要，而不是为了满足少数西方人种族优越感和西藏少数昔日特权阶层享受的需要。

今天我们国家的发展，给西藏文化的发展提供了前所未有的有利条件和广阔空间。西藏文化在所有领域，比如语言文字、报刊广播电视、建筑美术摄影、舞蹈歌曲服饰等等，都产生了很多过去所没有的形态或品类，而且每一种文化形态都在迅猛地发展，都在传统与现代相结合的方向上阔步前进。中国几乎每个地方的舞台上、摄影展和画展中都少不了反映西藏、体现西藏文化的作品，没有一个专业或业余歌手不会几首"呀拉索""巴扎嗨"，而且受到民众广泛的喜爱。这一切，在旧西藏根本是不可想象的。

我们中国西藏文化保护与发展协会责无旁贷地要顺应这个历史潮流，为西藏文化的发展，为它在全国乃至全世界影响的扩大，多做一些事情。同时我们也致力于让全国其他的优秀文化更多地进入西藏，为西藏各族人民所了解，所享有。

西藏文化是中华文化的有机组成部分

(2011年8月20日)

这届论坛是协会继2006年在北京举办的第一届中国西藏文化论坛、2007年在尼泊尔加德满都举办的第二届中国西藏文化论坛之后举办的第三届。这届论坛以"西藏非物质文化遗产的传承与发展"作为主题，将举办地选在拉萨，目的是给各位提供更直观、更全面了解西藏和西藏文化的机会和便利。我们相信，这次论坛对于加强国内外学者的联系，相互学习借鉴研究成果，使中外更多的人关心西藏和西藏文化的一切，促进世界各民族文化的保护与发展，将起到有力推动的作用。

西藏文化是西藏各族人民的精神财富，是中华文化的重要组成部分，也是世界文化宝库中的璀璨明珠。保护和发展西藏文化，是中国宪法和法律的应有之义，是中国民族和文化政策的重要内容，也是中国政府与社会各界的广泛共识。2004年6月，由全国政协副主席阿沛·阿旺晋美出面，联络社会各界关心、热爱西藏文化的知名人士，在北京成立了中国西藏文化保护与发展协会。2007年，协会取得联合国经社理事会特别咨商地位。

2010年协会召开第二届会员代表大会，选举帕巴拉·格列朗杰先生[①]为会长。协会自成立以来，充分发挥人才荟萃、联系广泛等优势，充分争取中国政府的支持，广泛动员理事和社会各界力量，为保护和发展西藏文化，为促进西藏各民族团结和睦、繁荣进步，做了大量有益的工作。

我们先后就布达拉宫、大昭寺、萨迦寺、古格遗址等重点文物古迹的保护和维修，以及藏文《大藏经》等文化典籍的整理向政府建言献策，争取政府加大投入，取得积极成果；多方筹集资金修复北京西黄寺和甘肃拉卜楞寺菩提苑，推动藏文《大藏经》的对勘工作和《格萨尔王》《西藏壁画全集》的搜集、抢救与整理工作；作为固定项目，协会每年都要资助一批藏语优秀教材出版，资助一些藏族贫困大学生完成学业。

我们先后在北京、拉萨、台湾及美国、日本一些城市举办"新西藏""格萨尔千幅唐卡""西藏文化周""西藏艺术与考古"等西藏文化文物展；与有关学术机构联合举办"北京国际藏学讨论会""藏学珠峰论坛"等一系列学术研讨会；先后在北京和尼泊尔加德满都成功举办第一届、第二届中国西藏文化论坛。

我们主持或支持举办大型文艺晚会"走向阳光"，拍摄电视剧《茶马古道》《格达活佛》《雪域天路》，电视专题片《布达拉宫》《雪域文明》，出版《藏语300句》《图说西藏古今》《慧眼照雪域》《西藏24小时》等一批有影响的影视文化作品。

[①] 帕巴拉·格列朗杰，1940年2月生，藏族，四川理塘人。1942年被认定为西藏昌都强巴林寺第十一世帕巴拉呼图克图。1950年至1952年任昌都解放委员会第一副主任。长期担任全国人民代表大会常务委员会副委员长、中国人民政治协商会议全国委员会副主席等职。现任十二届全国政协副主席、中国佛教协会名誉会长、西藏自治区政协主席。2014年9月，继续当选为中国宗教界和平委员会主席。

我们先后组团参加了联合国公共新闻部非政府组织年会、联合国人权理事会、联合国德班会议、"亚欧人民论坛"等非政府组织会议；组织多批西藏的文艺、学术、医药、宗教代表团出访亚、欧、美洲十几个国家，与许多国际非政府组织建立了广泛联系，邀请美国、英国、比利时、瑞典、印度、蒙古等多国友好人士和新闻代表团访华并赴西藏实地参观考察。

除文化活动，我们还积极组织社会公益活动，仅"同心·共铸中国心西藏行"一项活动，就组织300名内地医务工作者赴西藏义诊巡诊17300多人次，捐赠价值775万元的药品，年内将为60名西藏先天性心脏病儿童实施免费救治。

特别要指出的是，许多理事运用自己的资源和专长，在众多领域主动为西藏文化的保护和发展办了许多好事实事。

中国西藏文化保护与发展协会的工作起步不久，我们所做的工作与国内外各界朋友的期望相比还有很大距离。我们将不断总结经验，加大力度，拓展渠道，更好调动理事们的积极性，团结各方力量，推动西藏文化的保护与发展事业不断蓬勃发展。

在中国走向现代化和中国文化走向新的发展、繁荣的历史进程中，如何认识西藏文化的地位和现状，如何更好地保护和发展西藏文化，需要大家共同探讨。我在这里谈几个基本观点请各位批评。

第一个观点，西藏文化是中华文化的有机组成部分。

青藏高原自古就是中华各民族生存、繁衍、流动的大舞台。西藏现有人口300万人，其中藏族271.6万人，此外，还有门巴、珞巴、蒙古、回、纳西等少数民族和汉族。他们世代在西藏居住，少则几百年，多则上千年，都为西藏文化的形成和发展做出了贡献，其中当然以藏族的贡献尤为突出。

四川、云南、甘肃、青海等与西藏相邻地区，尽管与西藏的居住自然环境、社会历史进程、语言生活习惯等存在差异，但同为青藏高原的一部分，那里的各族人民对西藏文化的形成和发展都有其贡献。正因为如此，我们对这些地区少数民族文化的保护和发展也给予特殊的关注。

特别要指出的是，中原地区对西藏文化的形成和发展产生过极为重要的影响。自古以来西藏与中原交往就十分密切，"茶马互市"、文成公主入藏、佛教传入等，只是其中最为世人知晓的一部分。元代中国中央政府对西藏实施直接行政管辖以来的七百年中，西藏不仅在政治上、经济上而且在文化上与中原联系更加密切，形成水乳交融、密不可分的关系。西藏文化的每一种形态，包括语言文字、哲学宗教、藏医藏药、天文历算、音乐舞蹈、戏剧曲艺、建筑美学、雕塑绘画、工艺美术等，无不清晰看到中原文化广泛而深刻的影响。同时，西藏文化也对中原文化不断输入新的内容和新的样式，做出重大贡献。

因此，我们研究西藏文化，必须以其为中华文化有机组成部分这一事实为前提。否则，不可能得出正确的结论。

第二个观点，西藏文化正处于历史上最好时期。

今年是西藏和平解放六十年，六十年来西藏社会、政治制度的巨大变革，特别是政教合一的封建农奴制度被推翻和中国特色社会主义制度的建立，为西藏文化的发展打碎了桎梏，扫清了障碍，注入了活力。西藏文化从此不再为少数上层所独占，而变为各民族群众所共享。六十年来，国家在推动西藏经济社会发展的同时，投入巨大的人力、财力和物力，对西藏文化进行了有效保护并推动其发展。

藏语文得到很好的保护使用，根据国家法律，西藏各级政府部门的各种政策法规文件、各种公共场所的标牌和广播电视、报纸杂志等均使用藏汉两种语言文字，西藏大中小学全面推行双语教育，藏语言文字在社会生活各个方面，包括电子计算机中都得到广泛应用并实现规范化、标准化。

西藏文物古迹得到修缮和保护，国家已修复开放了1700多座寺庙，特别是上个世纪80年代以来拨款近7亿元用于布达拉宫、罗布林卡、萨迦寺、大昭寺等维修工程。"十二五"期间，国家仅用于西藏文物保护的专项经费即达8.2亿元，还有望大幅提高。

各族群众宗教信仰自由权利得到充分尊重，正常宗教活动依法受到保护。西藏民族风俗习惯和传统节日数量之多、内容之丰富，群众日常生活中民族习俗元素保存之完好，可以同世界任何地方相媲美。

非物质文化遗产得到抢救，国家投入巨资整理和出版史诗《格萨尔王传》，设立天文历算等60项国家级非物质文化遗产项目，53人成为国家级非物质文化遗产传承人（其中有10人就在我们会场），227人成为自治区非物质文化遗产传承人。

西藏文化不仅没有像有些人担心的那样被现代化的浪潮所淹没，而且展示出新的特色和前景。去年，中央第五次西藏工作座谈会提出要把西藏建成"重要的中华民族特色文化保护地"，"加强文化遗产保护与传承，做好历史名城名镇名村及全国其他地方涉藏文物保护与管理工作"，"弘扬西藏优秀传统文化，推动各民族文化交流、创新、发展"。中国执政党和政府的这一方针，为西藏文化的未来发展提供了最有力的支持和保证。

第三个观点，西藏文化要随着社会的发展而发展。

文化作为社会上层建筑的一部分，必然随着社会经济基础的发展、改变而发展、改变。脱离社会生活现实而停滞、凝固的文化可能有其书斋研究价值，却难有生命力。

目前世界上保护民族传统文化的方式，有一类是"保留地方式"或称"动物园方式"，即国家通过行政手段把少数民族固定在狭小的区域，任其保留最原始的生活方式和文化形态，全然不顾这个民族的发展和未来；还有一类是"博物馆方式"，即对少数民族文化通过搜集、整理放进博物馆，作为一种曾经的社会现象加以研究、展示，而对现实生活中这种文化的延续和前途并不加关心。

中国保护包括西藏文化在内的各民族文化，其基石是各民族"共同团结进步、共同繁荣发展"的方针，即坚持各民族一律平等，在政治、经济、文化各方面帮助少数民族发展和进步，与汉族一道走向现代化。在这个过程中不仅重视对少数民族以往文化包括古籍、文物的搜集整理、修缮保护和展出，同时也注重尊重和保护现实生活中少数民族特有的文化传承、风俗习惯、宗教信仰，推动其随着时代的进步而不断地丰富和发展，保持其勃勃生机。

西藏传统文化产生于旧时代，必然带有旧时代的烙印，必然有一些同封建农奴制相联系的东西，这些东西应当也必然会随着时代的进步而逐渐消失；而那些进步的、向上的、符合历史前进方向的东西，则应当也必然会得到继承和发扬；我们今天建设社会主义新西藏，还要不断创造出过去没有的、反映新时代新社会的文化内容与形式。今天世界上一些国家，其少数民族传统文化，只有到博物馆、图书馆或节庆日才能看到，而在中国西藏，民族传统文化不仅在以上场合，而且在大街小巷、农村牧场，在民众的日常生产生活中就能看到。这是我们值得引以自豪的。

西藏正在祖国大家庭中不断前进，西藏文化的价值和独特魅力正在被世界越来越多的人所认识所感悟。我们中国西藏文化保护与发展协会要尽到自己的责任,为西藏文化的发展及其在全国、全世界产生更大的影响,同时也为西藏各族人民更多享有全国、全世界民族创造的文明成果,做出更大努力。

本文是作者在拉萨召开的第三届中国西藏文化论坛开幕式上的致词。

藏传佛教要与我们的国家
和人民一起前进

（2011年10月20日）

西藏佛学院竣工落成和开院是西藏宗教界的一件大事，也是我国宗教界的一件大事。

借此机会，我讲几点意见供大家参考。

一、 建设西藏佛学院是藏传佛教健康发展的需要

从上世纪50年代开始，我们党就十分重视发挥藏传佛教界爱国力量的作用，十分重视培养爱国爱教的宗教人士队伍。十世班禅大师、帕巴拉·格列朗杰副主席等都是在毛主席、周总理的亲切关怀下成长起来的。改革开放以来，藏传佛教代表人士的培养逐步走向规范化、现代化。1987年，由十世班禅大师倡导的中国藏语系高级佛学院在北京成立，开创了藏传佛教学院式教学的先河，今天在座的珠康活佛、那仓院长等很多高僧活佛都曾在北京中国藏语系高级佛学院学习深造，目前藏传佛教很多佛协理事、

民管会主任、寺庙堪布、活佛等都有在佛学院接受系统学习的经历。2003年以来，中央领导同志多次就做好藏传佛教僧人的培养教育工作做出重要批示。2004年，经过广泛征求藏传佛教界代表人士的意见，藏传佛教高级学衔"拓然巴"在中国藏语系高级佛学院正式设立，成为藏传佛教的最高学位，至今已有6届66名学员顺利毕业并获得"拓然巴"学位。

但总体看，新一代爱国宗教界代表人士队伍在数量、结构、素质上与时代发展的要求还不相适应，特别是政治立场坚定、宗教学识高、道德品质好、在信教群众中有较高威望的代表人士还比较缺乏。一些地方已有的佛学院院舍老化，教学设备落后，同时受限于师资和经费原因，很难承担繁重的培养任务。有的寺庙私办"佛学院"，无序扩张，秩序混乱，甚至成为不稳定因素。建设好西藏佛学院是藏传佛教建立正常秩序的需要，顺应时代发展的需要，也是抵御十四世达赖集团利用宗教进行渗透的需要。我认为，建设包括西藏佛学院在内的藏传佛教佛学院，应该努力实现以下目标。

一是推进藏传佛教学经制度在继承传统的基础上实现规范化、现代化。传统的经院式学经方式有其特色和优点，但是由于缺少变革，离时代进步的要求越来越远，学经内容陈旧、学习方式僵化、学衔制度不健全，制约了僧人宗教造诣的提升，也制约了藏传佛教与时俱进。时至今日，在继承传统的基础上，吸收现代科学管理和教学方式的长处，走规范化、现代化的道路已经势在必然。20多年前，十世班禅大师就以远大的眼光看到了这一点。佛学院学习制度是一种传统与现代相结合的新型学经制度，在吸收传统经院式学经优点的基础上，结合了现代学院的学习管理制度，有利于对学僧进行集中规范教育管理。佛学院授课内容宽泛，既开设有传统的佛学经典课程，又安排有社会科学、法律、历史、国际政治等知识学习，有利于开阔学僧视野，结合现代科学、时政，深化对佛学经典的深入思考。同时，佛学院作为一个交流平台，可以延请各派别高僧、各领域专家学者来此授课、交流，有利于宗教界对教规教义作出符合时代进步要求的阐释，弘扬藏传佛教爱国爱教、护国利民的优良传统，推动藏传佛教优秀传统文化的保护和传承。

二是更多更好培养藏传佛教优秀僧才。藏传佛教佛学理论博大精深，同时涉及哲学、文学、医学、天文、绘画、音乐、管理等众多领域。但传统上，寺院教育都是以师带徒的形式延续，培养能力有限，培养内容狭隘。佛学院作为综合性院校，可以根据培养对象的素质因材施教，根据寺庙的实际需要确定培养对象和招生规模。通常情况以培养研修佛学经典的高僧为主，同时还可以根据需要分批次培养不同对象，比如民管会主任培训班、活佛培训班、应用技能培训班等。各类僧才的健康成长，对于藏传佛教的传承和变革将起到极大的推动作用。

三是有效抵御分裂势力对宗教领域的渗透。长期以来，达赖集团在西方反华势力的怂恿和支持下，利用"达赖喇嘛"的名号进行分裂主义活动，其中包括利用我们学经制度的弊端和缺点，采取"册封"宗教名位、"授予"宗教学位等手段诱骗僧人出境，严重干扰了寺庙正常的学经秩序，阻扰了优秀僧才的健康成长。寺庙有的学经班管理失控，成为达赖集团搞分裂破坏活动的急先锋和打手，有的僧人不惜偷越国境到境外"学经"，其中有些人又被派遣回国搞分裂主义活动。西藏佛学院的建立一方面解决了一些寺庙尤其是边远寺庙缺少学经条件的问题；另一方面也解决了学僧正确理解佛教真谛，走爱国爱教道路的问题。对于藏传佛教界学经、研修经典，我们一贯持支持和欢迎态度，但对于有人想利用学经想搞坏藏传佛教，搞分裂破坏活动，我们将一如既往地坚决反对。

二、坚定不移地保持藏传佛教的正确发展方向

藏传佛教历史悠久，经典浩如烟海，杰出人物层出不穷，是西藏文化的重要载体，在藏民族生活中占有重要位置。但是在旧西藏政教合一的封建农奴制度下，藏传佛教被三大领主所控制，成为其欺压人民、实行专制统治的工具。当年周恩来总理曾经指出："现在存在的被封建农奴制玷污的宗教是很不慈悲的"，"民主改革就是要去掉宗教中被封建农奴制玷污的东西，恢复宗教的本来面目"。民主改革以来，西藏发生了翻天覆地的变化，藏传佛教也发生了巨大变化，政教合一的封建农奴制被推翻，寺庙的宗教特权和少数宗教上层对广大僧人的压迫被废除，一些明显有碍社会发展的东西被清理，寺庙学习传承制度也发生了可喜的变化。不少高僧大德在历史巨变的重大关头，做出了站在党和人民一边的正确选择，以非凡的智慧和勇气推动藏传佛教顺应历史潮流。伟大的爱国主义者十世班禅大师就要求僧众高举爱国主义旗帜，既爱民族又爱宗教，僧要像僧，寺要像寺。

当前，我国经济发展、社会稳定、民族团结、宗教和睦，在国际社会的地位和影响力全面提升。西藏经过几十年的发展，已经站在新的历史起点上，正在与全国一道向着全面建设小康社会的宏伟目标迈进。中央第五次西藏工作座谈会为西藏和四省藏区描绘出跨越式发展和长治久安的新蓝图。同时我们也看到，以十四世达赖喇嘛为代表的旧西藏封建农奴制残余势力，从其分裂主义图谋出发，极力阻止藏传佛教的任何进步和积极变化，企图把藏传佛教变成扰乱社会、分裂祖国的工具，其分裂主义行径不仅对

西藏和四省藏区的发展稳定造成很大干扰，也极大地损害了藏传佛教在全国人民心目中的形象。

在今天的形势下，藏传佛教面临着又一次历史性的选择。是同绝大多数寺庙、僧人所希望的那样与国家、人民一起前进，还是同极少数人所图谋的那样，站在国家和人民的对立面。走前一条路，藏传佛教将为国家和人民建立新的功勋，博得国家的赞扬、人民的尊重；走后一条路，藏传佛教只能是与时代潮流相违背，不仅给国家和人民带来损害，更将使自己丧失前途，成为十四世达赖个人的殉葬品。所以，唯一正确的选择，就是与国家、人民一起前进。为此，就要坚定不移地同达赖集团斗争，坚定不移地维护祖国统一和民族团结；就要自觉树立国家意识、法律意识、公民意识，自觉接受政府的依法管理；就要顺应国家民主政治建设的潮流，扎实推进寺庙民主管理工作；就要不断完善现代学经体系，开展藏传佛教佛学思想建设，深入挖掘藏传佛教教义教规中有益于国家、社会的积极因素，弘扬藏传佛教利益众生、护国利民的优良传统，革除不符合社会进步的陈规陋习，主动与社会主义社会相适应。只有这样，才是真正热爱藏传佛教，果能如此，藏传佛教一定有无比光明的前途。

三、 努力办好西藏佛学院

1982 年，为落实党的宗教政策，西藏曾办过佛学院，但由于受达赖集团在宗教领域分裂主义活动渗透的影响，加之管理有所欠缺，导致部分学员思想混乱，甚至出现了参与骚乱闹事的严重问题，于 1996 年被迫停办。所以，把佛学院办好可能比建一座佛学院更难更艰巨。我们要总结吸取过去的经验和教训，努力学习借鉴其他宗教院校的成功经验，深入研究新形势下爱国宗教界人士成长的特点和规律，以年轻一代僧才为主要培养对象，着力在提高政治素质、宗教学识、品德修养上下功夫，为藏传佛教与社会主义社会相适应打下坚固的人才基础。

第一，始终把握正确的政治方向。正确的政治方向是包括佛学院在内的我国各大宗教院校的生命线。西藏佛学院要始终把政治思想教育放在突出位置，把党和国家的方针政策和法律法规作为重要学习内容，让进入佛学院的各类学员通过学习不断增进对党的执政理念的认识，增进对社会主义制度优越性的认识，增进对我国改革开放取得的辉煌成就的认识，增强接受党的领导、走中国特色社会主义道路的自觉性，牢固树立公民意识、法律意识、政府意识、奉献意识，为在宗教界长远发挥积极作用作好思想政治上的准备。由于佛学院同样面临抵御达赖集团渗透破坏的任务，在师资的配备、学员的选择上都要把好政治关、入口关。

第二，努力提高学僧的宗教造诣。佛学经典是佛学院的主要学习内容。如果佛学造诣得不到提高，难以让信教群众信服，佛学院也就很难称其为佛学院。要鼓励和支持学员向历史上的高僧大德学习，努力钻研佛学经典，并善于对藏传佛教教规教义作出符合社会进步要求的阐释。学院要坚持文化知识和宗教学识并重，努力提高学僧的宗教学识和讲经传法的综合素质，培养出更多德才兼备、显密双融、学富五明的高僧大德。

第三，不断健全内部管理制度。近年来少数寺庙和学经班戒律松弛，一些僧人追名逐利，违犯国家法律法规，严重损害了藏传佛教界的形象。因此，加强佛学院内部管理，规范学僧的言行举止显得十分重要。佛学院在内部管理上从一开始就要高起点、严要求，一方面，要努力挖掘宗教经典中与时代相适应的伦理道德和清规戒律，教育和引导学僧以信为本，以戒为师，加强修持，严守戒律；另一方面，要吸收并运用现代院校的管理经验，不断完善各项规章制度，以制度建校，以制度管人。

第四，形成和健全藏传佛教规范化的院校体系。西藏佛学院作为藏传佛教的一所综合院校，藏传佛教界有义务积极参与和支持其各项建设，佛学院也要在课程设置、师资安排、培养对象等方面为藏传佛教界开展相关工作创造条件。西藏佛学院还要理顺与中国藏语系高级佛学院，与其他地方佛学院，与各大寺庙学经班的关系，探索建立完整、规范、上下衔接的藏传佛教学经体系和学衔制度，促进藏传佛教内部和谐、健康发展。

西藏佛学院的建设和发展，离不开党委、政府的重视和各部门的大力支持。希望自治区党委、政府进一步加强对西藏佛学院各项工作的指导，统战、宗教工作部门切实加强对佛学院的领导，各有关部门各司其职，在硬件设施、师资力量、教材编译、招生教学、工作经费等各方面给予支持与帮助，推动西藏佛学院不断发展进步，建成为国内一流的宗教院校。

前不久，习近平同志率中央代表团入藏，祝贺西藏和平解放60周年，带来了中央和全国人民的亲切问候。在藏期间，中央代表团看望了大昭寺、扎什伦布寺、强巴林寺等寺庙和宗教人士，对藏传佛教工作提出了新要求，对藏传佛教界提出了殷切期望。我相信，有党中央、国务院的亲切关怀，有西藏自治区党委、政府的正确领导，有大家的共同努力，西藏佛学院一定能开好头、迈好步，不断开拓前进，为藏传佛教的传承和发展，为西藏的跨越式发展和长治久安，做出应有的贡献。

本文是作者在西藏拉萨召开的西藏佛学院开院典礼上的致辞。

中国政府绝不会让达赖分裂图谋得逞

——在德国就达赖喇嘛转世等问题答《法兰克福报》记者问

(2011年12月9日)

记者：您讲到时间是在中方这一边，目前，达赖喇嘛年纪已经很大了，近期发生的自焚事件中涉及到的人都是些年轻人，您会不会对达赖喇嘛身后局势的发展感到担心呢？

朱维群：我讲时间在我们方面，不是因为十四世达赖喇嘛年纪大了，这是很次要的因素，最重要的是我们的事业、我们的斗争是正义的，是得人心的，而达赖喇嘛的所作所为是倒行逆施，这就注定了他必然要失败。达赖喇嘛年纪大了，当然也使这个集团将面临更多的困难。您问到对于达赖喇嘛身后我们会有什么担心，我想您的意思是说达赖之后他的"非暴力"有可能被暴力所取代。应该说我们没有什么需要特殊担心的。现在西方人有许多错误的理解，包括认为达赖喇嘛是"非暴力"的，而其他有些人是搞暴力的。实际上，达赖喇嘛从他从事政治到现在，从来没有离开过暴力。比如说，1959年大规模武装叛乱，比如说，此后十几年对我国边境地区实施武装袭扰，再比如说，80年代拉萨骚乱，再往后，2008年拉萨打砸抢烧暴力犯罪事件，所有这些都是在达赖喇嘛的旗号和影响之下，有些就是他本人直接鼓励和策划的。说达赖喇嘛是一个非暴力主义者，这是一个笑话！有些人这样说是因为不知道历史，没有好好研究，而有些人则是了解历史的，他们故意把达赖喇嘛打扮成和平主义者、非暴力主义者。举一个较近的例子，2008年拉萨发生严重的打砸抢烧暴力犯罪事件，分裂主义分子打死无辜群众18人，而达赖喇嘛公开声称，"我不会要求事件停下来"，还污蔑被烧毁的房子是"妓院"，被烧死的5个无辜的商店女服务员是"妓女"。最近发生的自焚事件，达赖喇嘛就没有喊过一句停，相反在后面煽风点火。自焚行为实际上已经从"非暴力"过渡到暴力了。对达赖喇嘛身后的接班人会不会搞暴力的问题，我想，我们过去同这股势力多次交手，他们搞暴力，杀人放火，甚至搞武装叛乱，我们都予以平息了，没有什么了不起。相反，如果这些人公开打出暴力恐怖的旗号，那么达赖喇嘛给他们制造的"非暴力不合作"的面纱和旗帜就再也挂不起来了，西方也就不太好意思公开支持他们了。如果达赖喇嘛身后的人公开打暴力恐怖的旗号，等于政治上的自杀。这些分裂祖国的恶势力要政治自杀，我有什么可担心的呢！

记者：您讲到，中国有句俗话，解铃还须系铃人，那么这句话是不是对于达赖喇嘛不太适用，因为显然中国的解决方案里面和达赖喇嘛是解决不了问题的？

朱维群：我那句话并不是针对达赖喇嘛说的，而是针对西方有些国家政要和媒体。他们无端制造了同中国之间的麻烦，我希望他们自己能解除这个麻烦。

记者：我知道您是对西方说的，但是在达赖喇嘛问题上是和达赖喇嘛本人没办法解决这个问题的，是这样吗？

朱维群：我们从来没有把同达赖喇嘛私人代表接触的渠道堵死，这么多年来，我们同他接触商谈的渠道一直保持着。相反，却是达赖喇嘛两次宣布停止同中央政府的接触。

记者：达赖喇嘛声称，他的转世将会在中国以外的地方，中国政府对此持反对立场，请您解释一下中国为什么坚持这个立场？

朱维群：藏传佛教大活佛的转世问题，历来不是一个单纯的宗教问题，同时也是一个政治问题。根据历史传统，比如达赖喇嘛转世灵童的寻访认定，必然要经过两个层面的过程，一个是宗教仪轨，主要是指履行宗教方面的一切必要的程序；另一个是历史定制，主要是指在政治上接受中国中央政府的批准和最后的确定。历代达赖喇嘛从来没有过由上一世指定下一世的，在1793年金瓶掣签制度确立后灵童认定都要经过中央政府的同意，即使免金瓶掣签也要经过中央的批准。不经过宗教仪轨和历史定制产生的所谓的下一世"灵童"，他可以是任何东西，但他就不是达赖喇嘛。十四世达赖喇嘛所谓的活着的时候就要由他本人认定下一世达赖喇嘛，所谓中国政府没有任何权利管他的转世的事情，完全是对历史传统的破坏，是对藏传佛教根本性的颠覆。达赖喇嘛真正关心的并不是将来寻访到一个真正的转世灵童，他关心的是在他"走"后，他这个集团要继续占住"达赖喇嘛"这个宗教封号，来为他政治上的分裂主义服务。为此，达赖喇嘛不惜牺牲活佛转世的传统，甚至不惜牺牲整个藏传佛教。中国政府是绝不可能让他分裂国家的图谋得逞的。

记者：现在看来，当时认定这个达赖喇嘛是一个错误的决定？

朱维群：十四世达赖喇嘛的认定有当时的历史背景，并不因为他目前种种恶劣的表现就说当初认定他是错误的，因为我们谁也无法判断一个很小的孩子将来会怎样，谁也无法预测一个4岁多的孩子将来会成为藏传佛教的灾难。但是当初这个达赖喇嘛的寻访认定过程，是经过了必要的宗教仪轨和历史定制的。他生于青海藏、汉、回混居地区一个农民家庭，他的认定是经过中国中央政府批准的，而且中央政府给予了金钱上的赏赐，派兵把他护送到拉萨，他的坐床典礼是由中央政府派人主持的，他没有经过金瓶掣签也是经过中央政府批准的。如果没有这些，他就不成其为达赖喇嘛，也不可能得到藏人信仰。

记者：是不是说在某些特别的情况下，是可以让达赖喇嘛以某种形式认定一个继承人，还是说中方完全不会允许？

朱维群：没有任何例外！

记者：据我所知，现在历史上首次出现了两个班禅喇嘛的情况，这个局面是怎么形成的呢？

朱维群：首先必须明确，历史上没有同时出现过两个班禅喇嘛，现在也没有两个班禅喇嘛。只有一个十一世班禅，就是正在进行学习，经常在西藏和其他藏区接触广大群众的班禅额尔德尼·确吉杰布。十一世班禅的寻访认定经过所有的宗教仪轨和历史定制，因此得到了广大信教群众的衷心崇拜，现在成长学习得非常好。达赖喇嘛非法指认的那个孩子没有经过任何的宗教仪轨和历史定制，仅仅是达赖喇嘛个人在印度达兰萨拉①指认的，甚至达赖本人也从来没有见过这个孩子，他根本就不成其为班禅，也得不到信教群众的崇奉，仅仅是一个普通的藏族孩子。这个孩子尽管不是

---

① 达兰萨拉是位于印度北部喜马偕尔邦的一个小城镇，1959年十四世达赖喇嘛发动叛乱失败后，裹挟了数万藏民仓皇出逃到这里。达兰萨拉分上下两部分，下达兰萨拉主要是当地印度人居住，上达兰萨拉亦称"麦罗甘吉"，是流亡藏人的聚居区，也是"西藏流亡政府"盘踞的地方。

班禅，但他是我们藏族的孩子，理所当然的得到了我们政府的关心、教育和培养。

记者：按照藏传佛教传统，班禅和达赖是互为师徒的关系，现在的班禅虽经过历史定制和宗教仪轨，但他会被人视为没有密切地与达赖进行接触和交流。

朱维群：互为师徒的关系在历史上，在达赖和班禅两大活佛世系之间，有的时候有这种关系，有的时候也没这种关系，并不是说一定要互为师徒才能成为班禅或达赖。十世班禅喇嘛是一个伟大的爱国主义者，他不会允许自己的转世成为分裂主义的十四世达赖喇嘛的学生。

记者：达赖喇嘛已经放弃了政治职务了，您与"流亡政府"新任首席噶伦有什么样的接触吗？

朱维群：达赖喇嘛并没有放弃他的政治作用，实际上，达赖喇嘛过去在他的集团当中就没有政治职务，有没有政治职务对他来说都一样，他始终是这个分裂主义政治集团的核心人物、政治象征和国际上骗钱的招牌。很奇怪，西方的一些政要和媒体过去不顾中国政府的反对而接受达赖窜访，理由是达赖是一个"纯粹的宗教人物"，所以要接待他，今天怎么又出现了达赖"放弃政治职务"了呢？过去为了接见达赖喇嘛而说他不是政治人物仅是宗教人物，今天为了给达赖喇嘛提供继续窜访的空间，又说达赖喇嘛放弃了政治职务，我不知道讲究逻辑学的西方人怎么会有这么一个奇怪的逻辑！达赖喇嘛是不是放弃了政治职务，我请你们看一看2011年4月22日他们发布的伪宪法公告，其中规定，在政治上达赖喇嘛是藏民族的怙主，藏人至高无上的领袖和导师，是唯一的代表和合法的代言人；在达赖集团内部，达赖喇嘛的权利包括指导藏民族的道德品行、宗教文化和经济社会，自行或通过民选领导来指导"西藏问题"得到解决；在对外事务上，规定达赖喇嘛有权同国际政治领袖、各界人士进行会晤，继续任命驻外特别代表和特使。以上哪一条不是政治职权？

记者：对于中国政府来讲，谁是对话的对象，是十四世达赖喇嘛，还是达赖喇嘛政治的继承人？

朱维群：因为达赖喇嘛有中国中央政府给予的宗教上的封号，我们可以和他就他个人的前途问题进行接触商谈。而那个完全不具合法性的分裂主义政治集团的新任"首席噶伦"，我们绝对不会和他进行什么政治接触，更不会和他进行什么接触商谈。此人现在非常迫切地希望以"流亡政府"的身份同我们进行接触商谈，目的是想由此得到我们事实上对"流亡政府"的承认，取得所谓的合法性。为了取得同我们接触商谈的权利，此人和达赖喇嘛原来的私人代表之间发生了激烈的争夺。我可以非常明确地告诉你，此人休想通过同我们接触而骗取所谓的合法性，他的政治圈套太幼稚。

记者：您认为像香港的"一国两制"的方案在西藏是可能的吗？

朱维群："一国两制"有其特定的含义，它完全不适用于西藏。"流亡政府"新头目多次说，为什么不能用"一国两制"的方式解决"西藏问题"？我的回答是，此人作为分裂祖国的政治集团的头头，根本就没有资格谈"一国两制"。而对于您，我可以告诉您为什么用"一国两制"来解决所谓"西藏问题"是不能成立的。第一，在香港、澳门实行"一国两制"，是因为它们在历史上被英国、葡萄牙所占据，后来又经过了一个非常长的时期才回归于中国中央政府的领导。为了这两个地方的平稳过渡和今后的长期稳定，实行"一国两制"是必要的。但西藏总体从来没有被外国占领过，始终是在中国中央政府的领导和管理之下，它的情况和香港、澳门完全不一样，不存在一个政治地位的定位、主权的回归问题。第二，"一国两制"是指在香港、澳门实行资本主义制度，而香港、澳门原本就存在一个资本主义制度，但西藏过去任何时候都没有过资本主义制度，有的只是政教合一的封建农奴制度。西藏民主改革以后，已经建立了社会主义制度，到现在已半个多世纪了。如果在西藏搞"一国两制"，只能是复辟它原有的封建农奴制度，这是历史的大倒退。那位"首席噶伦"是在美国学法律出身的，学法律的居然提出这个问题，表明不是因为他无知，而是因为他无耻。

记者：对下一步接触商谈您有什么考虑吗？

朱维群：我反复讲过，接触商谈的大门我们始终没有关上过，但达赖喇嘛方面关了两次。一次是1993年，一次是2008年。我们今天接触商谈的大门仍然是开着的，但具体什么时候谈，必须要有一个好的气氛，否则谈什么呢？达赖喇嘛方面最近又做了一大批恶化与中央关系的事情。其中，第一，"流亡政府"新头目反复声称，接触商谈将是他那个伪政府同中国政府商谈，这是对接触商谈基础的歪曲和破坏；第二，达赖喇嘛又在这个时候宣布了一个"转世声明"，否定中央政府在达赖喇嘛转世问题上的最高权威；第三，达赖喇嘛鼓吹、煽动境内僧人自焚，造成了四川藏区多名年轻人死伤，企图以此向中央施压。达赖喇嘛只有认错、改正，下一次接谈才有基本的气氛和条件。

我希望你能够履行你的承诺，将今天我们谈话内容全文发表。

记者：是的，我会。

中国有能力捍卫自己的主权和利益

——在比利时同欧盟官员、学者、记者谈达赖等问题

(2011年12月12日)

朱维群：我首先介绍有关中国西藏的一些基本情况，然后在用餐过程中回答大家的问题。

今年是西藏和平解放60周年。60年来中国政府在西藏做了很多事情，概况地说办了三件大事。第一件大事是1951年实现西藏和平解放，从此以后任何势力想把西藏从中国分裂出去成为永远不可能。和平解放是西藏人权事业的巨大进步，因为作为人权的基础——中国对西藏的国家主权得到了保证。历史清楚地表明，如果任由帝国主义侵略、凌辱，西藏的人权事业根本就无从谈起。第二件大事是1959年平息以十四世达赖喇嘛为首的少数上层统治集团发动的武装叛乱，在西藏实现了民主改革，废除了持续数百年的政教合一的封建农奴制度，西藏从此和中国其他地区一样进入崭新的社会主义社会。此后，在西藏恢复旧有的封建农奴制度也成为永远不可能。通过民主改革，百万农奴获得了人权，这是中国也是世界人权史上的一件非常重要的、有深远影响的大事。第三件大事是我们在西藏建立民族

区域自治制度，在半个多世纪中实现西藏经济社会的快速发展和各项人权事业的保障与改善。

由于工作的关系，我到西藏将近 40 次，今年之内我已经去了 5 次。每一次去我都能看到西藏人民生活的明显改善、民主权利得到保障。我这里说一些最基本的数字，尽管数字是枯燥的，但这是中国政府和西藏人民下了很大功夫才取得的成绩。从 2006 年到 2010 年中国第十一个五年规划期间，中国政府仅支持西藏的建设投资是 1378 亿元，从 2011 年开始到 2015 年中国第十二个五年规划期间，对西藏的总投资将达到 3300 亿元，比上一个 5 年增加一倍多。2011 年西藏地区的生产总值预计将达到 605 亿元，比上一年增长 12.6%，连续 19 年保持两位数增长；城市居民可支配收入将达到 16148 元，比上年增长 7.8%。我们尤其关注农牧民，因为农牧民在西藏生存条件是最艰苦的，今年人均纯收入能够达到 4700 元，比上年增长 13.6%，已经连续 9 年实现两位数增长。中国政府前不久召开了一个很重要的会议，把全国扶贫标准从过去的 1196 元提高到 2300 元，这当然给我们下一步扶贫开发增加了工作难度，但这是必须要做的。2300 元相当于人均日收入 1 美元，高于所谓通行国际标准。西藏农牧民人均纯收入达到 4700 元，也就是说总体上已经远远脱离了贫困。此外我们的教育、卫生事业都在蓬勃发展，一个最直观的数字，就是西藏的人均寿命从 1951 年和平解放时的 35.5 岁增加到现在的 69 岁，总人口从 100 万增长到 300 万。特别要指出的是，绝不是像有人说的增加的人口主要是因为汉族人进去的太多了，我们历次人口普查，包括最近的人口普查，藏族的人口仍然占西藏的 92% 以上。

尊重和保护公民的宗教信仰自由是中国政府的一项基本政策。目前西藏有藏传佛教寺庙1787处，大体每1600人就有一座寺庙；现有僧尼46000人，占人口比例1.5%。我不知道欧洲平均多少人有一座教堂，神职人员占人口比例如何？当然这个数字比达赖喇嘛在西藏统治的时候要低很多，那个时候僧尼达到10万，而当时的总人口是100万。各位可以想一想，这样的社会还能发展和进步吗？

当前中国和欧盟的关系很好，双方已经建立了全面的战略伙伴关系，各个层次的对话合作机制覆盖了经济、科技、人文各个领域。中欧的合作对双方乃至世界都有很大好处，特别是在当前应对国际金融危机和欧债危机的背景下，尤其需要中欧加强联系，互相扶持，一起克服困难，取得双赢。

正当中欧合作越来越显得重要的时候，我感到不解的是经常在欧盟听到一些无端指责中国的声音，相反，我不记得中国人在任何时候指责过欧盟的内部事务。最近的一个例子是欧洲议会少数人置中国利益于不顾，执意邀请达赖集团"流亡政府"新头目到布鲁塞尔访问并且高调与之会见，还邀其以"藏人行政中央总理"的名义在欧洲议会外交事务委员会演讲，散布"西藏独立"那一套。欧洲议会少数人这样的行为是极其不负责任的，违背了对中国的承诺，也违背了国际关系通行的准则。当欧盟承认西藏是中国领土一部分的时候，它就没有权力再去邀请这样一个主张分裂中国的叛乱集团的头子到欧洲议会来访问。我希望在座的各位发挥你们的影响力，基于你们对中欧友好关系的看重，制止这种糟糕的事情再度发生。

我曾经是《人民日报》的记者，当时我喜欢对别人提问尖锐一些，我今天欢迎大家对我的提问也尖锐一些。我希望刚才提到"流亡政府"新头目不至于影响大家今天用餐的胃口。

欧方：我是欧盟对外行动署的官员。你访问布鲁塞尔并且就刚才提到的这些问题进行交流非常重要。你提到西藏取得的巨大发展成就，我们对此表示欢迎。我也想提一下，你十分清楚欧盟对人权有多么地重视，对传统文化的保护也非常重视，这也是为什么我们不仅对盟内还是盟外涉及人权以及文化保护的事务都十分关切。

我们很关注最近僧人自焚的事情。在欧盟来看，这表现出一些藏人对自己文化的保存非常绝望。我在这里强调欧盟不承认那个人作为"流亡政府"首席噶伦的合法性，这不是欧盟发出的邀请，是由自由选举产生、拥有完全独立行事能力的欧洲议员邀请的。

朱维群：发展中国的人权事业，我们要努力，也希望有更多的朋友给我们以帮助。但是我要说，中国政府比世界上任何政府更关心我们自己的人民包括西藏人民的人权。当初中国共产党为什么要革命？革命的任务之一是反抗帝国主义的侵略，其中包括欧洲一些国家，欧洲有的国家在不是很远的过去，两次发动侵略西藏的战争。在1904年那次战争中，仅在一个名为曲米森谷的地方一次就用现代化枪炮"文明"地屠杀了我们600多藏族同胞，那个时候你们有谁给我们的西藏老百姓讲过人权？西方有的国家1951年用枪炮支持西藏地方政府反抗和平解放，1959年直接怂恿和支持达赖集团发动武装叛乱，不仅是"道义"上的支持，而且直接空投武器，训练特务，反对西藏的民主改革，那个时候你们有谁给西藏人民讲过人权？我们在西藏所做的一切，包括解放百万农奴，包括发展经济，提高老百姓的生活水平，包括宗教信仰自由，包括保护和发展西藏的文化，都是为了西藏的人权，而你们西方人在西藏做过多少有利于人权的事情？你们自己数数看！在我看来，欧洲有些人与其说是关心300万西藏人民的人权，不如说是在关心以达赖为代表的那一小撮封建农奴主失去的特权，关心达赖丧失掉的政治上、经济上、宗教上那种至高无上的统治权力。很抱歉，一些西方国家的"人权记录"我今天没有时间一一列举，这里谈一下你关心的自焚的问题。

今年3月以来，在四川甘孜、阿坝而不是西藏，有4个寺庙相继发生了数起自焚事件，自焚人员都是20岁上下的年轻人，最小的只有16岁。我对自焚事情的发生感到非常震惊，尤其对年轻生命的丧失感到悲痛。前不久我到发生事情的寺庙做过实地调查，当地的僧人、民众和我一样对煽动、鼓吹这类事件的人和幕后指使者、制造者表示极大的愤慨。自焚的事件发生在4座寺庙，而西藏和其他藏区一共有3500多座寺庙，僧尼有十几万，所以根本不存在达赖集团说的整个藏区都"燃烧起来"了，绝大多数寺庙、绝大多数僧人并没有参与这个事情，而且对这个事情是谴责的。达赖集团说藏人处于"悲惨境地"，在我看，处于悲惨境地的仅仅是达赖喇嘛自己而已。3500多座寺庙只有这4座发生这样的事情，而且多数又发生在同一个寺庙，就是四川阿坝县的格尔登寺，为什么？这个寺庙的格尔底活佛①1959年跟随达赖发动武装叛乱，失败以后逃到国外，长期担任达赖集团"流亡政府"的"安全部长"，众所周知这个安全部专门就是制造流血、破坏、渗透的。今年3月16日发生第一起自焚，当事的僧人只有19岁，

---

① 格尔底活佛，1959年逃亡印度，先后担任达赖私人秘书、"流亡政府"佛学哲学院负责人、第七届伪人民代表大会代表、"流亡政府"宗教噶伦等职务。2008年西藏拉萨"3·14"打砸抢烧严重暴力犯罪事件后，境外"格尔登寺"专门成立了"紧急情况协调小组"，接受达赖集团"紧急情况协调小组"的统一指挥，在阿坝藏区建立关系人、收集情报信息、策划指挥闹事、"自焚"行动。格尔底活佛亲自为自焚僧人念经超度，鼓吹自焚者是"民族英雄""自由斗士"，以此教唆一些人自焚自杀，为达赖集团卖命。

他被烧死了，但是帮助他、煽动他自焚的3个僧人被我们依法审理了，他们在法庭上当众交代是由于受了境外势力的蛊惑和煽动，当自焚发生的时候，他们不但不予以救援，而且阻止我们的干部去救助受伤者，他们还把自焚现场拍摄下来，迅速发给达兰萨拉。自焚事件连续发生之后，大家看看媒体就知道，达赖集团把这些自焚者，把这些不幸的年轻人，吹捧为"英雄""烈士"，表示"敬仰"，而且为他们"颁奖"，树"纪念碑"，达赖喇嘛还为自焚者举行了一天的法会，还一天不吃饭，称赞这些自焚者"具有非常大的勇气"，这是在鼓励更多的人走上这条不归路。我注意到一些西方媒体，包括路透社、法国国际广播公司、德国之声等，他们对我们一向并没有多少好话，但是这次他们也指出达赖这些人始终没有对自焚的事情叫停，而是在那里鼓励、煽动自焚。尤其可怕的是，藏传佛教本来是一种讲慈悲、重生命的宗教，但是达赖驻台湾的"达赖喇嘛西藏宗教基金会"公开发表文章，说自焚不仅不违反佛教不许杀生的教义，相反却是"菩萨行"，谁自焚谁就能马上转世成为菩萨。事实表明这些僧人自焚是达赖集团通过长期形成的渗透渠道，对这些处于寺庙封闭环境里、缺少起码现代教育的僧人洗脑的结果。达赖是想把藏传佛教变成一种自杀教、自焚教，为他个人的政治目的服务，这才是事情发生的根本原因。你刚才不是讲自焚是因为我们对文化、宗教的破坏吗？我建议你说说我们在哪些方面破坏了藏族的文化、宗教，拿出事实来！我可以拿出很多保护和发展西藏的宗教和文化的例子，但是我希望你拿出我们怎么破坏的例子！

中国政府会不会因为几起自焚事件的发生，我们受到一些人的攻击，就改变在西藏的工作方针和对达赖集团斗争的态度呢？我建议大家对历史做个回顾：1951年西藏反动上层为了阻止西藏解放，还敢和人民解放军在昌都打一仗，尽管他打败了；1959年达赖还有能力在西藏发动一场全面武装叛乱；上世纪60年代他和我们真刀真枪地打不行了，但是还有能力在境外对我们的边境进行袭扰；后来武装袭扰也搞不下去了，他的武装基地被尼泊尔消灭掉了，但80年代他还有能力在拉萨持续制造一些骚乱事件，先后持续了3个年头；到了2008年他孤注一掷，在拉萨制造"3·14"打砸抢烧事件，但转眼之间就被我们平息了。现在这伙人只有靠哄骗几个不懂事的年轻人自焚来给中国政府施加压力。中国有句俗话：黄鼠狼下耗子，一代不如一代。任何一个政治集团到了这个地步，到了骗自己的人来烧以维持自己的生计，这个集团还能持久吗？在这样的情况下欧盟一些人还把自己同达赖的命运连在一起，未免太不明智了。还要不要继续骗几个人拿来烧，在达赖集团内部已经发生了分歧，有的人也认识到这个事情玩不下去了。我可以很坦率地对各位朋友说，即使再发生这样的事情，中国政府在西藏工作的方针政策，对达赖集团斗争的态度也不会有任何改变。

刚才你讲到关于欧洲议会有些议员邀请"流亡政府"新头目访问的事情。我完全明白欧盟内部组织架构，我也知道欧洲议会少数人的态度不能代表整个欧盟。但是作为一个国际组织，在讲民主的时候，是不是也应该对自己的成员不讲道义、损害他国利益也损害欧盟自身利益的行为有所约束；如果不能约束，是不是应该有所批评。如果对这种违背中国人民利益、搞野蛮行为的人表示同情和给他以讲台的情况再继续下去，对欧盟的声望不是好事。你所讲的理由，我听得太多了：每当有些人做出损害中国人民利益的事情的时候，就有人会说那是议会的事情，那是民间社团的事情，那是某某个人的事情，好像这片土地不是你这个政府在管。我们中国政府经常被一些人指责为不讲民主、不讲人权，但是我们知道一个为人的基本道理，就是不能允许有人在中国领土上去损害其他友好国家的利益，不要在不了解情况的时候无端指责他人，这才是一个负责任的政府应该采取的态度。

欧方：给我的印象，你此访的目的是想开诚布公地和大家讨论"西藏问题"，如果真是这样，中方是否可以允许欧盟派一个独立的外交官调查小组到西藏去调查情况是否与你说的一致？

朱维群：这是一个非常严重的问题。中国是一个独立的、有尊严的、有能力捍卫自己主权和利益的国家，我们绝不会允许外国势力以任何形式对中国内政的插手。说句老实话，我从来也不相信外国势力到另一个国家，对其内部事务指手画脚，能够解决什么问题，能够给这个国家的老百姓带来什么好处，相反带来的往往是矛盾的激化甚至战争。中国从来不会去插手别国的内部事务，要求别国人民必须这样做、必须那样做，我们也不能允许外国人来插手干涉我们的内部事务。谁给你这个权力了？你可以批评我们，可以给我们以建议，但是我们解决内部事务的权力不会交给任何外国组织或者外国政府。

当然，如果是外国的官员、记者、学者作为个人到西藏去参观，去增长有关藏族和藏族文化的知识，我们是很欢迎的。我们西藏从来没有对外关过大门，去年到西藏的国内外游客是685万人，其中外国入境的游客是22.8万人，今年西藏的游客能够增加到750万人，外国游客比去年肯定会有相当幅度的增长。

欧方：我们到西藏四处走动、采访，会有干涉吗？

朱维群：看来你没有去过西藏。你到那里采访、访问不会受到什么干涉。但是我实话实说，毕竟西藏是边境地区，有一些边境地区或军事禁区的管理规定需要遵守，而这是国际通用的做法。

欧方：你希望欧盟对一些议员的行为进行限制，在你看来可以采取哪些措施？

朱维群：欧盟可以采取哪些措施属于你们的内政，我不会把我的意志强加于人。"己所不欲，勿施于人"嘛！我只能建议欧盟对有些说话不太慎重、不太重根据的朋友有些劝告，劝告总是可以的吧！多了解西藏的实际情况，再慎重地发言，不要随便地讲话，尤其不要随随便便地损害一个拥有十三亿人的、经济快速增长的国家的利益。使中国人民不愉快，后果很严重。当然如果有些人不愿意听从我的劝告，还是要继续无端地指责、攻击我们，说实在的也没有什么了不起。我认为无论是对于一个人，还是对于一个国家，耳边经常有一些反对的声音，可能是使你提高警觉，增强自身抵抗能力的很好的办法。

欧方：你负责同达赖喇嘛的接触，请你介绍最新的进展以及中方对未来形势的研判。

朱维群：我们同达赖喇嘛私人代表的接触商谈，最近一轮是从2002年开始的，到现在已经谈了10次。接触商谈迄今为止没有取得善良人们所期望的进展，根本原因是两个。第一个重大的分歧是谁和谁谈。"流亡政府"新头目宣称是"流亡政府"和中国政府谈，我们知道所谓"流亡政府"不过是一个叛乱集团的延续，没有任何合法性，我们根本就不会和它有任何接触，更不可能与它接谈。我们说的接谈，是中国中央政府派人和达赖喇嘛的私人代表谈。"流亡政府"新头目的插手是目前接谈无法再启动的非常重要的原因。第二个分歧在于可以谈什么，不可以谈什么。我们态度非常鲜明，要谈的是在达赖喇嘛满足中央政府对他的基本要求的前提下，比如承认西藏自古是中国不可分割的一部分，停止一切分裂破坏活动，承认台湾是中国的一部分，等等，我们可以谈他个人的前途问题。而达赖喇嘛提出要谈所谓的西藏"政治地位"问题，谈"大藏区高度自治"的问题，他的核心要求，是要我们把包括西藏在内整个青藏高原240万平方公里完全交由达赖集团来统治。这没有丝毫可能性。达赖喇嘛因为中央政府不答应他那些分裂中国的要求，曾经在1993年和2008年两次宣布不再和中央接谈了。但是中央始终宽宏大量，从来没有说过不再谈了，对接触商谈始终是留有余地的。达赖喇嘛最近反复声称，他的个人问题不需要谈，要谈就谈"600万藏人的前途问题"，"西藏的地位问题"。而我们说西藏民族的前途问题，西藏的地位问题，新中国建立时就解决了，根本不可能颠覆。达赖喇嘛这种僵化、无理的态度是目前接触商谈无法取得进展甚至无法开启的另一个重要原因。

达赖喇嘛手里没有任何同中国政府较量的实力，为什么还提出如此的不合逻辑的要求？我想还是因为他觉得世界上有些国家在支持他。我希望西方国家对这个77岁的老人发一点怜悯心，劝他放弃这些无法实现的幻想，老老实实和中国政府的代表谈一谈他个人的前途问题，这才是该做的有意义的事情。如果仍然以各种方式助长这位可怜的老喇嘛的古怪、不着边际的幻想，这可能是把达赖喇嘛从根儿上给害了。

欧方：你认为"西藏问题"和"台湾问题"有哪些共同点，有哪些不同点？

朱维群：如果拿台湾和西藏做类比，有一个共同点，那就是台湾和西藏都是中国领土不可分割的一部分。不同点在于台湾和祖国大陆还没有实现统一，我们的方针是用"一国两制"的办法来解决这一问题，实现中华民族的统一大业；而西藏从来就不存在与中国其他部分重新统一问题，西藏是中国中央政府领导下的一个民族区域自治地方，中央政府对西藏的施政与各省区完全一样，只是因为西藏经济发展比较落后，所以要给予更多的支持和帮助。因此，根本就不存在什么"西藏问题"。西藏建立社会主义制度已经半个多世纪了，下一步的任务是把这个制度的优越性发挥得更好，使西藏各族人民得到更多的实惠，过上更好的生活。

欧方：在中国你的名字家喻户晓，但是你觉得在西藏大家听到你的名字是心情愉快呢还是惧怕？

朱维群：我的名字在中国不能算是家喻户晓，中国能力比我强的干部车载斗量，我只是排在最末端的一个，所以我被派来处理达赖的问题。我在西藏朋友非常多，上至高层领导，下至普通的农牧民。我毫不怀疑西藏群众对我所做的工作是满意的，我所到之处总是得到各族干部和老百姓由衷的欢迎。我也毫不怀疑个别人特别是境外的达赖集团对我恨之入骨，但是被分裂国家、破坏西藏稳定的势力所仇恨，对我是一种光荣，也许是我这一生最大的成就。如果达赖和他手下那些人，包括煽动自焚的那些人，他们喜欢我，那就说明我一切都做错了。

欧方：我作为在欧洲生活了十几年的华人，从你的介绍中了解了很多最新的情况，非常感谢你的介绍。我感到中国共产党在欧洲人看来形象不是特别正面，因为受冷战的影响，他们对共产党、对共产主义总是有负面的评价。加上这些年流亡藏人没少做工作，如何让欧洲人倾听中国的声音，是一个很艰巨的任务。刚才有记者提出能不能派一个独立调查团到西藏去，这是很多欧洲人的想法，他们对中国共产党派出的领导有一种怀疑态度，所以我觉得我们国家领导人出来的时候可以带一些西藏本地的人，由他们说在西藏发生了什么事，可能更容易让欧洲人相信和理解。

朱维群：我们这些年组织藏族的学者、官员、宗教界人士出国访问的不少，但是，只要他们说出西藏的真实情况，同样也要遭到欧洲一些人的质疑和反对。同时我也要说，中国无论是哪个民族，国家的统一都是最高目标，所以我这次带出来小团队中没有藏族并不降低我的代表性。我在中央统战部常务副部长位置上，并不是仅仅代表汉族，而是代表56个民族共同来维护国家利益。我赞成你的建议，我们会组织更多的藏族朋友出来讲一讲。我想告诉大家，中央统战部联系西藏工作的副部长我是一个，另一位副部长斯塔就是藏族，我们从事西藏工作队伍中藏族同志占三分之一。

现在西方舆论明显倾向达赖喇嘛而不倾向我们，我想原因很复杂。我承认我们向西方社会介绍事实真相做得不够，方法也有待改进。但是还有一个原因，你刚才实际上也说了，就是西方一些舆论有一种倾向性，那就是不愿意承认中国共产党治国能够成功，不愿意看到中国在社会主义制度下能这么快地发展起来。由于这种有色眼镜的作用，有些人主观上更愿意相信达赖喇嘛的话，而不愿意相信我们的话。我无法改变这些人的思维方式，还是让事实来说话，让西藏发展稳定的事实来说明一切问题。我相信时间在我们这一边。

我建议两位青年学生也讲一讲，也许几年之后就是由你们来决定欧洲对中国的有关事务了。

欧方：达赖喇嘛为什么在欧洲能够取得成功，因为他说的语言能够与欧洲人进行情感上的互通，他们能够听得懂。相反中国政府无论说什么，他们不太听得进去。中国需要学习如何用欧洲人听得懂的语言表达自己的立场，欧洲人也需要摒弃自己的偏见，以开放的态度去评价中国。

· 中国有能力捍卫自己的主权和利益 ·

朱维群：你的意见很好，表现了年轻人对世界事务的客观判断。我以为，达赖喇嘛1959年叛逃后，这几十年时间他的全部精力都在学习怎样适应西方的思维习惯，怎样对西方人讲话，西方也有一些人在调教他，这是造成他在西方有一定影响的一个原因。但是实际上还有一个更根本性的原因，就是有一股政治力量在背后支持他。有的国家每年财政定期拨款给达赖喇嘛，同时通过一些基金组织向他输送资金，还帮助他在世界上举办各种集会、法会，借机敛取社会钱财。据达赖集团自己的材料，其财务支出90%以上来自西方一些国家。我们判断达赖喇嘛是一个什么样的人，还是要看他做了哪些事情，他给西藏人民带来了什么，同时对比中国政府在西藏做了哪些事情，给西藏人民带来了什么。在观察问题的方法、在一些基本观念不相一致的情况下，解决分歧的最好方法就是看事实。不尊重事实的人，可能得意于一时，但总归是要吃亏的。

今天由于我坐在主人位置上，由于我同各位对西藏信息掌握的不对称，我的讲话可能显得过于强势。大家信和不信都没有关系，但我们欢迎各位有机会到西藏去看一看，用你们的眼睛，用你们看到的事实作出自己的判断。

2011年12月12日，作者为中共中央统战部常务副部长，在布鲁塞尔中国驻欧盟使团所在地，同欧盟对外行动署中国处主管官员、布鲁塞尔当代中国研究所高级研究员、欧亚中心研究员、欧洲学院教授、《新欧洲》记者、《欧盟观察》记者、《议会》杂志编辑、欧洲学院学生、欧洲议会议员助手（分属人民党、保守改革党）等餐叙，介绍了中国西藏当时情况，并就达赖问题以及西藏人权、"自焚事件"、接触商谈等敏感问题回答了欧方提问。

共产党员不能信仰宗教

(2011年12月17日)

近年来，随着社会上信仰宗教的人增多和对宗教认识的日益多样，一个值得注意的现象是，共产党员参与宗教活动、与宗教界人士建立密切私人关系的现象逐渐增多，有的党员实际上成为宗教信徒。与此同时，社会上乃至党内出现一种声音，认为应该"开禁"，允许党员信教，还罗列出党员可以信教的种种理由以及党员信教的诸多"好处"，甚至指责不允许党员信教与宪法保障公民宗教信仰自由的精神相违背。事实上，我们党关于党员不能信仰宗教的原则立场是一贯的，从未有过丝毫动摇。这一原则是党的马克思主义的辩证唯物主义世界观决定的。党的各级组织和广大党员应保持清醒认识，任何情况下都必须毫不动摇坚持这一原则。

一、共产党员不能信仰宗教是我们党的一贯原则

马克思主义的世界观是辩证唯物主义，而宗教的世界观无一例外属于唯心主义范畴。在哲学上，唯物主义和唯心主义之间的分野是根本性的，

无论对个人还是政党而言都无法调和与兼容。马克思主义创始人从一开始就在共产主义与宗教之间划出了明确的界限，不仅指出宗教赖以产生的物质的、现实社会的根源，而且指出无产阶级为了求得解放，必须从宗教中解放出来。马克思指出，"共产主义是径直从无神论开始的"。列宁把马克思主义宗教观运用于工人阶级政党的革命实践，指出，"我们的党纲完全是建立在科学的而且是唯物主义的世界观上的。因此，要说明我们的党纲，就必须同时说明产生宗教迷雾的真正的历史根源和经济根源。我们的宣传也必须包括对无神论的宣传……"同时列宁强调，要慎重对待宗教问题，在革命实践中争取、团结和教育信教群众。

中国共产党坚持以马克思主义作为自己的行动指南，党的全部理论、思想和行动都是建立在辩证唯物主义世界观基础之上的。只有在这个基础上，才谈得上掌握马克思主义理论体系，才谈得上用马克思主义指导中国革命和建设的实践。由此，也就决定了党员不能赞同唯心主义、不能信仰宗教成为中国共产党一项基本的思想和组织原则，而这一原则在不同历史时期都为我们党所强调，并明确写在党的重要文件中。

这里仅按不同历史时期列举几条。1940年，毛泽东同志在《新民主主义论》中指出："共产党员可以和某些唯心论者甚至宗教徒建立在政治行动上的反帝反封建的统一战线，但是决不能赞同他们的唯心论或宗教教义。"1982年，在邓小平同志领导下制定的中共中央文件《关于我国社会主义时期宗教问题的基本观点和基本政策》指出："我们党宣布和实行宗教信仰自由的政策，这当然不是说共产党员可以自由信奉宗教。党的宗教信仰自由的政策，是对我国公民来说的，并不适用于共产党员。一个共产党员，不同于一般公民，而是马克思主义政党的成员，毫无疑问地应当是无神论者，而不应当是有神论者。我们党曾经多次作出明确规定：共产党员不得信仰宗教，不得参加宗教活动，长期坚持不改的要劝其退党。这个规定是完全正确的，就全党来说，今后仍然应当坚决贯彻执行。"1990年，江泽民同志在与全国宗教工作会议代表座谈时指出："宗教世界观与马克思主义世界观是根本对立的。共产党人是无神论者，共产党人的世界观应该是马克思主义的世界观。共产党员不但不能信仰宗教，而且必须要向人民群众宣传无神论、宣传科学的世界观。"2002年，《中共中央、国务院关于加强宗教工作的决定》指出："共产党员不得信仰宗教，要教育党员、干部坚定共产主义信念，防止宗教的侵蚀。对笃信宗教丧失党员条件、利用职权助长宗教狂热的要严肃处理。"2006年，胡锦涛同志在全国统战工作会议上的讲话中指出："我们中国共产党人是无神论者，不信仰任何宗教。"在2010年第五次西藏工作座谈会和新疆工作座谈会上，胡锦涛同志都重申要坚持共产党员不能信教。

正是在马克思主义世界观的指引下，我们党才能领导人民依靠自己的力量推动社会的革命、进步和发展，而不是去追求虚幻的天国和来世；才能在中国革命、建设、改革的实践中不断深化对客观世界的认识，用科学的理论指引亿万人民新的实践；才能实现全党在思想、理论、组织上的高度统一，保持和提高党的创造力、凝聚力、战斗力。

至于不允许党员信教违背了宗教信仰自由之说，是完全站不住脚的。这种说法实质上是假冒"公民权利"的名义取代对党员保持思想先进性的要求和履行党员义务的责任。当一个公民志愿加入中国共产党的时候，就意味着他无条件地接受马克思主义的辩证唯物主义世界观，也就意味着他根据公民所享有的宗教信仰自由权利自愿选择了不信仰任何宗教。根据同一项自由权利，他当然可以重新选择信仰宗教，但这就表示他中止了、逆转了"思想入党"的进程,仅余形式上的"组织入党",而这对于他本人和党组织都不再具有实际的意义,相反对党组织保持思想、组织上的统一是有害的。如果一个党员积极参与宗教团体生活和传教,甚至利用党员身份保护、推动非法的宗教活动,党组织就应及时采取措施,使其退出党员队伍。这既不是"歧视宗教",也不是"强制不信仰宗教",只是一个政党对不再赞同其指导思想的个别党员给予必要的组织处理而已,从宪法和党章的角度都无任何可指摘之处。

二、 辩证唯物主义世界观是我们党制定和贯彻宗教信仰自由政策的基础

我们党从建党开始就实行宗教信仰自由政策。1931年《中华苏维埃共和国宪法大纲》规定:"中国苏维埃政权以保障工农劳苦民众有真正的信教自由的实际为目的。"毛泽东同志1945年在《论联合政府》中指出:"根据信教自由的原则,中国解放区容许各派宗教存在。不论是基督教、天主教、回教、佛教及其他宗教,只要教徒们遵守人民政府法律,人民政府就给以保护。信教的和不信教的各有他们的自由,不许加以强迫或歧视。"新中国建立后,宗教信仰自由成为宪法赋予公民的一项基本权利,党的宗教信仰自由政策上升为国家意志并在社会主义法制体系中得到确定。

共产党人是唯物论者,不信仰宗教,为什么要制定和贯彻宗教信仰自由政策呢?就理论而言,马克思主义宗教观揭示了宗教产生、发展和消亡的客观规律,认为宗教的产生和存在具有自然根源、社会根源和认识根源,只有宗教赖以存在的外部根源全部消失后,宗教才可能消亡。而要达到这样的状态,需要相当漫长的历史过程,在此之前,正如列宁所言,以行政

力量消灭宗教的企图，只能提高人们对宗教的兴趣，反而会妨碍宗教真正的消亡。可以说，宗教走向最终消亡可能比阶级、国家的消亡还要久远。基于这样的科学认识，我们党主张既不能用行政力量发展宗教，也不能用行政力量消灭宗教，而必须根据党在各个历史时期的根本任务，通过宗教信仰自由政策妥善处理宗教问题。就党的任务和宗旨而言，我们党代表最广大人民群众的根本利益，当然也包括代表信教群众的利益。而代表信教群众的根本利益，除了代表他们的政治利益、经济利益，也包括要尊重他们精神上信仰宗教的自由权利。中国革命和建设的历史都充分证明，我们同信教群众在根本利益上的一致性是主要的，而在宗教信仰问题上的差异性是次要的，因此在正确方针政策指引下，完全可以做到"政治上团结合作，信仰上互相尊重"，共同致力于革命和建设各个时期的大目标。同时，我们党始终坚持依靠最广大人民群众的力量，而这其中当然也包括广大信教群众。所以，宗教信仰自由政策是我们团结、凝聚广大信教群众，巩固和发展同宗教界的爱国政治联盟所必需的。

一些西方人士说，只有信仰宗教的人执政，才会真正实行宗教信仰自由。其实，历史和现实证明，在某种宗教占据统治地位的国家或者朝代，人们宗教信仰自由的权利往往不能实现或者要打很大折扣。比如，在天主教占统治地位的中世纪欧洲，对"异教徒"的迫害、对亚洲北非地区的"十字军"东征①；奥斯曼帝国用武力强迫被征服地区民众改信伊斯兰教；

---

① "十字军"东征是中世纪西欧封建主、城市富商和罗马天主教会对东部地中海沿岸地区发动的侵略性远征。1096年在罗马教皇号召下，由西欧封建骑士和受骗农民组成十字军（因参加者佩戴十字架而得名），以从所谓"异教徒"（穆斯林）手中夺回圣地耶路撒冷为名，开始东征。东征共进行八次，历时约二百年，其间一度占领耶路撒冷。十字军所到之处，屠杀、抢掠，引起民众强烈反抗。1291年十字军侵占的最后一个据点阿克城陷落，十字军东征以彻底失败而告终。

近代一些西方国家在对非洲、拉丁美洲殖民过程中，一手举剑，一手举圣经，杀其人民，占其土地，掠其财富，哪里有什么宗教信仰自由可言？而恰恰在多数人口不信仰宗教的中国，没有发生过类似的宗教迫害和宗教战争。

我们党实行和坚持宗教信仰自由政策，是因为这一政策符合宗教现象发展规律，符合人民和国家的根本利益，而不是说我们可以赞成唯心主义，可以在唯物主义和唯心主义之间持中立态度，可以放弃在人民特别是青少年中进行唯物主义、无神论教育，放弃对宗教活动的管理和引导责任。《中华人民共和国宪法》规定，国家在人民中"进行辩证唯物主义和历史唯物主义的教育"。作为执政党，我们应抵制种种无所作为的怪论，自觉主动地把宪法责任承担起来。当前治理社会上存在的宗教热、宗教活动乱的现象，可以很快就付诸实施的事至少包括：不允许使用行政力量推行、助长某种宗教；不允许宗教干预属于政府的各项职权；对宗教事务实行有效管理，促进、帮助宗教团体建立健全内部管理制度；在媒体和各级各类学校教育（宗教院校除外）中宣传辩证唯物主义和历史唯物主义；团结爱国宗教团体，把境外利用宗教进行的种种渗透坚决顶回去。这些措施不仅与宗教信仰自由政策完全不矛盾，而且是宗教保持正常秩序，走与社会主义社会相适应道路必不可少的保证。

三、允许党员信教将侵蚀涣散党的肌体

如果我们党允许某些人希望的那样对党员信教"开禁"，不仅这些人所许诺的种种"好处"虚无缥缈，相反其带来的恶果却显而易见。

第一，如果允许党员信教，那么就是允许党内唯心主义与唯物主义两种世界观并存，有神论与无神论并存，这势必造成马克思主义指导地位的动摇和丧失，在思想上、理论上造成党的分裂。

第二，如果允许党员信教，就等于允许一些党员既接受党组织的领导，又可以皈依于不同宗教人士的门下，接受各类宗教组织领导，五大宗教及其他宗教在党内各成体系，这势必在组织上造成党的分裂。在当前境内外敌对势力极力利用宗教在一些民族地区从事分裂主义活动的情况下，允许党员信教将极大削弱党的组织在反分裂斗争中的战斗力。恰恰是在西藏和新疆这两个反分裂斗争极为尖锐的地方，自治区党委都鲜明坚持党员不能信教，这不是偶然的。

第三，如果党员信教，则势必成为某一种宗教势力的代言人，一些地方将出现宗教徒管党的宗教工作的现象，利用政府资源助长宗教热，也不可能平等地对待每一个宗教，党的宗教工作将从根本上动摇。当前有的地方党政领导把宗教作为获取经济利益和提高本地知名度的工具，视为工作"业绩"，争相滥修大佛和寺庙，热衷大规模宗教活动，人为助长宗教热，而对宗教事务依法管理、对宗教团体的教育引导根本不当回事，导致混乱现象蔓延。这种现象的出现，与一些党员干部放弃辩证唯物主义世界观甚至成为事实上的宗教徒是密不可分的。

总之，如果允许党员信教，将使我们党从思想上、组织上自我解除武装，从一个马克思主义政党蜕变为一个非马克思主义政党，也就根本谈不上继续领导中国特色社会主义伟大事业。

中国历史上有过形形色色的宗教，但中国并不是一个宗教国家。中国有着悠久的无神论传统，影响中国人思想观念的中国传统哲学具有强烈的人本主义倾向，强调人对客观世界的认知和改造能力，这与西方传统哲学的神本主义有很大区别。中国儒学传统精神影响大，中国老百姓大多数不信教或不持某种固定的宗教信仰，宗教始终不能成为中国人意识形态的主流，同时中国宗教自身也具有强烈的现实品格。这样的国情背景是我们党作为一个唯物主义、无神论的政党而能够如此自然地从人民中孕育生长，得到人民广泛认同、支持的重要原因。如果允许党员信教，完全违背中国国情，不仅党能否取得信仰不同宗教的教徒的一致支持将成为问题，而且能否继续获得占人口大多数的不信教群众的支持将成为更大的问题。

四、 在全党加强马克思主义宗教观和无神论教育

针对党内一些同志在宗教问题上的模糊认识，有必要把加强马克思主义宗教观和无神论的宣传教育作为一项重要任务，帮助广大党员在思想上划清唯物主义与唯心主义的界限，在实践中划清群众有宗教信仰自由权利和党员不得信仰宗教的界限。应当鼓励和支持党校、相关高校和科研单位加强对马克思主义宗教观和无神论的研究，取得更多高水平又易于向社会普及的学术研究成果。在各级党校、行政学院的教育培训和各级党、团组织的理论学习中，应进一步强化相关的学习内容。

根据党中央的一贯精神，对参加宗教活动和有宗教意识的党员要立足于教育，耐心地帮助他们回到马克思主义的立场上来，坚定共产主义信念，而不是一味迁就。对利用职权助长宗教狂热，支持滥建寺观教堂的，要严肃地进行批评教育；经教育仍不悔改的，要按照《中国共产党纪律处分条例》和相关党内文件的规定给予处分。党的宗教工作干部尤其不能信仰宗

教，对这部分党员干部的教育和管理尤其要严格。

改革开放以来党组织的快速发展，客观上对党的思想建设提出了更高要求。当前，年龄不满 35 周岁的青年党员约占党员总数的 1/4，许多青年人仍处于世界观的形成时期，应当鼓励他们自觉加强马克思主义宗教观和无神论的学习。对于离退休党员，党组织除了关心他们的物质生活，也要关心他们的精神生活，防止他们因参加党的组织生活减少，受社会宗教环境的影响而在思想上逐渐滑向宗教。我国一些民族地区往往也是传统宗教影响比较大的地区，广大少数民族党员在维护民族团结、保持边疆稳定等方面发挥着重要作用，也应当是宣传教育的重点。在一些多数人口信教的少数民族中，可以允许党员对一些从宗教转化来的民族习俗、礼仪采取灵活态度，以避免脱离群众，但思想上的要求不能降低。

共产党员不能把自己混同于一般群众，在思想上、政治上和行动上要自觉按照党章标准严格要求自己，不但不能信仰宗教，而且应当积极宣传辩证唯物主义和历史唯物主义，尽到一个共产党员引导群众崇尚科学文明、追求社会进步的责任。

本文发表于《求是》杂志 2011 年第 24 期。

对当前民族领域问题的几点思考

(2012年2月13日)

目前,我国民族、宗教工作总的形势是好的,但是存在的问题不少。有一类问题是由于改革开放以来社会深刻变化引起的,总体上属于人民内部矛盾,属于教育、管理、引导问题。还有一类是西方敌对势力不愿意看到一个统一、富强的中国崛起于当今世界,利用民族、宗教问题对我实行渗透和颠覆,这类矛盾属于敌我矛盾,是要针锋相对开展斗争的问题。

一、关于加快民族地区发展和反分裂斗争的关系问题

尽快把少数民族地区经济搞上去,尽快改善少数民族群众生活,既是我们的奋斗目标,也是反分裂斗争的最重要物质基础。但我们也要清醒地看到,加快经济社会发展并不意味着团结、稳定的问题,尤其是反对分裂主义的问题自然而然就可以解决了。在这个问题上,苏联和南斯拉夫的教训非常深刻。两国都有扶持发展程度较低民族的政策,力度也不算小,但政治导向不对,结果一切落空。如苏联搞加盟共和国制度,宪法规定各共

和国有权通过"自决"自由退出联盟，原以为只是说说而已，没想到几十年后闹成真的了。英国前首相撒切尔1991年谈如何瓦解苏联时说："我们的政策的另一重要方面是利用苏联宪法上的漏洞。苏联宪法在形式上允许任何一个加盟共和国（只需凭着共和国最高苏维埃的简单多数）只要有意即可迅速脱离苏联。当然，由于共产党和强力部门的凝聚作用，长时间里这一权利实际上很难实现。但这一宪法漏洞还是给实施我们的政策留下了未来的可能。"南斯拉夫把各共和国、自治省的自治权力绝对化，不仅各共和国、自治省只用本民族的干部，甚至在中央一层搞各民族"轮流坐庄"，原以为有利于把不同民族拢到一起，没想到导致民族的分野越来越明晰和政治化，民族间的矛盾和问题不但没有如制度设计者所希望的那样趋于消弭，反而不断加深，最终成为导致国家解体的重要原因。我们在支持民族地区经济社会发展的同时，必须使我们的制度设计更有利于增进中华民族的凝聚力，必须有针对性地对各族干部群众进行思想政治教育，必须及时化解发展过程中出现的影响民族关系的各类矛盾和问题，必须毫不手软地整治内、外敌对势力的分裂活动。要使支持民族地区发展的过程同时成为加快民族地区同其他地区之间人流、物流、资金流、信息流及干部的对流的过程，成为促进各民族团结交融的过程，成为巩固国家统一和中央权威的过程。换句话说，对民族地区每一项经济投入，都要赋予增强团结、维护稳定、巩固国家统一的意义，都要考虑产生经济、政治两方面效果。

　　三十多年来社会主义市场经济的发展使我国经济领域各种生产要素加快跨地域流动，这种流动无论规模还是速度都是空前的。这一趋势使各民族交往交流交融更加容易，各民族关系更加密切。比如，各民族群众更多更广泛地混居，少数民族群众更加乐意学习国家通用语文。我们的政策取向应当是顺应这个趋势，深化这个趋势，使之不可逆转，使"三个离不开"不仅是一种愿望和倡导，更是一种现实的经济、政治、文化关系。从我国当前民族分布的现实出发，国家对少数民族地区的支持中，民族因素和地域因素的考虑仍将在相当长一个时期内并存，但随着民族混居程度的加深，随着少数民族群众生活和文化水平的提高，要有意识地向强调地域因素的方向引导。也就是说，经济支持要更多强调以自然环境艰苦、群众生活贫困等地域因素为标准，更多强调对贫困地区、对生活在那里的所有民族群众的支持，比如"西部大开发""兴边富民计划"，而不是过分强调对特定民族的支持。以地域因素为主要着眼点，国家大部分支持仍然会落实到少数民族群众，但是其社会政治导向作用却是不一样的。

二、关于民族意识和民族发展趋势问题

民族意识是一种客观存在，有民族就有民族意识，民族没有消亡民族意识就不会消亡。这里讲的是中华民族大概念下的各民族的民族意识。民族意识可以起积极作用也可以起消极作用，关键看教育和引导。积极的民族意识就是民族自尊自立自强，珍惜和发展本民族文化，以本民族对中华民族大家庭的贡献为自豪，愿意向其他民族学习，这样的民族意识与中华民族意识是一致的；而消极的民族意识则表现为看不起、不尊重乃至欺侮其他民族，在历史和文化的描述中自外于中华民族，这种民族意识实际上是一种狭隘的民族意识，与中华民族意识是背离的。我们不能简单地把特定民族的民族意识视为消极甚至等同于分裂意识，人为地去加以消除，这样容易引发民族的对立情绪；同时也不能让任何的民族意识超越国家意识

和中华民族意识，这样不利于民族团结，甚至会成为分裂主义思想的温床。我们教育和宣传工作的总体取向应当是多讲各民族共同创建祖国大家庭，多讲你中有我、我中有你，多讲在近代抵御帝国主义侵略的斗争中各民族共同捍卫祖国统一，多讲在建设中国特色社会主义事业中各民族利益的共同性、一致性，从而增进各族群众对伟大祖国的认同、对中华民族的认同、对中华文化的认同、对中国特色社会主义道路的认同。现在，我们有的教育和行政措施有意无意弱化了国家观念和中华民族认同的教育。比如，有些学校学生入校后狭隘民族意识反而被激发出来。每次发生掺有民族因素的事件时，这些学校不得不被列入防范重点。这些问题应当引起我们思索。

这里我还想说，不要一提分裂主义分子就以为只是少数民族的事。海外动乱分子、"法轮功"、"台独"分子，大多不是汉族人吗？现在海外动乱分子有一种动向，就是纷纷投到达赖、热比娅膝下混饭吃。也不要一提防止狭隘民族意识就以为只是少数民族的事，汉族喜欢说的"龙的传人""炎黄子孙"其实并不科学，近年东、中部一些服务窗口对来自西藏、新疆的客人"另眼相看"的做法很伤民族感情。所以，汉族作为人口最多的民族，尤其要坚决同本民族的分裂主义分子作斗争，尤其要防止大民族主义。

讲到民族发展趋势问题，就不能不涉及民族交融、融合问题。这个问题在理论界一直存在争议，在民族工作领域也是比较敏感的问题，导致我们一般不提"融合"。斯大林认为，到共产主义社会，各民族的民族语言消失和全人类共同语言的形成，是民族差别消失和民族融合实现的主要标志。而我们一些学者认为，历史上两个以上的民族，由于互相接近、互相影响，最终成为一个民族的现象，也可称为民族融合。我以为这两种看法都成立，前者是讲人类社会民族的最终融合，后者是讲现实生活中具体民族的融合。

如果要求今天就实现斯大林讲的融合，是错误的；如果认为后一种融合也是不能允许的，则也是不当的。关于这个问题，1957年周恩来同志有过重要论述，他用了一个更为敏感的词"同化"："如果同化是一个民族用暴力摧残另一个民族，那是反动的。如果同化是各民族自然融合起来走向繁荣，那是进步的。汉族同化别的民族，别的民族也同化汉族，回族是这样，满族是这样，其他民族也是这样。"中国历史上，一些民族不断融合，一些新的民族又不断产生，这是普遍的、经常的现象。自司马迁著《史记》以来，历朝历代社会政治舞台上民族格局没有完全一样的。如果不是北魏孝文帝主动推动自己的鲜卑族与中原民族同化，就没有后来隋的统一和唐的盛世，中国历史就得改写，也许现在还是"五胡"。社会主义初级阶段是各民族共同发展繁荣的阶段，我们不能用行政手段强制实行民族融合。我国的民族工作史上对于这个问题有过深刻教训。1958年在"跑步进入共产主义"的口号下，民族工作刮起了一股"民族融合风"，完全忽视民族特点和民族差别，照搬汉族地区的做法搞"一刀切""齐步走"，民族区域自治地方被随意改变和合并，有的地方强行改变少数民族的风俗习惯，使民族关系受到了很大损害。但是不能用行政手段强行推进并不是要我们无所作为，放弃引导、促进的责任，更不是用行政手段阻止融合，使民族的区分凝固化。建立在自觉、自愿、自动基础上的融合，应该是允许的。融合、交融不是"汉化"，而是各民族的优点、长处为大家共有共享，各民族的一致性增强。要把尊重差异、包容多样、促进交融作为民族工作的基本取向。我个人倾向于将来居民身份证中取消"民族"一栏，不再增设民族区域自治地方，不搞"民族自治市"，推行各民族学生混校。

无论是从有利于少数民族发展、进步来说，还是从有利于增进中华民族的一致性来说，都有必要抓紧推进国家通用语言文字的普及。2000年全国人大常委会第18次会议通过《中华人民共和国通用语言文字法》，规定"国家推广普通话，推行规范汉字"，"公民有学习和使用国家通用语言文字的权利"，同时规定"各民族都有使用和发展自己的语言文字的自由"。不能因为社会上有一些不赞成普及国家通用语文的声音就产生犹豫、动摇。我走了不少民族地区，根本不相信少数民族学生和他们的家长会反对这一政策。当然，在实行过程中要考虑周到，比如要安排好只会少数民族语言教学的教师的出路。

三、 关于城市少数民族流动人口问题

随着我国经济社会发展和城市化进程的加快，各民族人口流动日益频繁，特别是西部少数民族地区人口加快向东部沿海地区流动。少数民族人口流动趋势的主流是积极的，它为东部带来劳动力、带来西部文化，同时也为西部带回财富和市场经济的种种新观念，增加了各民族相互学习、了解的机会。在这个过程中难免也发生一些社会问题，比如东部多了一些带有民族因素的矛盾和纠纷，加大了城市管理、民族宗教工作的难度。甚至一些极端思想、势力借机向东部渗透。我以为，这里主要是加强工作问题，而不应因此怀疑、否定少数民族人口流动的大趋势。一方面，人口输出地政府要加强对外出务工人员的行前培训，加强协调服务，必要时派出干部配合输入地政府的工作。另一方面，输入地政府要从劳动就业、子女入学、医疗保障、法律援助等方面逐步实现流入人口的市民待遇，保护他们的合法权益，照顾他们的合理要求；同时也要加强法律、政策的宣传教育和依

法管理，不能消极应付、放任自流，不能对违法行为采取"息事宁人"态度，不能允许任何人以"民族"身份躲避或抗拒法律的实施。各地开展民族团结进步教育活动，主要应是保障这部分群众的平等地位和合法权益，帮助他们解决实际困难，而不要再刻意把他们从社会人群中区别出来，突出其民族身份，给予超市民待遇。要把他们的社会活动引入到城市现有的社团、社区中来，防止形成体制外的什么"民族村""民族社区""民族团体"。

本文发表于《学习时报》。

《十四世达赖言行评析》序

(2012年4月)

进入新世纪以来,十四世达赖喇嘛丹增嘉措及支持他的西方某些势力,为了搞乱西藏,分裂中国,也为了在当时中国中央政府代表与达赖私人代表的接触商谈中争取主动,把达赖在20世纪七八十年代提出的"中间道路"吹上了天,仿佛有了"中间道路",达赖就从"藏独"叛乱势力的总头目摇身变成解决"西藏问题"的指导者了,而中国政府再不邀请此翁回西藏供起来,简直就是天理难容。为了揭穿"中间道路"的"藏独"本质,给善良的人们一个明白,给达赖及其西方主子一个教育,笔者于2006年7月发表《达赖喇嘛"中间道路"之我见》,由此"益多"出焉。

从那时起至今5年多来,笔者于工作之余,围绕达赖"中间道路"的实质,达赖集团策划"3·14"拉萨打砸抢烧暴力犯罪事件,达赖集团封建农奴主阶级本性和政教合一专制本质,达赖集团从未放弃暴力恐怖活动,达赖操弄"退休""转世"话题,达赖集团煽动"自焚",达赖立志给印度当儿子,以及达赖改不了的撒谎毛病,等等,不停地写下来,任何一场交锋机会也不放过,不知不觉中有了41篇,约12万字。这些文章均发表于

《人民日报》、新华社、《环球时报》、中国西藏网等国内主要媒体、网站，引起国内外读者的广泛关注和评论。绝大多数中国读者支持笔者的观点，对达赖分裂中国、出卖国家和民族利益的行为表示强烈愤慨，对笔者寓交锋于调侃、奚落的文字习惯也感到过瘾。有些地方还将这些文章多方转载，作为基层干部群众认清达赖本质、坚定反分裂斗争决心的教材。这些也促使笔者不敢懈怠，不断动笔并始终保持文字的战斗性。

但是，对笔者文章给予的最高评价，还是来自达赖及其集团。起初达赖及其手下还煞有介事地撰文争辩一番，但2010年笔者连续撰文指出达赖执意要当"印度之子"实在太丑恶、太丢人，达赖脸上终于挂不住了，其办公室撰文大骂笔者"攻击上师的罪孽比杀死上千人还要大，你骂上师，你从此不走运，事事不如愿。更严重的是妻离子散，断子绝孙"。笔者一介书生，被分裂国家、祸害人民的势力仇恨到这个地步，还有比这个更光荣的吗！

笔者也曾想过，为这么个人花费这么多笔墨，值得吗？但环顾域内外，由于达赖代表了一股分裂中国的势力，由于国际一些不愿意看到中国发展和强大的势力为其提供生存和活动的空间，半个多世纪来，他操控着一个对抗中国宪法和法律的"流亡政府"，指挥着一些从事针对中国的暴力恐怖活动的组织，并混迹于国际社会，乞求各国政要会见，巧言令色，散布种种歪曲事实的政治言论，客观上使国内外一些人对其本质产生模糊认识。在西方一些势力的吹捧、包装下，此人更获得了"诺贝尔和平奖"，身裹一大堆"名誉学位""荣誉市民"，而讲出事实真相，揭穿其谎言，倒被这些势力攻击为大逆不道，形同畏途。在这样的背景下，需要有人不惮麻烦，抹去达赖脸上种种光怪陆离的油彩，还原其作为一个分裂中国的政治流亡者的本来面目。这是一件对于维护祖国统一、维护民族团结、维护中华民族根本利益很有意义的事情。

笔者在撰文中，始终注意把握以下几个原则。

第一，直面重大问题。笔锋所指，无不针对达赖最大的谎言、最想隐藏的动机以及其分裂主义活动最现实的动向。只有讲清了这些根本性问题，才能彻底暴露达赖集团为害之烈，使善良的人们认识事情的真正性质。

第二，言必有据。笔者文中引用的所有事例、言论都仔细核对过时间、地点和出处，特别是涉及达赖本人的言论，都来自其公开讲话、声明、散布的文件以及西方媒体发表的采访。以至迄今达赖尽管作出种种辩解和辱骂，但没有一次能指出笔者哪一个材料引用不实。这一写作原则，经常收到"以子之矛攻子之盾"的效果。关注、收集这些材料当然占用了笔者很多的时间，但这是严肃的政论文字所必须的，从另一角度说，也算对得起达赖了。

第三，穷追猛打。针对达赖的"中间道路"，笔者不仅有专文论述，而且在其他一些文章中也涉及其全部或部分内容，不厌其烦、不怕重复，因为这是达赖政治主张的核心，也是西方一些势力支持达赖的借口。说透这个问题，就把达赖集团钉在了分裂主义政治流亡集团的耻辱柱上。针对达赖甘当"印度之子"，笔者连续发表了5篇文章予以揭露，只要达赖敢有一句自辩，笔者就是一篇敲打。同时也多次善意提醒达赖及早认识到"这个话题对他们是个倒霉的话题"。今天笔者仍然向达赖"保证"，如果他未经印度人允许，继续公开自认"印度之子"，笔者也将继续揪住不放。

第四，目标始终针对达赖。笔者所有文字最终都是对着达赖来的，因为此人始终是达赖集团的政治核心、精神领袖、实际操控者和骗取国际支持的"品牌",达赖集团一切活动始终都是围着达赖转的。2011年达赖宣布"退休"后,其伪宪法仍然规定达赖是"至高无上的领袖和导师",其职责包括"同国际政治领袖、各界人士进行会晤,继续任命驻外办事处代表和特使"等。如果有人声称达赖"退休"后就变成纯粹的宗教人士,那么不是他把全世界当成了傻瓜,就是他自己是傻瓜。同时笔者也始终指出,达赖毕竟还有中国政府准予的一个宗教封号,中央对他的前途始终是留有余地的。中国政府通过派人和他的私人代表进行接谈,就是给了他一个从错误道路上回过头来的机会。笔者也希望达赖在有生之年能认识到自己在中国人民中的印象,彻底反思这一辈子的言行,从分裂主义集团中解脱出来,不要辜负了中央的好意。

益多的文章面世后,达赖集团把益多奉为"中共喉舌",代表"中共政府立场"。其基本方略:一是死扛到底。比如笔者从各个角度揭露达赖"中间道路"、《为全体藏人获得真正自治的备忘录》等完全违背中国宪法,本质仍然是"西藏独立",达赖作不出解释,只好自说自话,顽固在各种场合无理坚持这套分裂主义主张,这样的态度造成与中国中央政府的接谈无法取得进展。二是谎言被揭穿后企图蒙混过关。比如2009年"两会"期间,中国外长答记者问时批评达赖要赶走驻扎在西藏的中国军队,要赶走世世代代在那里生活的其他民族的中国人,达赖闻言不仅矢口声称从来没有说过这样的话,而且跳脚大骂中国外长"撒谎"。但是当笔者清清楚楚指出达赖的这些话的出处时,达赖及支持他的西方媒体立即齐齐熄火,好像事情压根儿就没有发生过。以后无论笔者如何表示热忱希望他做出回应,他也再不吭一声。当然,这种尴尬并不妨碍此翁过了多久又编造新的谎言来娱乐世人。三是实在被批得受不了了,就拿出念咒、骂街的看家本事,包括咒骂笔者"断子绝孙"之类。每次益多文章发表后，能够看到达赖及其手下窘迫无奈之状，实在是一件赏心悦目之事，也算是笔者辛苦得到的另一类报偿。

曾有朋友建议笔者对 41 篇文章做个大致的分类和文字编辑，但笔者最后选择了按发表时间顺序刊出，同时不作任何文字改动，完全保持发表时的原样。为的是方便读者对达赖这些年分裂活动和我们反分裂斗争的脉络有个清楚的了解，也是因为相信这些文字能够经受历史的考验，不需要在发表后再做改动。

达赖集团分裂主义活动已经搞了半个多世纪，之所以能搞这么久，不是因为达赖有什么本事，而是因为他背后有西方一些势力支持。也正因为有这些势力的支持，达赖今后还会继续竭其所能给中国制造麻烦。与此相应，益多也绝不会放下手中笔，而将与达赖奉陪到底，不断把他的真实面目和用心揭示给世人观赏。笔者相信，不需要太久，历史将再一次表明，任何想分裂中国、阻碍中国前进步伐的人，是不会有令人羡慕的下场的。

从 2006 年至 2012 年，有关同志共同使用"益多"笔名，先后撰写 40 余篇文章，对达赖集团分裂祖国、祸藏祸教言行进行揭露、批判。2012 年这些文章集成《十四世达赖言行评析》一书，作者应邀作序，由人民出版社出版。

关于对达赖集团斗争问题

(2012年5月)

新中国成立后我们党的西藏工作,始终同对十四世达赖集团斗争紧密联系。我们能不能实现西藏的跨越式发展,前提是能不能实现长治久安,而能不能实现长治久安,关键是能不能坚持对达赖集团的斗争并取得胜利。

一、同达赖集团斗争的历史回顾

我们要理解今天这场斗争是怎么来的,是什么性质,十四世达赖是什么人,还有没有救,对达赖集团斗争前景如何,就有必要对历史的情况有一个基本的了解。从1951年以来,我们同达赖集团大体上进行了五场重大的斗争。

第一场斗争,1951年的西藏和平解放。1949年2月三大战役刚结束,毛泽东同志就在西柏坡谈到了解放西藏的问题,12月提出了进军西藏宜早不宜迟。1950年1月中央作出进军西藏的决策,迅速付诸实施。这就使得帝国主义和西藏反动上层想趁着我们的解放战争没有结束,就制造"西藏独立"的"既成事实"摆到新中国面前的图谋,还没有来得及实施,解放军就到了西藏的东大门。

基于西藏的历史和当时的特殊情况,中央决定在做好军事解放准备的同时,大力开展政治争取活动。当时在西藏地方执政的大札·阿旺松绕①集团受帝国主义势力的支配,妄图用武力阻止人民解放军进军西藏。由此中央决定实行"以打促谈"。1950年10月,人民解放军发起了昌都战役,取得完全的胜利。1951年春天,大札·阿旺松绕下台,不久就死掉了,16岁的十四世达赖喇嘛亲政。在我们强大的政治攻势和军事压力之下,西藏地方政府派团到北京进行谈判。经过艰苦的谈判,1951年5月23日签订了《中央人民政府和西藏地方政府关于和平解放西藏办法的协议》,也就是著名的"十七条协议",8、9月解放军分路进军拉萨,西藏实现了和平解放。这一场斗争解决了西藏是从中国分裂出去还是继续统一于中国的问题。这场斗争之后,"西藏独立"就成为永远的不可能。

第二场斗争,1959年平息武装叛乱。旧西藏长期处于政教合一的封建农奴社会。西藏和平解放后,中央认真执行了"十七条协议",对改革事宜不加强迫,强调西藏地方政府应自动进行改革。当时西藏很多群众强烈要求民主改革,西藏工委一度也做了实行民主改革的准备。但是中央考虑全局,在1956年提出六年不改的方针。毛主席当时还说过,六年不改,六年以后什么时候改还要和西藏上层商量。但是西藏反动上层集团想的不是推迟改革,而是想根本不改,永远保持政教合一的封建农奴制度。他们认为,

---

① 大札·阿旺松绕(1874~1952),十四世达赖喇嘛的高级经师,是20世纪40年代西藏地方亲英势力的领头人物,直接参与策划了当时西藏主要的分裂活动。在他担任摄政的十年内,西藏发生了一系列重大分裂事件,他的分裂思想对十四世达赖喇嘛的影响较深。

为此只有一个办法，就是武装叛乱，把西藏从中国分裂出去。早在1952年他们就在拉萨成立了所谓的"人民议会"，公开破坏"十七条协议"的执行。1956年四川、青海、甘肃藏区发生武装叛乱，叛乱分子遭到我们打击后向西藏逃窜，打出了"西藏独立"的旗号。1959年3月10日，达赖集团终于公开撕毁了"十七条协议"，发动了全面的叛乱，17日达赖逃离拉萨，19日叛匪对我军队、机关全面进攻，20日我军坚决平叛，只用10个连约1000人的兵力，两天就平息了拉萨市区的叛乱。3月28日中央人民政府宣布解散西藏地方政府，由西藏自治区筹备委员会代行其职责，号召西藏人民"为建设民主和社会主义的新西藏而奋斗"。50年后，2009年西藏自治区人民代表大会把3月28日定为"西藏百万农奴解放纪念日"。当时出于策略上的考虑，中央决定对达赖的出逃不予阻截，对外声称达赖是被分裂主义分子劫持走的，做出了他可以回来的表态，而且把他的西藏自治区筹备委员会主任委员的职务一直保持到1964年，给他留下迷途知返的充分余地。平叛斗争的胜利为完成民主改革和建立民族区域自治制度创造了条件。达赖集团的武装叛乱，实际上促使民主改革提早实行。这一场斗争解决了西藏是倒退还是进步的问题。这场斗争之后，西藏倒退回封建农奴制也成为永远不可能。

第三场斗争，20世纪60年代至70年代打击达赖集团的边境骚扰和武装叛乱的斗争。达赖叛逃途中即宣布撕毁"十七条协定"，在美国中央情报局的支持下，在印度宣布成立"西藏独立国"，在印度、尼泊尔建立了叛乱武装基地，长期对我们的边境实施武装袭扰。早在达赖集团发动全面叛乱之前，美国人经达赖二哥嘉乐顿珠，秘密从叛乱分子中挑选一些人进行军事、特务训练。据不完全统计，仅1957年至1962年，中央情报局培训了这样的武装叛乱分子170人（也有亲历者说300多人）。其中空投回藏区49人，除10人逃到印度，2人被俘，其他37人不是被击毙就是在逃窜中冻饿而死。1964年，国务院第151次会议通过《关于撤销达赖职务的决定》，指出"达赖在1959年发动叛国的反革命武装叛乱，逃往国外以后，组织流亡伪政府，公布伪宪法，支持印度反动派对我国的侵略，并且积极组织和训练逃亡国外的残余叛乱武装骚扰祖国边境。这一切证明他早已自绝于祖国和人民，是一个死心塌地为帝国主义和外国反动派作工具的叛国分子。""文革"期间，西藏的局部地区发生过叛乱。驻藏部队根据中央的部署，迅速予以平息。

第四场斗争，20世纪80年代平息拉萨骚乱。70年代初，中美关系开始松动，1972年尼克松访华。这个时候美国需要集中力量对苏联搞冷战，需要从越战泥潭中脱身，对此中国的态度至关重要，而达赖集团用处不大，带来的麻烦不小，严重影响中美关系的改善，于是美国大幅减少了对达赖集团的支持。1974年尼泊尔政府军歼灭了长期盘踞在木斯塘地区的达赖集团主要武装力量。达赖集团一度在国际上形同弃儿，没人搭理。达赖在内外交困中不得不调整策略。他自己说，1974年开始考虑用"大藏区"代替"西藏独立"。1978年，中央提出了"爱国一家，爱国不分先后，积极争取，既往不咎，来去自由"的方针，对达赖予以争取。1979年8月—1984年10月，中央先后安排五批主要是由达赖亲属、亲信组成的参观团到西藏。但是这些人完全违背中央对他们的好意和挽救，同我们领导人谈话的时候，顽固抗拒中央的原则要求，狂妄要求中央用对待台湾的办法，乃至于比对台湾更宽松的政策来对待"西藏问题"，要求中央同意他们建立"大藏区"。中央领导当时就指出，你们搞"西藏独立"不行，搞"半独立"

"变相独立"也不行。而且这些人利用参观机会,直接煽动群众,攻击中央的政策,散布"西藏独立",挑拨民族关系,鼓动闹事,成为直接威胁西藏稳定的乱源。由于出现了这种情况,中央限令其中表现最恶劣的参观团提前出境。

1987年达赖在美国众议院人权小组会议上提出了"五点和平计划",1988年又在欧洲议会散发了"七点新建议",这就标志着他的"中间道路"体系正式形成。为了策应达赖在国外的分裂主义主张,再加上西方反华势力的支持和怂恿,从1987年9月到1989年3月,分裂主义分子在拉萨先后制造了一系列以"西藏独立"为目的的骚乱事件,一直发展到1989年3月5日,拉萨发生了大规模的骚乱事件,分裂分子在拉萨肆意打砸抢烧,使用枪支袭击我们的干警。3月8日,中央果断决定在拉萨实行戒严,很快就平息了骚乱。这年6月,发生了北京政治风波,此后又相继发生"苏东剧变"。此时美国为首的西方势力和达赖集团错误估计形势,1989年秋西方授予达赖获诺贝尔和平奖,"达赖股"在西方突然大幅升值。达赖在西方社会广受追捧,就是从这个时候开始的。达赖更认为中国共产党很快就要垮台,非常嚣张,到处说"西藏五到十年之内"就要变天,后来又说:"三年内一定要把西藏搞成独立国家",公然声称"不和一个即将垮台的中国政权谈判",1993年更宣布中断与中央的接触。

第五场斗争,2008年平息拉萨严重打砸抢烧事件。1989年江泽民同志担任中共中央总书记,10月召开政治局常委会讨论西藏工作,听取了时任西藏自治区党委书记胡锦涛同志的汇报,作出同达赖集团针锋相对开展斗争的重大决定;1994年、2001年先后召开了第三、第四次西藏工作座谈会,确立了"一个中心、两件大事、三个确保"的指导思想,即以经济建设为中心，紧紧抓住发展经济和稳定局势两件大事，确保西藏经济的加快发展，确保社会的全面进步和长治久安，确保人民生活水平不断提高。这就是西藏干部群众盛赞的"一个转折点，两个里程碑"。（第五次西藏工作座谈会加上了确保生态环境的内容。）同时，中央作出一批省市、国家企业对口支援西藏的重大决策。近20年的时间里，西藏各项事业快速发展，局势稳定，人民生活水平得到了很大提高，处于历史上持续稳定最长的发展时期。其间，青藏铁路于2006年7月1日建成通车；我们经过同达赖集团斗争，1995年完成了班禅转世灵童寻访认定工作，在新的历史条件下确认了大活佛转世的宗教仪轨和历史定制，尤其是中央政府的最高权威。在这个情况下，达赖别无他路，只好回过头来再次央求同中央商谈。这就有了从2002年到2007年，由中央统战部主持同达赖的私人代表进行了6次商谈。但是达赖并没有因为藏族人民过上了幸福的生活、中央对他的挽救而有所改变，始终没有停止使用各种手段对我们进行扰乱和破坏。其中最突出、影响最恶劣的就是企图以破坏北京奥运会对中央施压，制造了2008年拉萨"3·14"打砸抢烧暴力事件，并波及到其他四省藏区。在中央坚强领导下，西藏自治区迅速果断采取措施，拉萨局势在多半天中就得到控制，其他藏区也很快恢复稳定。分裂主义不仅什么也没有捞着，相反遭到又一次沉重打击：达赖的一大批杀人放火的爪牙、制造动乱的核心人物被依法惩处；我们普遍开展寺庙爱国主义、法制宣传教育，达赖历来指挥、煽动闹事的几个大寺庙被清理整顿；达赖的分裂主义、暴力活动遭到包括藏族在内的全国人民一致谴责，通过这场活生生的教育，各族群众更加珍惜来之不易的安定团结局面；达赖的本来面目被世界华侨华人留学生看穿。过去华侨华人留学生不太了解达赖问题，也不大知道什么"中间道路"，但是这次全世界华侨华人留学生都行动起来保护奥运火炬传递,支持中国政府,反对达赖集团,反对CNN等辱华事件。这个结果达赖没想到,他的西方主子也没有想到。

我们近年反对达赖集团煽动自焚、闹事的斗争,可以视为第五场斗争的延续。

从1959年到现在,达赖集团发动武装叛乱半个多世纪了。我们看到,达赖集团始终没有放弃分裂祖国的活动,始终没有放弃恢复旧西藏政教合一的封建农奴制度的企图。我们同达赖的斗争,根本不是西方所谓人权、自由、宗教、民族问题,说到底,就是中国统一还是分裂、西藏进步还是倒退的问题。1995年,围绕班禅转世灵童寻访那场斗争,当时中央给达赖有一个定性,即达赖是图谋"西藏独立"的分裂主义政治集团的总头子,是国际反华势力的忠实工具,是在西藏制造社会动乱的总根源,是阻挠藏传佛教建立正常秩序的最大障碍。实践再一次证明,这"四顶帽子"戴在达赖头上再合适不过,今天还是准确的、有效的。我们万不可心存幻想,让分裂主义势力再有机会毁灭各族人民来之不易的稳定局面和幸福生活。

二、达赖"中间道路"的本质

所谓"中间道路",字面上意思就是既不寻求公开的"西藏独立",也不接受中央的要求,而是在二者之间寻求一种折中的办法,即"大藏区高度自治"。西方国家不便公开支持"西藏独立",所以"中间道路"一经提出,便齐声叫好,群起而捧之。"藏青会"出身,2011年上任的"流亡政府""首席噶伦"也表示他将继续奉行"中间道路"。把1987年、1988年达赖分别在美国、法国提出了"五点和平方案"和"七点新建议"和近些年达赖及其集团其他头面人物的言论稍加概括，就可以清楚看出"中间道路"到底想干什么。

第一条，不承认西藏自古以来就是中国的一部分。直到现在，达赖以及"流亡政府"新头目在任何时候谈到这个问题都声称西藏是一个被中国占领的国家。达赖根本不把自己视为中国人，也不把自己视为西藏人，公开、反复自称是"印度之子"，宣称"印度比中国更有理由拥有对西藏的主权"。达赖的私人代表跟我们谈的时候说：尽管达赖不承认西藏自古就是中国一部分，但是这个问题是个历史问题，历史问题可以以后再说，我们现在要研究未来的问题。一些西方国家政要也"劝导"我们"从具体问题谈起"。我们针锋相对地指出：这个问题不能回避，现在就必须说清楚，因为这是历史事实，是中国对西藏主权地位的历史和法理基础。如果我们不讲明白西藏自古是中国的一部分，等于我们默认了中央有可能是"侵略"的一方，那么就从根本上输了理。这里还直接涉及另一个现实问题。达赖近几年公开宣称1914年西藏地方政府背着中央政府同英国人在"西姆拉会议"上划出的"麦克马洪线"① 是"合法的"。其目的，一是以出卖藏南9万平方公里国土讨好印度，二是以此宣示当时的西藏是"独立国家"，因为只有主权国家才有权签署国际协定。如果我们不讲明西藏自古是中国的一部分，那么就等于我们无形中放弃了非法的"麦克马洪线"以南9万平方

---

① 麦克马洪线，1913年10月至1914年7月，英国、中国和中国西藏地方代表在英属印度西姆拉开会，讨论西藏的地位问题。会议期间，英印政府外交大臣麦克马洪利诱中国西藏地方代表，背着中国政府代表，拟定了一份划界换文，将中印边界从阿萨姆平原边缘向中国西藏方向推移150公里，企图重新划定中印边界，即所谓的"麦克马洪线"，中国政府从未承认过"麦克马洪线"的合法性。

公里领土。所以这个问题是第一位问题，任何时候绝不能含糊。

第二条，图谋历史上根本就不存在的"大藏区"。很多人都以为达赖想要的就是今天的西藏自治区这片地方，那就把达赖的野心看小了，达赖想要的是所有有藏人居住的地方，就是整个青藏高原。在1990年出版、2010年再版的《达赖喇嘛自传》附图中，"大藏区"包括整个的西藏、青海，四川的两个自治州、甘肃的一个自治州和云南的一个自治州，总面积占到我国整个领土的四分之一。图中还把"麦克马洪线"以南9万平方公里划为印度所有。达赖至今仍然把大藏区作为"中间道路"的"底线"。"大藏区"在历史上毫无根据。元朝中央政府把青藏高原分为卫藏、安多、康藏三大块行政区，这样一直沿袭到今天，其间虽有局部调整但没有实质性的改动。十四世达赖自己也承认，和平解放的时候，他管辖的地方也没有超过今天西藏自治区的地域。而且其中班禅管的后藏还不归他管辖。达赖顽固坚持"大藏区"，除了他的分裂主义政治野心，还有一个原因，就是他集团内部的核心人物来自不同省的藏区，他不搞"大藏区"，就无法向那些人交代，他这个集团就面临解体危机。从"达赖自传"附图我们还可以看到，达赖不仅把"大藏区"标为一个国家，而且把我国新疆、内蒙古、台湾乃至东北都标成独立国家，把东北标为"满洲国"。达赖的目的不仅是"大藏区独立"，而且是把整个中国彻底瓦解。

第三条，图谋推翻西藏的社会主义制度。达赖声称，"高度自治"，是指未来的"大藏区"仅军事、外交由中央管，其他一切都由他来管。达赖把这些权力具体划为11个方面，囊括政治、经济、文化、人口、教育、语言、环保、宗教各个领域，甚至包括与他国的外交关系。按他的设计，我们已经实行了几十年的中国共产党的领导、社会主义制度、人民代表大会制度、民族区域自治制度以及各族人民所享有的一切权利要全部推翻，然后由他在"民选"的旗号下重新上台，执掌西藏的政权。

第四条，要求中央把军队全部撤出"大藏区"。达赖声称只有中国军队全部撤出了，才能开始真正的"和解过程"；人民解放军撤出之后，在"大藏区"开一个国际地区性的和平会议，把"大藏区"搞成一个"国际和平地区"。我们知道，驻军是国家安全和社会稳定的重要保障，也是主权的象征，世界上没有哪一个主权国家会同意从自己的国土上撤出军队，会同意把自己的国土变成"国际讨论"对象。达赖很清楚，只有人民解放军撤走了，他才可以放手搞"藏独"和卖国。达赖在讲"高度自治"的时候说过，未来的国防可以由中央政府管。如果我们的军队都撤出了，还管什么国防？

第五条，要求把"大藏区"内其他民族统统赶走。达赖在"五点"中说"必须停止向西藏移民，并使移民入藏的汉民回到中国"。青藏高原上几千年来各民族迁移、繁衍、交流，形成了藏、汉、蒙、回、羌、纳西等十几个民族交错居住、互相依存的局面，其中藏族是多数，各民族都是这片土地的主人。达赖要把其他民族的人全部赶走，这透露了一种信息：如果有一天达赖在西藏真的掌权，他将毫不留情推行民族歧视和民族清洗。达赖要赶走多少人呢？据达赖自己1987年向美国国会报告，至少要赶走750万汉人；而按照达赖"大藏区"地域估算，至少要赶走汉族和其他民族约2500万。对于藏族党员、干部，达赖也绝不会放过。达赖的智囊2008年10月给达赖一份"西藏独立新15条意见"，宣称不仅"中国的所有党政军干部要离开西藏，在这些党政军里工作的藏族公务员也不可能保留原职"。"不能为了几十万藏汉职工的饭碗，牺牲两个民族的长远利益。""藏青会"头头曾对着电视镜头大叫："如果我能回到西藏，要把那些与汉人合作的藏人统统抓起来，挖掉眼睛。"

2008年11月份的接谈中，达赖方面向我们提交了一份《为全体藏人获得真正自治的备忘录》，声称这是"中间道路"的最新版本。这份"备忘录"对以上内容没有任何改动，只是又突出了几条，一是妄称"西藏流亡政府"代表西藏和西藏人民。我们当场针锋相对指出，代表西藏人民的是中央政府和西藏自治区人民代表大会选举的人民政府，所谓"西藏流亡政府"是1959年西藏封建农奴主上层发动武装叛乱失败后逃亡国外成立的，是完全非法的。二是要求拥有同中央政府平起平坐的权利，"在相互关联密切或共同利益上，中央和地方政府要建立起合作解决的途径"，"不论中央或自治地方，在未经另一方同意的情况下，不得擅自修改自治的基本条款"。说白了，就是达赖集团要与中央对等，实际上相当于"独立国家"。三是妄称，目前中国宪法规定自治地方立法必须要得到中华人民共和国全国人民代表大会常务委员会的批准，所以自治的原则在实施过程中多有阻碍，自治的真实标准并没有明确的落实。他们提出，由他们派人同中央共同组成班子，对宪法进行修改。国外一些人口口声声说，达赖不搞"藏独"了，他要的只是"自治"。而任何正视现实的人都可以从上述事实中得出一个非常明确的结论："中间道路"就是"西藏独立"。

三、 当前对达赖集团斗争的态势

随着我国综合国力和国际地位持续提升，西藏和四省藏区维护稳定的各项基础更加巩固，我们在对达赖集团斗争中牢牢掌握着全局的主动和根本的有利条件，形势继续向对我有利的方向发展。与此同时，在以美国为首的西方势力策划、支持下，达赖集团分裂活动出现一些新动向，境内各藏区也存在一些不稳定因素。如果我们放松警惕，工作不能落实，达赖集团在特定场合下给我制造麻烦的风险仍然存在，局部出现反复的可能性仍然存在。我们必须做好应对复杂、尖锐斗争局面的思想和工作准备。当前，比较突出的动向有以下几个：

第一，达赖集团加紧"政治权力"交接，谋求与我长期对抗。达赖1935年出生，他自称可以活到113岁，但他也知道自己早晚要离世，从去年开始公开安排这个集团的下一步。从2011年3月起，达赖高调宣称将从政治上"退休"，8月新一届"流亡政府"出笼并产生新"首席噶伦"；通过所谓"宪法修正案"，"流亡政府"正式更名为"藏人行政中央"。

无论达赖是否"退休"，如何"退休"，都不会改变达赖在这个集团中的政治核心地位。达赖是其集团的精神领袖、实际操控者和骗取国际同情的"品牌"，其地位和作用无人可以取代。此次达赖声称今后不再管政治事务（其实达赖过去在"流亡政府"中也没有职务），2011年7月10日在华盛顿的一次演讲中还对自己过去热衷于政治做出"沉痛忏悔"："在过去的几十年我一再地对别人讲，宗教领袖和政治领袖应该分开，对别人这样讲的时候，我自己不仅仅是宗教领袖，还是一个政治领袖。我的这种做法是一种心口不一、虚伪的做法。"甚至赌咒发誓，"这辈子不再涉足政治，一生追随佛陀"。但此前3月11日，达赖在给其"议会"的信中就申明，新体制"一旦遇到困难，我还可以提供协助解决"，"我将永不会舍弃政教公众事务"。此后7月12日在美国接受采访时又宣称"如果新的领导人需要我的帮助，我随时都可以。"问题在于，达赖集团中有谁敢说"不需要达赖的帮助"？果然，达赖集团修改后的伪宪法就规定达赖"退休"后仍具备三项权力：对解决"西藏问题"予以指导、教诲、鞭策；在重大事务上对议会和噶厦进行指导；代表流亡机构同国际要人进行会谈，继续任命驻外办事处代表和特使。

从去年"退休"到现在，达赖比过去更忙了。策划、煽动境内藏人自焚，开办"法会"进行分裂主义煽动和组织，策划与"疆独"、"蒙独"、海外动乱分子的合作，加紧国际窜访，不管到哪里都是千方百计谋求见政要、办演讲、接受媒体采访。而其最心爱的话题，仍然是攻击中国共产党和中国政府，歪曲西藏的现状，鼓吹"中间道路"分裂主义纲领。

新上台"首席噶伦"1968年生于印度，在美国受教育，视美国人为再生父母，一脑子西方观念，较少宗教、家族背景。这是他与"流亡政府"老一代不太一样的地方。他不仅没到过西藏，连达兰萨拉也很少去，也不懂藏语文，在集团中缺少根基。他的上台是美国人一手操办的。他上台伊始就表示任内实现两大目标："西藏自由"和达赖回西藏，而方法则是实现"流亡政府"与中国政府"对等谈判"，同中国打一场国际官司以决胜负。这充分表现出其无知、狂妄和自负。去年6月9日他在接受印度媒体采访时说："'西藏独立'和'西藏自治'的观点并不矛盾，从辩证的角度看，'西藏独立'是原则目标，'西藏自治'是现实目标"，将自己"藏独"面目暴露无遗。此人志大才疏，能力和性格的缺陷在达赖集团内部受到质疑。许多人认为其演讲激情有余，但不切实际的空话更多，经常"一时冲动下就胡乱地说出他的所有杂感"，"令人大失所望"。有人公开发表文章称此人获得"噶伦赤巴"的宝座"仅仅是一种中风般的好运"，是依仗"令人敬畏和害怕"的特务头子的支持才上台的，并预言，如果这个新头目在两年内不能在"创新对话""促进境内外藏人联系""与中国知识分子互动"等

"承诺"上有所进展,就会"成为一个历史的政治噱头,他的三大口号(团结、创新、自强)也会变成三大耻辱"。此人公开极力煽动自焚,声称将来与中央接谈的代表必须由他本人派出,已经引起达赖集团内部矛盾加剧。

第二,我们与达赖集团围绕"达赖转世"问题的斗争摆上台面。达赖一旦离世,这个集团内部很难避免出现大麻烦。一般的分裂主义集团,老的核心人物一死很快可以产生一个新的,但是达赖集团要搞出一个新的"达赖"来,不可能履行达赖转世所必须的各项宗教程序,不可能如同历史上那样得到中央政府承认,所以没有任何合法性。达赖设想了很多的方案,包括转世为洋人、转世为女人,但是都完全违背藏传佛教规矩,无法得到藏传佛教界人士和信众认同。为此,达赖开始考虑搞"在生转世"的可能性。2011年9月24日,达赖发表一个"转世问题声明",宣称其本人在转世问题上拥有"绝对权威",共产党政府无权参与其转世事务,任何由中国当局寻找和产生的达赖灵童都不能承认。其目的是,全盘否定延续了数百年的活佛转世宗教仪轨和历史定制,特别是否定中央在灵童寻访认定上的最高权威;平息其内部关于转世问题的争议,向各教派头面人物施压,把"转世"权力完全集中在他一个人手上;乞求西方支持其在转世问题上的谎言。这个声明,摆出了与中央全面、公开决裂的架势,表明他决心在分裂主义道路上走到底。由于美国的支持和一些藏胞对十四世达赖的盲目崇信,达赖谬论可能还有一定市场。我们同达赖集团围绕"转世"问题的这场较量不仅涉及反分裂斗争,而且涉及藏传佛教是保持其宗教传统、在新的历史条件下继续存在和发展,还是成为达赖个人的政治牺牲品。

第三,围绕一些地方发生自焚事件,我们与达赖集团进行一场特殊斗争。从2011年3月以来,四川、青海、甘肃交界地区相继发生一些自焚事件和少数人打砸抢事件。自焚事件是内外敌对势力相互勾连，有组织、有预谋、内外呼应搞的，是"非暴力不合作"的极端表现，也可以说是变相的暴力恐怖行为。美国政府也分析说，"流亡政府"新头目已到达"非暴力"的上限。达赖集团企图利用自焚这种具有煽动性和悲情色彩的方式，造成社会恐慌心理，进而引发群体性事件，搞乱各藏区；借西方施压迫使我政治上作出让步。每次自焚事件发生不过十多分钟，达赖集团和境外媒体就迅速发布现场照片甚至自焚者过去的生活照片及有关信息，搞"悲情"操作，制造紧迫感。达赖专门在印度为自焚者主持"特殊祈福法会"，对自焚行为进行支持和声援。"流亡政府"新头目多次发表声明，宣称自焚者是"为西藏事业献身的英雄"，"揭开了非暴力运动的新篇章"。达赖集团甚至多方发表文章论证自焚完全没有违反佛教不许杀生的教义，相反却是"菩萨行"，煽动"自焚不是僧人专利，应该有更多人出来为西藏献身"。

我们也不要把这个问题估计过高。西藏和四省藏区共有藏传佛教寺庙3500多座，迄今有6个寺庙发生事件；喇嘛十几万人，迄今有20多个在寺和还俗僧人自焚，可见事件根本不能代表广大藏传佛教僧众。广大僧俗群众一致反对自焚这种残害生命的行为，对达赖集团伤天害理的行径进行强烈谴责，许多宗教界人士指出自焚违反佛教基本教义。经各地大量艰苦细致的工作，到今年3月底4月初，频发、多发势头已经初步压住了。达赖集团煽动、炒作自焚，不表明他有力量，恰恰表明它的虚弱与无奈，在政治上已经穷途末路了。我们回顾半个多世纪的"藏独"轨迹：20世纪50年代初这个集团好赖还同解放军在昌都打了一仗，后来还能发动一场较大规模的武装叛乱；60年代只能从境外对我边境地区进行武装袭扰；80年代也还能连续三个年头内在拉萨制造一系列骚乱事件包括1989年拉萨事件，而到2008年，拉萨"3·14"打砸抢烧暴力犯罪事件转眼就被平息。在一连串失败之后，达赖如今只能靠欺骗几个不谙世事的小喇嘛点燃自己，来给这个集团打打气，避免"西藏问题"在国际社会边缘化。这个集团堕落到了把藏传佛教变成"自焚教"来为其分裂主义政治目的服务的地步，还有何前途可言？西方舆论界对自焚的支持、鼓噪，也大不如2008年"3·14"事件，而且发出了许多质疑的声音。达赖集团这种伤天害理的行径，无论如何是不可能持久的。这场斗争明显具有心理战的特点。斗争的结果表明，我们不仅能够平息达赖集团制造的暴力与"非暴力不合作"种种事端，也完全能够在这场心理战中压倒对方。

第四，达赖集团企图迫使中央接受"流亡政府"为"谈判"对手。同达赖的私人代表进行接触商谈是我们对达赖斗争的一种形式。应达赖的请求，2002年至2007年，中央统战部与达赖私人代表先后进行了6次接触，每年一次。这6次接触，我们对外均作了简要公布，国内外关注度不高。"3·14"事件发生后，达赖以为机会来了，高调要求接谈，一些西方国家也以此施压，企图以抵制奥运会相要挟，迫使我们让步。根据中央精神，中央统战部于2008年5月、7月和11月，先后三次与达赖的私人代表进行接谈。接谈从此为世人所关注。在所有接触中，我们均严厉揭露、批判达赖集团的分裂主义图谋，坚决捍卫国家主权和利益，毫不手软，毫不妥协；同时又不把接谈的大门关死。11月接谈中，我们对对方提交的《为全体藏人获得真正自治的备忘录》严加批驳，彻底打回去，对方气急败坏，当场宣布今后不谈了，随后11月达赖集团召开"流亡藏人特别会议"宣布停止接谈。这是达赖集团继1993年之后第二次宣布停止接谈。但如我们所料，不出几个月，他又厚颜乞求再谈。因为他政治上根本没有出路，而接谈至少有利于他迟缓被边缘化。2010年1月，我们根据需要安排了第10次接谈。2008年11月和2010年1月接谈之后，我们采取了一个以往没有的措施，就是召开新闻发布会，目的是打破达赖集团围绕接谈制造的种种谎言，坚定包括藏族在内的全国人民同达赖集团斗争到底的决心。此后迄今2年多未再接谈。

必须明确，我们同达赖的私人代表谈，第一，性质上不是中央政府与什么"流亡政府"的会谈，不是什么"汉藏会谈"。说到底，这是中央政府派人同一个分裂主义集团头子的个人代表谈话，进行驳斥、教导、规劝。第二，我们要谈的只是达赖必须承认西藏自古是中国不可分割的一部分，放弃"西藏独立"的图谋，停止一切分裂破坏活动，还要承认台湾是中国不可分割的一部分，在此前提下，我们可以考虑达赖最多再加上他身边一些人的个人前途问题。我们根本不会同达赖谈什么"西藏问题"、什么"六百万藏人的前途问题""高度自治、大藏区"问题。说到底，根本就不存在什么"西藏问题"。达赖私人代表不是声称要在"宪法框架内解决问题"吗？我们指出：国务院1964年决议就指明了你们这个集团的叛国性质，你们根本没有资格同我们讨论任何西藏事务。你们这个集团存在就是违反宪法的。你们只有解散伪政府、伪议会，废止伪宪法，然后才有资格谈及宪法。"流亡政府"新头目多次声称要以"流亡政府"名义同中央谈"西藏问题"，我们回应：这个"流亡政府"能做的唯一有意义的事就是自我解散。

近期，达赖关于接谈的心情沮丧而急迫。"流亡政府"新头目梦想可以强迫中央接受"流亡政府"为接谈对象，为此先强迫达赖原先的私人代表"辞职"，美国也梦想压我尽快接谈并作出实质性让步。我们的态度很明确：达赖集团散布以"流亡政府"名义与中央接谈，达赖抛出"转世声明"与中央对抗，又煽动境内僧人自焚残害生命，以上三个问题不解决，接谈缺乏必要的气氛。接谈的主动权完全在我们手里。

第五，以美国为首的西方势力仍然企图利用达赖集团遏制、分裂中国。达赖集团能够存活至今，不是因为达赖有什么了不起，而是美国把他作为牵制中国的一张牌。在政治上，1989年挪威授予达赖诺贝尔和平奖，2007年美国高调授予达赖国会金奖，直至目前，西方赏给达赖的奖项不可计数。1991年，美国总统老布什第一次公开会见达赖，由此开了西方国家政要会见达赖的恶劣先例。奥巴马政府上台后两次会见达赖，派出"特使"到达兰萨拉会见达赖，要求印度、尼泊尔给达赖更大空间，如此等等。西方又是达赖集团经费主要来源。其途径一是政府、国会直接拨款；二是通过各种基金会给予支持，美国一政要公开说："国家民主基金会"所做的很多事情，正是25年前中央情报局秘密做的那些事情；三是邀请、帮助达赖到西方国家举办"法会"、演讲会。达赖出场要价很高，每人每场收钱几十到几百美元不等，通票可卖到一两千美元。达赖窜访的积极性如此之高，除了寻求西方政治上的支持，另一个目的就是弄钱。据"流亡政府"公布，其财政总收入90%以上靠西方提供，其余10%则来自流亡藏人的"独立捐"。

由于中国的发展，西方势力目前不敢同中国全面闹翻，迄今也没有一个敢承认达赖"流亡政府"。但是可以断言，如果中国发生内乱，如果西藏发生重大动乱，西方势力马上就会公开支持"西藏独立"。

四、深入开展对达赖集团斗争的几项工作

要始终把发展经济、改善民生放在西藏和四省藏区工作的中心位置，

关于对达赖集团斗争问题

这是我们党为人民服务宗旨的体现，也是对达赖集团斗争的最重要基础。但是对达赖集团斗争也是实现上述目标的前提，时刻不能有半点松懈。

第一，毫不动摇地公开揭批达赖，坚决打压达赖集团制造暴力恐怖群体性事件和"非暴力不合作运动"的图谋。新时期西藏在社会面上公开揭批达赖，是1995年在十世班禅灵童寻访那场斗争中开展起来的。没有政治上揭批达赖，我们就无法动员广大干部群众认清其分裂主义本质，同他划清界限，就没有维稳工作的最重要思想基础，也就没有西藏今天这个好局面。

当前维稳突出任务是继续防止自焚等恶性事件发生，防止规模性群体事件。我们既要看到这场斗争的严峻性、复杂性，更要增强信心。越是在这种时刻，越是要坚持中央对达赖集团斗争的方针政策不动摇，越是要加强寺庙教育、管理工作不动摇。换句话说，即使再次发生此类事件，我们的原则立场也不改变。而且要抓住机会，从根本上治理问题严重寺庙和社会上一些黑团伙、恶势力，不仅要考虑当前平息事态，而且要把它作为一个机会，力争从根本上长远解决问题。

达赖比他的集团其他人更早认识到，仅仅依靠暴力恐怖不仅没有成功的希望，而且将招致国际社会的抵制，美国脸上也没有光彩，因此近年公开场合主要是讲"非暴力不合作"，花样翻新，损招迭出。前几年煽动群众不穿野生动物皮毛、不盖新房、为达赖健康祈祷念经；"3·14"之后进而煽动群众不过藏历年、不进行春耕生产、不吃肉、不出售屠宰牲畜、不讲汉话、不同汉族人做生意等。甚至挑唆一些人到政府门前集体静坐，公开抛撒"藏独"反动标语，冲撞公安、武警，最好能闹到坐牢。今年又发展到组织、煽动自焚。达赖企图以这一套扰乱干部群众思想，疲惫我维稳力量，恶化党群干群关系，迟滞藏区的发展，给西方炒作、施压制造题目。

"非暴力不合作运动"，从根本上看是搞不下去的，因为它违背藏族广大群众基本利益。但在具体打击中，基层干部往往感到不易区分性质，处理难度较大。比如煽动"说纯正藏语"，只穿藏族衣服，在实际处理中很难区别正常和不正常。我们一方面要立足教育，使群众认识到达赖这一套是要整个藏族为他一个人殉葬；另一方面要严厉打击煽动者、为首者，比如有的寺庙公然阻挠群众买卖牲畜，公然设置"母语保护箱"，向说了汉语的群众罚款，这就扰乱了社会秩序和治安，违反了有关法律。一旦发生，就要旗帜鲜明，狠狠收拾，形成震慑，以儆效尤。

第二，强化基层党政组织。要在这场斗争中强化基层政权建设，配齐配强党政干部，提升干部对达赖集团斗争的坚定性和勇气，提高干部为群众办好事办实事的能力和水平。一个地方，只有把基层党政组织建设好，才谈得上发展、稳定，才谈得上对达赖集团斗争的胜利。

第三，加强藏传佛教寺庙依法管理。历史经验表明，少数寺庙历来是达赖集团搞乱藏区的据点和动乱策源地。对境内寺庙实行思想和组织上的遥控、对非法出境僧人进行分裂主义思想灌输、乱授"格西"学位、乱封"活佛"，再派回寺庙掌握权力，是达赖操控境内寺庙的主要手段。达赖还一手挑起"杰千修丹"护法神之争①，人为把格鲁派信众分裂成两派，制

---

① 杰千修丹护法神本是藏传佛教一尊信奉了数百年的神，为历代前世达赖喇嘛所尊崇，很多寺庙和信徒家中都有供奉。20世纪90年代，十四世达赖突然认为杰千修丹护法神是"亲汉的恶魔"，"对西藏事业不利，对自己长寿不利"，便强迫信教群众放弃对杰千修丹护法神的信仰，并印制、散发宣传品，煽动"西藏青年大会""西藏妇女协会"等"藏独"组织砸毁护法神像，攻击庙宇，迫害杰千修丹护法神的信众，制造混乱，挑拨藏汉关系。达赖禁止信徒供奉杰千修丹护法神的行为遭到国外许多藏传佛教僧侣和藏胞的强烈反对。

造动乱，扰乱社会。"3·14"以后我们及时、坚决、稳妥地依法处置了少数寺庙不法僧尼制造的事端，深化寺庙法制宣传教育，把保持寺庙当前稳定和加强经常性管理结合起来，实行各级政府对寺庙的属地管理，加强寺庙民管会建设，同时推进公共服务进寺庙。与2008年相比，各地寺庙僧尼滋事事件大大减少，保持了总体稳定。下一步我们还要努力引导藏传佛教界对教规教义做出符合时代进步的阐释，力争从根本上改变少数寺庙、僧人受达赖集团操控、影响的状态。

第四，防范达赖集团在意识形态领域的渗透。种种迹象表明，达赖集团正加紧把渗透从寺庙、僧人向知识界、青年学生扩展，培养具有"现代意识"的分裂主义力量。我们要密切关注当前思想文化领域各种思潮，对错误倾向及时制止，对有关人员开展教育，对煽动分裂主义活动的依法予以打击。在这项工作中以及在上述寺庙工作中，我们都要注意严格区分敌我矛盾和人民内部矛盾、政治问题同一般认识问题的界限，团结争取大多数，孤立打击极少数。

第五，进一步开展涉藏国际斗争。在涉藏国际斗争中要敢于打进攻仗，以有关西方国家为重点，主动开展预防性外交，主动对媒体阐明我原则立场，对西方的舆论挑衅给予坚决、及时的回击，使西方感到涉藏问题并不是中国什么"软肋"，相反谁敢损害中国的核心利益，谁就要付出代价。在国际涉藏斗争中也要有耐心，只要我国总体实力还没有超过西方，我们就很难在国际斗争中取得压倒性优势，因此要有长期耐心斗争的准备。对西方的"民意"压力不要太在意，尤其不要因为外国人说了两句我们就降低维稳工作力度。

第六，抵制达赖对海外华侨、留学生的渗透。从2008年起，达赖加紧同海外动乱分子勾结，而海外动乱分子则主动投靠达赖，甚至要求参加"流亡政府"，同达赖共建"中华联邦共和国"，拥戴达赖当"总统"，而他们自己则弄个"总理""部长"干干。在这些汉奸的导引下，达赖加紧策划在各国成立"藏汉友好协会"，频繁会见一些来自国内外的学者、留学生，兜售他的"中间道路"，物色、诱骗国内外知识分子对其同情，替其发声。在国内要劝阻我们有些朋友出于好心而堕入达赖的圈套；在国外要充分发挥华侨、留学生在反"藏独"斗争中的独特作用，把反独促统、揭批达赖、宣传西藏作为相关工作的重要组成部分。

总的结论：2008年以来的斗争的实践再一次证明，中央关于西藏工作和对达赖集团斗争工作的方针政策是正确的，我们各级干部是能够经受严峻复杂斗争考验的，各族群众是坚定站在党和政府一边的，藏传佛教绝大多数寺庙和僧尼是爱国爱教的，海外华侨、留学生是支持祖国的。道理在我们一边，实力在我们一边，民心在我们一边。只要我们对分裂主义势力不抱任何幻想，把西藏的未来放在我们自己力量的基点上，只要我们不发生判断和工作上大的失误，协调一致，一步一个脚印踏实工作，就一定能够实现社会稳定和长治久安的目标。对于我们的最后胜利和达赖集团的最后倾覆，我们充满信心。

本文是作者为有关部门、单位作报告的基础稿。

以科学发展观推动对口援藏工作

(2012年8月31日)

我们这个会议深入学习领会和贯彻落实中央精神,总结、宣传、推广科学援藏的湖北经验,对于全面推进对口援藏工作,很有必要,很有意义。

一、对口援藏是中央的战略性决策和部署

对口支援西藏,是中央西藏工作总体部署的重要组成部分,是推动西藏跨越式发展和长治久安的重要举措,也是维护我们国家主权、安全,粉碎西方敌对势力分裂中国图谋的重要举措。

对口援藏方略的形成,也经历了一个过程。早在西藏和平解放之初,就有大批军队和地方干部赴藏工作。1980年4月7日,中央关于转发《西藏工作座谈会纪要》的通知中明确提出,"中央各部门也要加强对西藏工作的正确指导,并且根据实际需要和可能条件,组织全国各地积极给他们以支持和帮助"。"全国各有关地方和单位都要根据上级的指示,认真做好支援西藏的工作。"1983年,国务院批准国家经委会同国家计委、国家民委

和中央统战部组织四川、浙江、上海、天津重点对口支援省市赴西藏落实支援项目。同年 11 月 30 日，国家经委转发了国务院领导同志关于对口支援西藏的批示和《国家经委关于对口支援西藏的报告》，共落实援藏项目 70 个，其中四省市援藏项目 65 个。同时，明确杭州市、四川省建设厅、天津市工业局、天津市商业局、天津市交通局、四川卫生防疫站、天津市地毯厂、上海益民皮革厂、上海毛麻公司、天津拖拉机厂等 10 个地方和单位，与拉萨市和西藏相关单位、企业，对口结成友好城市和长期固定协作关系。1984 年 3 月 5 日，中央、国务院作出了《关于成立西藏自治区经济咨询小组的决定》，要求这个小组要办的第一件事就是"组织、推动全国各地方和中央各部门的援藏工作"。1984 年 3 月 24 日至 28 日，经中央书记处批准，西藏自治区经济工作咨询小组在京召开了支援西藏经济工作会议。会议确定北京、上海、天津、江苏、山东、浙江、福建、广东、四川等 9 个省市和中央有关部门有计划、有步骤地帮助西藏建设 43 个中、小型工程项目。1984 年 5 月 21 日，中办、国办转发了《支持西藏经济工作会议纪要》。

1994 年，中央召开第三次西藏工作座谈会，党中央、国务院从党和国家工作大局以及西藏工作的极端重要性出发，做出了对口支援西藏的重大战略决策，决定 15 个省市 10 年间对口支援西藏 44 个县，确定由各省市和中央国家机关援助西藏 62 项工程，总投资 48.6 亿元。

2001 年，中央召开第四次西藏工作座谈会，进一步完善了对口援藏办法，把支援的时间在原定基础上再延长 10 年，并增加了 3 个省和 15 家中央重要骨干企业参加对口援藏工作，把受援对象扩大到西藏所有县市。确定由国家直接投资 312 亿元建设包括铁路、公路、机场、电力、通信、水利等基础设施项目117个，对口支援省市投资10.6亿元支持建设70个项目。2004年，由于四川省藏区也需要支援，四川省不再承担对口任务，同时中央增加了2家央企对口援藏，由此基本形成了目前实行的由17个省市和17家央企对口支援西藏7个地市、全部县市区的格局。1994年至2010年，各支援方共落实对口支援项目4807个，总投资155.94亿元，共选派4742名优秀干部支援西藏。

2010年，中央召开第五次西藏工作座谈会，进一步明确了援藏资金稳定增长机制，规定对口支援省市年度援藏投资实物工作量，在现行体制下按本省市上年度地方财政一般性预算收入的千分之一安排，并将中央援藏政策延长10年至2020年。"五次会"召开两年多以来，17个对口援藏省市和17家中央企业共落实援藏项目988个，总投资44.49亿元。根据《"十二五"时期对口支援西藏经济社会发展总体规划》，17个对口援藏省市"十二五"期间共安排对口援藏项目1610个，总投资141.36亿元。

在中央的亲切关怀，各省市、中央有关部门和国有重要骨干企业的大力帮助，西藏各族干部群众的共同努力下，西藏经济、社会、文化等各项事业实现了前所未有的大发展。从1993年至2011年，西藏经济连续19年保持两位数以上增长，农牧民生产生活条件不断改善，人均收入大幅提升。对口援藏工作使西藏各族人民深切感受到了中央的深切关怀和中华民族大家庭的温暖，更加增强了跟着共产党，坚定不移地走有中国特色社会主义道路，反对分裂、维护祖国统一的信心和决心；显示了我们党的政治优势和组织优势以及社会主义制度可以集中力量办大事的制度优势。在我们党和国家的西藏工作历史长卷中，对口援藏写下了浓墨重彩的辉煌篇章。

二、对口援藏工作中的好经验好做法

经过几十年对口援藏工作实践,各省市、中央有关部门和国有重要骨干企业不断探索、总结,不断创新工作方式,深化工作内涵,拓宽工作领域,形成了许多好的经验做法,加深了对援藏工作规律性的认识。

一是把保障和改善民生作为援藏工作的重点。对口援藏在发展思路、资金投入、产业规划、项目建设上始终把提高和改善民生作为第一位目标,将群众当前利益与长远利益相结合,局部利益与全局利益相结合,努力使各族群众从援助中得到实实在在的、可持续的好处。由于农牧民占西藏总人口的80%以上,其中很多又分布在高寒、边远地区,远离城镇、道路和现代生活,所以他们又成为援藏的重中之重。2003年胡锦涛同志批示:"援藏项目要突出改善农牧民生产生活条件,提高农牧民生活水平。"各地围绕"水、电、路、医、学、住"等民生工程,投资加强学校基础设施建设、解决人畜饮水及农业用水问题、新建乡村水泥公路、实施"县城供排水及防洪工程"等,使群众特别是农牧民生产生活条件这些年有了显著提高。

二是不断提高科学、整体谋划水平。对口援藏开展之初大多是从具体工程、项目开始,而现在则越来越重视长远设计、总体规划,科学化水平明显提升。2010年对口支援资金实物工作量标准的提出,使援藏资金随着支援方经济发展而提高,使受援方能够更加主动地统筹援藏资金的使用,也使援藏干部从过去把许多时间、精力花在跑资金跑项目的状态中解脱出来,为他们提供了更好进行整体谋划的条件。援藏各地充分发挥视野开阔、理念先进、熟悉市场运作等优势,将自己的发展经验嫁接到受援地,引入现代理念谋划发展模式,规划产业布局,推动产业升级,有力推进受援地科学发展、跨越式发展。

三是智力支援分量上升。支援方越来越认识到培养人才、提高干部群众科学文化素质在援藏工作中的关键性作用,以越来越大的力量开展各类人才的培训教育。一些省市利用暑期,组织特级教师和学科带头人组成教学团队"送培进藏",加快西藏中学骨干教师的培训,并将培训课程制成光盘免费赠送给全区中学。一些省市帮助西藏建设了一批设备先进、管理科学的现代化学校,帮助西藏推广"双语教育",不断加大对内地西藏班的投入。全国有很多原本没有援藏任务的地方、单位也主动加入援藏大军。

四是千方百计增强受援方"造血"功能。援藏之初,支援方更多的是采取给资金、代建工程的形式,现在则更重视在援助中培育受援地的自我发展能力,增强持续发展后劲。各省市把经济技术合作交流和招商引资作为援藏工作的重要组成部分,"走出去"和"引进来"并举,政府引导和市场化运作并举,在农牧业、农畜产品加工、矿产资源开发、新能源开发利用、藏药研发生产、旅游业等领域积极促成内地企业与受援地企业合作发展,把单向援助变为双向共赢,为对口援藏增添了长远、内在动力。

湖北省对口援藏工作多次受到中央领导同志高度评价。其中最重要的一点,是自觉将科学发展观贯彻到援藏工作中。比如,武汉市在对口支援山南地区乃东县的工作中,以科学发展观为指导,将援藏的重心放在改善民生上,加强了乃东县与武汉市的全方位、多层次的密切联系;提出"科学援藏、可持续援藏、效率援藏、健康援藏"的新理念,形成了"政府援藏为主、社会援藏为辅、企业参与开发"援藏新模式;坚持一切从实际出发，根据乃东县经济社会发展情况，制定"一心两翼、四轮驱动、四业并举"的发展思路，确立"乃东向东"的开放式发展新战略；创新经营方式，帮助组建"协会加农户"的运作模式，带动各族群众致富；以管理理念创新促进社会和谐稳定，分层次开展有针对性的主题教育活动，开展政策、文化、法律进寺庙和乡村的"三进"活动，打牢维护社会稳定的思想基础。湖北以科学发展观指导对口援藏的很多经验，具有普遍的借鉴意义。

三、 进一步开展对口援藏工作的几点意见

实践充分证明，中央关于对口援藏的战略决策是完全正确的，援藏各省市、单位所确定的任务和采取的措施是符合实际的。如果没有如此大规模、持续不断的援藏工作，很难设想西藏能有今天这样的好局面。同时，我们也要清醒地看到，对口援藏非一夕之功，任重道远，还面临不少困难和问题，许多工作也需要不断改进和完善。

1. 对口援藏是一项长期任务。这些年虽然西藏获得快速发展，但由于地处"世界第三极"，高寒缺氧，环境脆弱，人口居住分散，发展起点低，经济基础仍然薄弱，因此西藏的发展，不仅要依靠自己长期努力，也离不开全国长期支持。我们同时也必须看到，西藏在众多方面支持着全国。西藏作为国家西南安全屏障，守护着约八分之一的国土面积和4000多公里的边境线；西藏反分裂斗争的深入开展，有力支持了相邻地区的维稳工作，也为全国稳定做出了特殊贡献；西藏还是国家重要的生态安全屏障、战略资源储备基地、高原特色农产品基地、中华民族特色文化保护地和世界旅游目的地，对于维护国家生态安全、提高可持续发展能力、增强国家文化

软实力、展示良好国家形象，都具有特殊重要的地位。我们今天建设更加富裕的全面小康社会，包括西藏在内的少数民族地区一个也不能少，少了就不是"全面小康"。因此承担对口援藏任务的各省市、中央国家部委和中央企业要有长期援藏的思想准备和工作准备，把西藏的事当成自己的事，下决心办好，办彻底。

2. 对口援藏工作要符合西藏当地实际。与内地省份相比，西藏经济发展水平相对较低，社会发育程度相对滞后，同时还存在同达赖集团的尖锐斗争，这种差异性决定了西藏与内地在工作任务、工作方法、工作要求上有很大的不同。就西藏自身来说，由于幅员辽阔，各地市、各县市区的情况也有很大差别。这就要求援藏工作必须坚持实事求是，善于把中央关于援藏工作的精神、政策同当地实际结合起来，把援助省市的优势同当地的受援需求结合起来。规划重大项目事先要经过充分论证，确保符合实际、可以操作，对地方有实际效果。在相当长一个时期内，援藏工作仍要更多地把着力点放在解决农牧民饮水难、行路难、用电难、通信难和农牧业生产力水平低下等问题上。内地省市发展在先，有些教训也体会在前，这些教训也要告诉西藏同志，以避免走同样的弯路。

3. 深化人才援藏、智力援藏。西藏与中东部的人才差距，除了表现为人才资源总体短缺，还表现为人才构成比例不尽合理：普通型人才较多，专业型人才较少；行政管理人才较多，经济管理人才较少；具备传统知识的人才较多，具备新型知识人才特别是高层次骨干人才较少。这些成为制约西藏经济和社会发展的重要因素。

随着援藏工作的深入，现在和未来，人才援藏和智力援藏在总盘子里的比重必须上升，只有这样才能增强西藏的自我"造血"能力、发展的内生动力。要依托内地高校和科研院所等优质资源，为西藏培养更多本地高层次骨干人才，同时积极发展职业教育，加强农牧民技能培训，提高"乡土人才"的知识水平和学历学位层次，提高各族群众科技文化素质。要选派更多干部、人才特别是西藏紧缺的专业技术人才到西藏工作或以其他形式为西藏帮忙，多一些能长期驻藏的最好，长期的不够，多一些短期轮岗的也好。要提高西藏干部到东部地区、中央和国家机关挂职锻炼的比例。

4. 对口援藏工作要与对十四世达赖集团斗争的政治任务结合起来。把西藏的经济搞上去，是夺取对达赖集团斗争胜利的基础，但不是说经济、民生搞上去，反分裂斗争就能自然而然地取胜。经济建设和反分裂斗争两手都要硬，而且要善于在实际工作中把两手有机结合起来。从这个意义上说，我们不能把对口援藏工作当成单纯经济工作，而要自觉地把它与维护社会稳定、对达赖集团斗争结合起来，要取得经济和政治两个方面的效果。

援藏工作的意义不仅在于加快西藏发展，还在于在这个过程中全面深化西藏与全国的政治、经济、社会、文化关系，强化包括西藏在内的中国版图不可分裂性。援藏干部要密切联系各族群众，用实际行动使他们感受到党和政府才代表他们当前和长远的利益，而达赖那一套是在祸害西藏。要在援藏工作全过程中的各个方面自觉增进各族群众"四个认同"，促进各族群众之间、西藏同内地之间更多更普遍更深入的交往交流交融。要积极引导群众追求和创造现实幸福生活，自觉远离宗教狂热，反对一切假"民族""宗教"之名的分裂、倒退活动。

5. 对口援藏工作要尊重西藏自治区和受援地区党委的领导。援藏省市有着丰富的经济社会管理经验和先进发展理念，而西藏各级党政对当地情况和群众需求有更为深入的了解，要把这两者有机结合起来。援藏干部要充分尊重当地党委的领导,按照属地管理的原则,在当地党委的统一部署下开展工作,模范执行自治区和地方的有关政策和规定,树立援藏干部忠诚、务实、坚忍、廉洁的风范;西藏的干部要十分珍惜援助方在自身发展任务十分繁重的情况下给予西藏的无私支持,用好每一元钱,为援藏干部发挥作用创造尽可能好的工作条件,建立前方和后方、受援方和支援方之间通力合作的工作机制。

我们相信,随着国家综合实力的增强,随着对口援藏工作的深化,这项工作将日益发挥其综合效益,在西藏跨越式发展和长治久安目标的实现中,在中华民族新的崛起中显示其深远历史意义。

本文是作者在武汉召开的"科学援藏的湖北经验解读理论研讨会"上的讲话。

改改我们的文风

(2013年1月21日)

在我们工作中,文字工作是不可或缺的基本载体,而这个基本载体现在毛病不少。邓小平1992年视察南方时,曾经批评当时会议多、文章太长、讲话也太长,而且内容重复,新的语言并不很多。我感觉,我们现在的文风比那个时候好不到哪里去,甚至一些问题比那时候还严重。有些文件、文章拿过来,想找些有针对性的话、有用的话,很难。人们往往不是从前往后看,而是从倒数第二段或第三段开始看,因为往往讲到这里才是讲问题的,而前面占了主要篇幅的大多是些大而无当、没有错也没有用的话。举一个例子,现在下级评价上级的讲话,无论是评价总书记的讲话,还是评价某个支部书记的讲话,一律"主题鲜明,立意高远,思想深刻,高屋建瓴,有很强的现实性、政策性、指导性、针对性和可操作性……"什么叫"高屋建瓴"?我估计许多经常用这个词的同志自己也不清楚。

文风实际上是思想作风,是党风在文字工作中的体现。如果文风没有活力了,实际上是党思考问题的水平、方法出了问题,党的活力在丧失。毛泽东在抗战时期那么艰苦的条件下开展党内整风,整风当中又把反对党

改改我们的文风

八股作为重要问题提出,为什么?如他指出,是因为党八股是主观主义和宗派主义藏身的地方。我们现在的文风,实际上也给党内各种消极现象、不作为现象一个防空洞。比如我们现在几乎每篇讲话、文章都要强调抓落实,一般说"抓落实"已经不够了,还要"切实抓落实",还要"切切实实抓落实",已经到了咬牙切齿、捶胸顿足的地步了!为什么还不能落实?原因之一是这个文风就是虚夸之风,就是不利于落实的。"切实"太多,本身就说明你没有信心落实。我们统战工作的职能,决定了我们既要研究理论、政策,也要承担大量实务。无论是"务虚"还是"务实",都是为了帮助中央处理现实重大问题。所以要特别倡导实实在在的文风,而不要把那些虚头巴脑的东西搞到我们的文字工作中来。

我们所要求的文风、文字是什么样的?首先,要从实际出发,为实际工作服务。各种不同文体对文字有不同要求。诗歌要合辙押韵,读起来好听;小说要见人见景,栩栩如生。而我们中央职能部门的文字——大家回家以后写什么那是你们的自由——应该是提出问题、分析问题、解决问题,是为了推动中央交给的各项任务完成,而不是为了抒发文采,展示作者才华。这就决定了我们的文字必须反映实际,以解决问题为要旨,避免坐而论道,避免把时间精力弄到概念、词句、提法的新奇上,文章架构的工整上。如果行文之中有好词好句子涌出来,那是好事;但是如果离开实际工作的需要,专门在概念、词句、提法的出新上打转,那就会贻误工作。如果作者才情泉涌,涌得太厉害无法克制了,建议到文艺刊物发表,而不要涌到党的文件上来。可以写诗填词嘛,你越工整、越对仗,平平仄仄都搞上,那才是高水平,但这不是我们这个工作的文字所需要的。毛泽东是文字大家,他的诗词的风采,很难有人企及。但是他在讲工作的时候,文字是非常朴实简明的。中国古代对文章功能的理解是"文以载道"。"道"就是真理，真理是朴实的，因此载道的文字也应该是朴实的。我在李瑞环同志那儿工作过，他曾送给我一副对联：行文简浅显，做事诚平恒。是他练字的时候写的，我感觉非常好，他就加上题款送给我一张。在他看来，好文章的标准是什么呢？简、浅、显。我理解，就是不要故意把问题在表述上搞得过于复杂、玄虚。问题本身可能是复杂的，但是在文字表述上一定要让人易于懂，易于明白。

第二，要打破僵化刻板的文风的束缚，还文笔以自由。不知道是起于什么时候，我们机关的文章从标题到内容越来越讲究排比、对仗、工整、四六句。很多的文章，包括一些领导讲话、权威报刊的理论文章，文内第一层次标题不管相隔多远，主语谓语宾语、名词动词形容词，语式甚至到字数都是对应的；然后第二层次标题换个排列方式，又都是对应的；如果有三层、四层标题，仍然是对应的，规规矩矩，板板正正，像是小学生造句作业。至今一种常见写法，××是目标、××是任务、××是窗口、××是桥梁、××是纽带……下了一番苦功，但透着一股陈腐气息。这种写法，不是以内容的需要来摆布文字，而是以文字上下前后工整的需要来裁剪内容，合之则留，不合则去，结果思想得不到伸展，观点得不到阐述，统统被割裂得七零八落。这种文章给读者留下的只是一个刻意雕琢的词句框架，很难留下深刻的思想启迪。在毛泽东的文章中，你们去找找看，四六句儿、工整对仗，一层标题二层标题三层标题格式高度一致，我是没找到。毛泽东多少还讲点儿文字的风采，邓小平连这个都不讲，干脆就是直说，"白猫黑猫"，"摸着石头过河"，拿最土的话来说明最深刻的道理。但是，你不要说他没有文采，简朴、明快、透彻，这本身就是一种文采，就是我们共产党人文字工作要为实际斗争服务的一种精神的体现。我们要的文采是这种文采，而不是蓄意在文字上过分雕琢的文采。

我们文学史上有一种骈体文，两汉、魏晋下来，多少人写了多少骈体文，辞藻华丽得不得了，人们能记下的大概只有《滕王阁序》，因为它做到文字和内容高度配合，其他如著名的《三都赋》，当时搞得洛阳纸贵，但今天没有多少人记住。这种骈体文的特点倒是被今天我们有些同志继承了，可惜玩文字又玩不过古人。毛泽东也有过工整、对仗、排比，在《反对党八股》里。他说："我们也仿照八股文章的笔法来一个'八股'，以毒攻毒，就叫做八大罪状吧。"第一条叫作"空话连篇，言之无物"，四个字儿一句，两句八个字，继续工整下去，第二条是"装腔作势，借以吓人"，然后是"无的放矢，不看对象"，"语言无味，像个瘪三"，"甲乙丙丁，开中药铺"，"不负责任，到处害人"，"流毒全党，妨害革命"，最后一条"传播出去，祸国殃民"。工整对仗排比，无以复加。但毛泽东是提倡这个吗？他是最看不上这个的。我并不是说大家有时候用用排比、对仗，讲究讲究工整，都是多余的。我是不赞成我们的年轻同志把宝贵的时间精力用到这个方面去，不愿意这种风气成为我们的一个导向。

第三，文章尽可能短一点。文章要短一点，大家都知道。那么怎么才能短？我在改稿实践中发现几个具体的方法。比如，我们现在经常是同样的话翻来覆去地说，如果一个意思绝不说两遍，自然就短了。开会讲话中难免要表示感谢，经常是谢了一次不行，隔几页还谢第二次，甚至谢三四次，你把感谢的话放到头里一起说完了，后面就不要再感谢了。讲形势的分析，所有分析全都放到一个段落；讲工作部署，所有部署全放到一个段落。我现在替大家改稿子经常不是为了修改思想，思想都非常正确，功夫就花在把"同类项"搞到一起。再比如,将可有可无的字、句、段删去,毫不可惜。这是鲁迅的话,从小老师就教过我们。但实际上我们文字中,可要可不要的字、句、段落太多了。我们为什么文字越弄越长呢?除了大家文化素质越来越高、思想越来越丰富之外,可能还有一个原因是我们书写方式越来越便捷。古人最早在丝帛上写,丝帛贵呀,他必须尽可能用最少的文字表达最多的内容。还有竹简,用竹简很费劲,要把竹简削出来,还要防腐,肯定他要尽可能地省略字句。古人讲"学富五车",如果是今天的五大卡车书,谁也难读完,但是古人能读完,因为他用的竹简,五个牛车也拉不了多少字。然后呢,有了毛笔、墨汁和纸,后来又有了铅笔、钢笔,废话就开始多了。尤其是今天有了电脑,这个废话就成倍增长。因为许多规定性词、句甚至段落,如果用笔写要写好一阵呢,过去他就会省略一些,或干脆不写了,现在只要"哪"一按,就全出来了,何乐而不为嘛!一些同志给领导写稿子有一个心理,我也干过这个活儿:先把字数弄多一点,把稿子撑起来,显得很充实,显得卖了力气,领导你看哪句不好你自己删嘛,有些句子只要写上了,谅你也不敢删。如果碰上个对文字没有兴趣的领导,他就照念,结果不仅把大家的时间都浪费了,还把这个单位、这个地方整个文字水平拉下来了。

把文章写短还有一个办法:减少层次。我们目前写稿子一个普遍现象是层次太多。毛泽东曾经批评写文章层次太多是党八股的重要表现形式:"写文章,做演说,著书,写报告,第一是大壹贰叁肆,第二是小一二三四,第三是甲乙丙丁,第四是子丑寅卯,还有大 ABCD,小 abcd,还有阿拉伯数字,多得很!幸亏古人和外国人替我们造好了这许多符号,使我们开起中药铺来毫不费力。"对比毛泽东的批评,我们今天还是有进步的,至少壹贰叁肆、甲乙丙丁是消灭了。但是现在无论讲话、文章甚至简报，汉语的一二三四，然后括弧汉语的（一）（二）（三）（四）；然后阿拉伯数字1234，再一个阿拉伯数字加括号（1）（2）（3）（4），再下面还有一是，二是，三是……要是这样还不过瘾，还有黑体字、变体字等等。有些年轻同志没有在大会上念稿的机会，不知道许多领导同志经常就被这个搞糊涂了，念着念着自己就不知道念哪儿去了，念成一锅粥了。脑子清楚一点儿的领导还懂得引读，"好，我现在讲到汉字一二三四的四了……好，现在讲阿拉伯的1234了"。实际上文章的自然段落、句号、分号、逗号、黑体字，它都能起到分隔的作用，用不着那么多的中药铺格子。大家看十八大报告，三万多字，实际上就用了两个层次，一层是一二三四，然后括弧（一）（二）（三）（四），少数自然段落打头用了黑体字。如果依我们一些同志写的话，以上这些符号可能还不够，还要再启用一些符号比如"天地玄黄"或"赵钱孙李"才能区分得开。我有一次帮李瑞环同志起草稿子，他作了大量删节，又批了一句，"文到高处，言少而意多"。当然我们不可能简练到古人用竹帛书写那个时候，但是用最少的文字表达最多的内容，应是古今衡量文字水平高低的"普世"标准之一。

关于文字工作还有一个想法，就是负有一定责任的干部，自己的稿子要经过自己的手，动手写也好，别人写了自己动手改也好，反正不要只剩下张嘴念稿的功能。现在有一个不好的风气，就是把写文章看作是秀才的事，如果领导评价一个同志是个笔杆子、是个秀才，糟糕了，这不是表扬的话，这意思是说你就干这个了，你的前途也就这样了，相当于说你不会办事情。实际上写稿子的过程是个思考的过程，是一个对工作的回顾、分析、部署的过程。不善于写稿子改稿子，对稿子不下功夫的领导，我以为不会是好领导。在我们党的历史上,毛、周、刘、陈这些同志,都是实干的大家,同时也是写作的高手,这才是共产党文风的正宗。

本文是作者在卸去中央统战部常务副部长职务前,同其分管部门干部座谈时讲话的一部分,发表于《学习时报》。

民族地区职业教育需要关注的几个问题

(2013年6月)

我国民族地区面临解决贫困人口温饱问题和全面建成小康社会的双重任务,职业教育是民族地区产业发展的重要支撑,是拓宽民族地区新增劳动力就业渠道的需要,也是增加民族地区群众收入重要来源和加快脱贫步伐的保证。大力发展具有地域特色和民族特色的职业教育,对于推动民族地区实现跨越式发展和长治久安,确保民族地区与全国同步建成小康社会具有重大而深远的意义。

党和政府历来高度重视民族地区职业教育。"十一五"期间,国家投入资金15亿元,支持5个自治区职业教育项目建设483个。出台中等职业学校学生资助政策和免学费政策,2012年,将六盘山、乌蒙山等14个集中连片贫困地区中等职业学校学生全部纳入享受助学金政策。从2009年和2010年起,每年从西藏和新疆分别招收3000名和3300名学生,到中东部12个省市重点职业学校学习,由中央财政负担学习、生活费用。

民族地区各级党委政府高度重视发展职业教育。如广西先后出台了《广西壮族自治区职业教育条例》和《广西壮族自治区中等职业教育奖优扶先办法》，五年来累计投入财政经费168亿元。截至2012年，全区每个市、县均建成1所职教中心，新增国家职业教育改革发展示范学校35所。新疆自2007年起设立职业教育专项经费并逐年递增，到2011年全区中等职业教育经费投入35亿元；根据全区产业发展对专业技能型人才的需求，调整学校专业结构，启动实施职业学校提升专业服务产业能力建设计划。

民族地区职业教育也存在的一些问题和困难。

一、基层职业教育基础薄弱。民族地区大都位于边疆，受自然环境、经济社会发展水平等因素影响，职业教育投入不足，历史欠账多，底子薄、基础差。如，广西2012年年末全区19所职教院校拖欠银行贷款12.4亿元，部分县级职教中心实训设备老旧，校舍、图书缺口大。新疆莎车县每年有初中毕业生1.5万人，因学校容量有限，升入普通高中和职业中学的只有6000人。

二、教育结构不合理。一方面高中阶段教育结构不合理，民族地区适龄初中毕业生上普通高中的比例远远高于接受中等职业教育的学生，造成县级职业学校生源不足，素质不高；另一方面职业教育缺乏统一规划，布局结构不合理，专业设置和人才培养模式不符合经济社会发展实际需要。

三、国家助学金未能满足贫困家庭学生上学实际需要。国家实施的免学费政策和助学金政策在一定程度上减轻了中职学生及其家庭的经济负担，但由于民族地区地域辽阔，有些农牧民家庭贫困程度较深，学生上学所需生活费、往返交通费等费用较高，国家补助的生均每月生活费每每不敷需要，导致农牧民家庭子女接受中职教育的积极性不高，部分学生因此中途辍学。中职学校国家助学金到学期末甚至隔年才拨付到位，不利于贫困家庭学生稳定就读。

四、教育教学改革滞后。由于县级职业学校普遍办学晚，缺乏专业教材和师资，有许多仍套用普通高中教育教学模式，以课堂教学为主，理论教学与实践教学没有在同一个过程进行。专业设置雷同现象严重，教材内容陈旧，实用性不强，毕业生专业技术技能水平不高，难以满足用人单位对岗位技术技能的要求。由于有的地方政府统筹协调校企合作作用缺位，企业因在合作中受益不多而缺少积极性，致使校企合作体制、机制运行不畅。中央启动二次援疆工作后，内地省市一些企业落户新疆，对专业技术工人需求量增大，但当地富余劳动力缺乏专业技能，不能符合企业要求，职业学校也无法提供满足企业需求的通晓汉语、掌握实际技能的高素质劳动者，出现"招工难、就业难"并存的结构性矛盾。

五、专业师资队伍缺乏。民族地区职业院校的多数教师是从普通高校或中小学转任，文化基础课教师偏多，缺乏实践经验丰富、动手能力强的专业课教师。我国边疆民族地区有6000万少数民族群众使用本民族语言，部分地区尤其是南疆的职业院校需要大量既精通国家通用语言又懂当地民族语言的"双语双师"型教师。

与此同时，新疆、西藏等地区每年都有相当数量青年学生接受九年义务教育之后上不了高中，或普通高中毕业后考不上大学，在社会上闲散，成为分裂势力重点渗透人群，加强这些地方的职业教育，尽早使这部分青年学到一技之长，增强就业能力，同时又具有同分裂主义势力争夺青少年的意义。

为此提出以下建议。

一、加大资金支持和政策倾斜。调整国家教育投入结构，加大职业教育投入力度，加大职业教育专项资金用于支持民族地区职业教育硬件设施的投入力度；在安排职业教育专项经费时，将人口权重、贫困人口权重、教育发展水平差距作为重要考虑因素，向民族地区倾斜。高度关注未纳入集中连片特困地区的少数民族聚居县区的教育发展问题，对这些县区中职学校的学生也要全部纳入享受助学金范围；适当提高对集中连片特困地区学生的生活补助。中央财政提供一定比例的财政补贴，在民族地区推广"9年义务教育加3年免费职业教育"的经验，吸收民族地区更多的初中毕业生接受中等职业教育。扩大国家职业教育资助和免学费范围，对民族地区非全日制中等职业学校学生予以资助。根据培养成本、学校和专业分类，制定职业教育生均经费拨款标准；参照农村义务教育阶段学校公用经费由中央和地方分担的比例，制定民族地区职业教育生均经费拨款分担政策。建立民族地区职业教育专项奖励基金和助学贷款机制，对品学兼优的家庭困难学生予以奖励，对希望接受职业教育的家庭困难学生予以助学贷款。实施职业教育民族特色校建设计划，重点建设一批民族地区骨干特色校、特色园区。

二、优化职业院校布局结构。民族地区要围绕服务当地经济社会发展、促进就业和改善民生这一中心任务，下决心调整高中阶段教育结构，把中等职业教育作为发展的重点，使其招生达到高中阶段教育学校招生规模的60%以上。根据民族地区产业结构、劳动力市场需求和人口状况，调整职业教育布局和专业设置，把重点放在人口相对密集、经济较为发达、产业较为集中的省会城市及地、市、州。打破部门、条块和不同所有制界限，打破行政区划限制，统一规划，组成职业教育集团，实行集团化办学，避免分散和低水平重复办学带来的资源浪费和招生、就业等方面的困难，让尽可能多的学生接受优质职业教育。

三、完善对口支援和帮扶机制。依托国家对口支援机制，把职业教育合作办学、培训教师、选派优秀教师支教挂职等纳入国家相关省市对口支援的内容，给予政策和经费支持，逐步提高其在整个教育对口支援中的比重。把职业教育对口支援工作与民族地区新增劳动力转移、教育扶贫、促进就业等紧密结合起来，一方面结合民族地区产业升级和结构调整，集中建设一批高质量高水平职业学校；另一方面利用对口支援省市的职业教育资源优势，与民族地区学校开展多种形式的合作办学，并多安排一些学生在东部地区实现高质量的就业，帮助农村困难家庭脱贫。组织民族地区职业院校与对口援建企业共同制定方案，培养产业结构调整升级和援建企业所需专业人才。发挥援建省市大型企业的技术人才和设备优势，帮助受援地区职业学校培养兼有普通教育和专业教育能力的"双师型"教师。继续办好内地西藏和新疆中职班，发挥其对民族地区职业教育的引领作用。

四、加强师资队伍建设。实施民族地区中等职业学校教师素质提高计划，提高师资参加国家级培训、省级培训比例，组织好骨干教师企业实践、专业带头人培养和校长培训等工作。制定民族地区职业院校专业教师资格和标准，从编制、待遇等方面给予政策倾斜。把"双语双师"型教师培养整体纳入国家免费师范生政策范围，在招生计划及学费资助方面予以支持。通过建立服务期制度，鼓励东部的职业院校专业教师和有技术特长的企业人员到西部地区担任专职和兼职教师。加强民族地区职业教育信息化建设，国家组织开发全环境仿真模拟系统课件，免费提供民族地区职业学校教学使用，也可通过中国教育电视台远程职教网络公共平台，解决民族地区职业学校实训设备不足问题。

五、有效推进校企合作。落实并完善促进民族地区职业教育校企合作的优惠政策，激发企业参与职业教育改革的积极性。一方面鼓励和引导行业、企业参与民族地区职业院校课程和教学改革，共建实训基地，建立长期稳定、互惠互利的合作机制；另一方面通过校企合作"订单"培养方式，有规模有组织地为企业培养亟须的技术技能型人才，实现共赢。

六、规范劳动用工制度。严格落实国家"先培训，后上岗；不培训，不上岗"的规定，督促用人单位严格执行劳动就业准入制度，规范企业技能用工行为，对随意降低用工门槛，无视学历和岗位资格证书要求，违反国家有关规定录用无专业资格人员的企业进行处罚。根据民族地区经济社会发展的实际，坚持学历教育与非学历教育并举，由政府统筹整合人社、农业、扶贫办、妇联等单位部门的培训资源，在办学条件较好、师资水平较高的职业院校集中培训。

七、提高职业教育的社会地位。转变国家有关部门在干部人事制度、户籍制度和企事业单位人员录用等方面存在的"重普教、轻职教""重学历、轻技能"的现象。提高生产一线劳动者特别是接受过职业教育的技术技能型人才的经济待遇，建立健全其社会保障机制，真正体现劳动光荣，"三百六十行，行行出状元"。

八、提高职业教育信息化水平。建议教育部加强职业教育信息网络系统建设，及时向全社会发布全国职业教育学校及其专业设置、在校人数、招生及就业情况等信息，便于学生及家长了解职业教育、选择职业教育，同时为企业人力资源需求提供服务。建议人力资源和社会保障部建立全国企业用工需求网络，及时发布企业所需人才及数量、薪金标准等信息，供学校设置专业、招生时参考，学生和家长也可据此选择职业学校和专业。实施职业教育民族语言翻译工程，将成熟的统一的职业教材翻译为民族语言,服务民族地区职业教育事业。

2013年4月至6月间,作者率全国政协民族和宗教委员会调研组赴广西、新疆及教育支边任务繁重的上海,就加强民族地区职业教育问题进行调研。本文系调研组提交全国政协的报告。

民族地区城镇化建设需要关注的几个问题

(2013年7月)

按照国家的总体战略部署，近年来民族地区各级党委、政府把加快城镇化建设作为小康社会建设的重要方面，坚持城镇化与社会主义新农村建设相结合，促进城镇化与工业化、农牧业现代化协调发展，从而推动经济快速发展和社会的全面进步。如内蒙古自2003年实施自治区城镇体系规划，对发展目标、城镇规模等级、职能结构、空间布局进行大调整，形成以呼和浩特—包头—鄂尔多斯城市群为龙头，锡林浩特—赤峰—通辽城市组团为呼应，以盟市所在地等地区性中心城市为支柱，以旗县所在地及重点镇为支撑，大中小城市和小城镇协调发展的城镇体系，并逐步降低农牧民进城落户乡镇的"门槛"，使流动人口享受到就业、医疗、住房、子女上学、计划生育、社会保障等方面的公共服务，有条件的地方已将稳定就业的农民工纳入城镇职工基本医疗保险范围。吉林省针对民族地区的自然禀赋、文化资源、民族特色、区位优势，积极探索民族地区城镇化发展的有效途径，推动延吉、龙井、图们等地的产业、市场体系、基础设施建设、公共服务和管理体制一体化建设。

由于自然条件、经济发展水平以及历史遗留问题等原因，民族地区城镇化建设还面临一些特殊的困难和矛盾。

一、全面建成小康社会任务繁重。新阶段国家重点扶持的 14 个集中连片特困地区，有 11 个在民族地区。如国家级扶贫开发重点县，内蒙古有 31 个，贫困人口 266 万人，贫困发生率 20.34%；延边州有 4 个，尚有 18 万农村绝对贫困人口。由此看来，民族地区贫困人口多，民生任务艰巨，温饱问题尚未全部解决，经济基础薄弱，政府财力明显不足，市场化程度不高，推进城镇化有较大难度。一些少数民族群众因政府出于环境保护的需要而迁入城镇，放弃了原有的农牧生活，又缺少城镇就业所需的一技之长，主要靠政府的补偿金过日子。这种状态如积累下去，将成为严重社会问题。

二、城镇化率有"虚高"现象。民族地区一般经济社会发展滞后，城镇化缺少大中城市的辐射、拉动，缺少产业支撑，有的地方在一个时段发展较快也往往是建立在矿产等特殊资源开发基础上，这就造成民族地区城镇化相对比较慢，而少数地方较高城镇化率也因统计口径因素往往有"虚高"成分，是低水平的城镇化。根据统计口径，内蒙古城镇人口为 1437.5 万人，城镇化率达到 57.7%，但在城镇人口中含有 150 万矿区、林区、垦区人口，他们生活在农村牧区，收入甚至低于当地的农牧民，有的生活条件比农村还差，如果扣除这部分人口，内蒙古的城镇化率不到 50%。延边州城镇化率达 68.07%，高于全国和全省平均水平，如果扣除州内林区、矿区人口，全州城镇化率为 55.3%。

三、"产城"关系不够协调。新疆为降低土地征用成本，防止重工业园区污染城镇环境，近年来在远离城镇的荒漠戈壁规划建设了大量产业园区，面积在几十、上百平方公里不等，为新疆工业化提供了载体，但也增加了基础设施和通勤的成本，工业区与城镇发展难以形成合力。建在戈壁荒漠上的工业区相当于建设新的人工绿洲，同样面临水资源不足的制约。由于产业门类少、规模小，民族地区城镇化普遍面临就业岗位不足的问题。

四、资源开发与生态环境保护存在矛盾。民族地区往往又是我国的资源富集地、生态功能区，国家22个限制开发区域有19个在民族地区。为加快产业发展，一些地方政府在招商引资中大力引进煤炭、石油、化工、矿产资源开发等原燃材料工业，且多以初级产品外运，资源利用效率低，极易造成环境污染。

五、既要促进各民族交往交流交融，又要重视保护少数民族文化，许多问题有待研究。城镇化加速了人口的流动，也使更多各族群众打破过去地域上的区隔，有了更多一起劳动、学习、生活的机会。现在，一方面许多新进入城镇的少数民族居民一时不适应城市多民族生活环境，不会国家通用语文；另一方面一些地方建设较少兼顾民族传统文化，一些民族原有的农牧业生产工具逐渐被现代机械所替换，民族传统服饰逐渐成为庆典礼仪性服饰，民族传统手工制品逐渐被新材料制品取代，失去使用价值，成为审美工艺品。加之广播、电视、网络等大众传媒的影响，独特的民俗民风正在逐渐消失，许多民族民间传统文化已经成为文化遗产。

六、边境人口的过度减少可能影响边防安全。在我国136个陆地边境县中，有107个县属于民族区域自治地方，生活在这里的少数民族群众为守边戍边做出历史性的贡献。搞城镇化建设无疑以这些地方的居民向中心城镇靠拢为好，而领土安全又需要他们适度分散以利于守边。目前有的边境地区已出现人口过度流出，村屯"空巢"现象。边境人口日益减少，对边防安全造成潜在影响。

为此提出以下建议。

一、落实支持民族地区发展的各项政策措施。认真落实《中华人民共和国民族区域自治法》中有关帮助民族区域自治地方加快经济发展的各项规定，优先安排基础设施建设项目、资源开发和深加工项目。建议中央财政设立民族地区城镇化专项投资引导基金，调动社会资本，发挥市场配置资源的基础性作用，培育民族地区经济支柱产业，以国家级重大产业项目带动为基础，重塑民族地区可持续发展的经济结构。贯彻落实《国务院办公厅关于金融支持经济结构调整和转型升级的指导意见》，在民族地区城镇化中先行先试。金融机构要针对民族地区的实际情况，落实民族区域自治法中关于项目建设配套资金等相关政策，支持地方政府融资平台健康规范发展，增加融资功能，撬动市场资本，拓宽融资渠道，加大直接融资比重。建议中央金融机构与民族地区建立对口支援关系，设计符合区域产业特点的金融产品和金融服务。国家金融管理部门应实行差别化的监管政策，加强窗口指导，守住不发生系统性和区域性金融风险的底线。

二、由产业带动，以产业为依托。民族地区的城镇化建设首先要注重加强产业支撑，立足产业建设城镇，围绕城镇发展产业。第二、第三产业是支撑，建立在市场化、集约化基础上的第一产业也可以成为支撑。按照《中华人民共和国民族区域自治法》相关规定，对增值税、所得税条例进行修订或补充，实行资源开发企业在资源开发地就地注册、就地核算、就地纳税，明确资源开发企业在资源所在地成立独立核算的子公司并在开发地注册，明确资源开发产生的税费在资源开发地解缴。同时，应要求在民族地区搞开发的中央企业让地方企业参股经营，以带动和壮大民族地区地方经济实体，从制度上解决民族地区有税源无税收的问题，增强这些地方提高城镇化水平的实力。民族地区城镇化在时间上、方式上均应有更大弹性，不必硬性追求与其他地区"同步"。

三、把就业作为城镇化的硬指标。城镇化不是简单的户籍集中、人口搬家。要把就业问题解决得好不好作为制约城镇化建设、衡量城镇化水平的约束性指标。在产业支撑基础上努力增加就业岗位，加大对职业教育和培训的支持力度。在就业前景不明朗的条件下不宜简单用行政命令方式使农牧民进城落户。探索实施"双轨制"过渡政策，在农牧民落户城镇后，依然在一个时段内保留其土地承包经营权及享受相关惠农惠牧政策的权利，并有序做好农牧民转移人口融入城镇政策安排，推动进城农牧民与城镇居民平等享有就业、劳动报酬、子女就学、公共卫生、住房购房、社会保障等基本权益，逐步实现城镇基本公共服务对常住人口全覆盖。

四、生态环境保护与建立生态补偿机制并重。城镇化绝不能以牺牲生态为代价。民族地区城镇化从开始就要在环保问题上实行高标准，避免内地城镇水源和空气污染、垃圾环城现象重演。要制定符合民族地区特点的城镇化发展目标，在解决民族地区产业支撑、生态保护、城乡统筹、民族特色等重要问题上实行差别化的政策。在资源富集的民族地区实施国家级大项目，要合理布局，科学规划，用最严格的环保标准，保护生态不受破坏。在生态功能区建设中，按照"禁"就要"养"、"限"就要"补"的原则，加快"生态补偿机制条例"的制定工作，优先考虑开展试点工作，实施最高补偿标准，提高各族群众保护生态环境的积极性。

五、在城镇化过程中实现各民族文化多样性和共同性的统一。各项政策的制定和实施要有利于各族群众在这一进程中交往交流交融,增进"四个认同",增进对"共同城市市民身份"的认同。防止城市生活中经常发生的磕磕绊绊被"民族化",防止"民族问题"在城镇聚集。城镇化过程中不可避免会出现人们生活方式在一些方面的趋同,在这个过程中要加强对民族文化的保护、传承和弘扬。把民族文化工作纳入民族地区城乡建设的实施过程,有针对性地进行项目开发、招商引资,发展民族特色旅游业。城市中的建筑、园林、环境等设计要更多地融入民族文化、乡土文化元素。继续加快在各民族群众中推行国家通用语文教育,同时保护、发展少数民族语言文字,在机场、车站、银行等服务场所开设少数民族语言文字服务。及早开展少数民族文化遗产保护工作。

六、高度关注边防安全。边境民族地区的城镇化建设必须与国土安全紧密结合。一方面,鼓励边疆各族群众从国家根本利益出发,扎根边境建设家乡;另一方面,国家对这些地区加大农牧林产业和新农村建设的支持,在有条件的地方开辟边境口岸开展边境贸易,鼓励支持边民与相邻国家边民发展互市贸易,恢复边境贸易减半征税和即征即返政策,带动边民致富和地方增收。鼓励发展边境旅游,条件成熟的地方恢复边境旅游就地签证。加大对边境城镇和边境口岸建设支持力度,把有条件的边境县城和重要边境口岸逐步发展成为中小城市,使边境沿线的农牧民群众就地享受到城镇化建设的成果。

2013年6月至7月间,作者率全国政协民族和宗教委员会调研组赴内蒙古自治区和吉林省,就民族地区城镇化建设问题进行调研,先后考察9个市(州)、旗及所属乡镇、村。本文系调研组提交全国政协的报告。

要更多关注"引导藏传佛教与社会主义社会相适应"问题

(2013年7月19日)

全国政协民族和宗教委员会把"引导藏传佛教与社会主义社会相适应"作为今年调研的一个重点题目，很重要，但做好这个题目也比较难。难就难在有一个十四世达赖集团利用藏传佛教搞分裂主义的问题。达赖搞分裂主义的一大资本是他在藏传佛教中的地位，而中央为了挽救他，迄今并没有否定他的宗教封号。反分裂斗争绕不过达赖问题，我们在这次调研中也不能不碰。这个题目需要做更加深入、多方面的思考。

一、藏传佛教的历史贡献

1246年，藏传佛教当时势力最大的萨迦派首领萨迦班智达携其侄子八思巴等，从后藏抵达凉州，同蒙古王子阔端议定了西藏归顺蒙古的条件，奠定了元朝中央政府对西藏地方进行行政管理的基础。从此西藏地区正式成为中国的一个行政区域。这是藏传佛教彪炳于中华民族史册的重大贡献。

此后历朝历代许多藏传佛教代表人物在当时的历史条件下，为巩固和发展同中央政府的关系，为维护祖国的统一，付出了自己的努力甚至生命。

青藏高原自然条件恶劣，历史上经济社会发展严重封闭滞后，民众生活极为困苦，同内地文化交流相当困难，在这样的环境下，没有一种信仰，人是很难坚持下去的。藏传佛教千百年发展轨迹和形态，是与其所处的自然和社会条件密不可分的，由此在藏民族精神生活中起到了一种重要的支撑作用。藏传佛教至今在藏民族精神生活中的影响力和所享有的地位，有其必然的道理，不可轻视。

历史上西藏大量社会财富积淀在寺庙里，藏民族大量文化精品也集中保存在寺庙里。我们现在的文化保护项目大多与寺庙相关。藏传佛教对西藏文化保存、积淀、传承起到了重要载体作用，同时也是西藏同祖国内地文化交流的重要渠道。

藏传佛教作为中国佛教三大语系之一，对于中国佛学的形成和成熟，并最终成为中华民族文化的组成部分，发挥了重要作用。藏传佛教许多经典是可以与汉传佛教经典对应上的，如甘珠尔、丹珠尔等，在形态上与汉传佛教、南传佛教既保持一致又有其特色风貌，共同形成丰富多彩的中国佛教文化。

二、 藏传佛教在与社会主义社会相适应上存在特殊性

任何宗教都是在特定社会环境中发生、发展的，都要与所处的时代相适应，否则就不能生存。由于西藏历史上长期处于政教合一的封建农奴制度，藏传佛教所处的社会形态一般来说比我们国家内地要滞后，因此有的

情况比较特殊，有些方面背的包袱更重一些，在与新的时代相适应上比佛教其他两大语系要付出更多努力。比如：

达赖集团利用活佛制度搞分裂主义活动。活佛制度是藏传佛教格鲁派等重要教派的特有传承方式。活佛不同于一般的宗教教职人员，在一般信教群众眼中，活佛既是人又具有神性，是不能得罪的。活佛由于其神性对信教群众的引领作用特别大。当一位活佛爱国爱教，服从和支持政府依法管理，愿意走与社会主义社会相适应道路的时候，他就可以带动一个寺庙、一个地区乃至一个教派朝有利于国家、社会、民众的方向走，如十世班禅大师及众多爱国爱教的活佛。但是如果这个人搞分裂主义，也会影响到一片地方，破坏作用也会很大，十四世达赖、阿坝的格尔底活佛就是这种情况。十四世达赖之所以能够在藏区有一定影响力，与藏传佛教与社会主义社会相适应程度还不够高有关系，使他有了利用宗教欺骗信众，搞分裂主义政治的机会。

历史上寺庙大僧团制度影响犹存。中世纪的欧洲天主教修道院规模往往很大，汉传佛教寺庙历史上一度也盛行大僧团，人多，地盘大，势力也就大，干政的欲望也就更强烈。随着社会发展，大僧团已经是落后的现象。现在的汉传佛教、南传佛教，一个庙里没有那么多和尚，和尚主要起信仰上的引领和寺庙管理作用。旧西藏僧侣数量惊人，据民主改革时期统计，共有僧尼11万多人，占西藏总人口的十分之一。与此相联系，寺庙大僧团也是出了名的，动辄数千甚至上万人。这种状况严重阻碍了西藏人口的增长和社会生产力的发展。这个问题在50年代民主改革后开始解决，虽然中间有所反复，但总体上解决得比较好。其他藏区情况不一，改革开放以来，政策放宽了，经济条件好了，有的地方管理不到位，又搞起大型甚至超大型寺庙，有的常住几千人。寺庙膨胀，人数过多，鱼龙混杂，给政府管理带来难题，也不利于藏区社会发展进步。

旧西藏政教合一的封建农奴制度的残余影响。旧西藏以三大领主（官家、贵族、寺庙）为支柱的政教合一制度在民主改革后被废除。但是政教合一的冲动、政教合一的传统，在一些人思想上还严重存在，企图拉藏传佛教往后倒退，成为达赖搞分裂主义的支撑力量。西方资产阶级革命，首先也是要冲破政教合一的旧制度，更何况我们党领导的人民革命事业和今天中国特色社会主义建设事业。现在有的基层又出现寺庙干政问题，甚至把属于政府的部分社会管理职能拿过去，这是不能允许的。有些人跟达赖走，目的就是恢复过去政教合一制度下宗教上层高居社会顶端的"美好生活"，寄希望达赖集团有朝一日回来，把这一套东西再恢复起来。周恩来同志1959年提出藏传佛教要"去掉宗教被封建农奴制度玷污了的东西"，至今仍有其现实意义。

三、 藏传佛教如何做到与社会主义社会相适应

第一层次，也是最基本要求，就是寺庙、僧人要守法，服从政府依法管理。这不是很简单吗？但就是这一条，有的地方就做不到。有的寺庙拒绝政府管理，频繁闹事，凭什么？就是凭着有达赖集团和境外反华势力撑腰。所以，引导藏传佛教与社会主义社会相适应，反对达赖集团是题中应有之义。一个寺庙、一个僧人，如果同分裂国家的政治集团划不清界限，搞打砸抢烧，搞自焚，搞"非暴力不合作"等分裂主义政治活动，就谈不上与社会主义社会相适应。在藏区做到寺庙、僧人自觉守法，这些年有很

大进展，但并不太容易，有些深层次问题仍然存在，还得继续紧抓不放。

第二层次，发挥宗教在社会生活中的积极作用，多做积德行善的事。寺庙、僧人不但要守法，还要支持国民教育、支持公共卫生事业和公益慈善事业等。寺庙有了钱以后，是多帮助一些贫困孩子上学，帮助农牧民过好生活，还是把寺庙修得金碧辉煌，想办法弄更多的钱，同农牧民群众的生活状况形成那么强烈的对比？国家规定孩子必须接受九年义务教育，而宗教又希望有当喇嘛条件的孩子及早入寺，怎么解决这个矛盾？南传佛教解决这个问题有自己的办法，藏传佛教可以借鉴，而前提是国家九年义务教育的规矩不能破。寺庙搞宗教文化传承，不需要弄那么大的场所，弄很多的人当喇嘛。寺庙接受群众供奉的时候，不要什么钱都收，如果真有慈悲心，还是要引导群众把钱多用到改善生活、发展生产、教育孩子上。让群众生活过得好，这才符合佛祖的真精神。

第三层次，挖掘和弘扬宗教教义中有益于国家和社会，有益于人心教化的内容。藏传佛教经典浩如瀚海，要将其中护国利民的东西挑出来，加以阐释，多讲，而不是把信众往反方向引。最近反自焚斗争中，许多佛教界人士站出来，引经据典，指出达赖集团煽动和制造自焚是违背释迦牟尼本意的，在反分裂斗争中起到了特殊作用，难能可贵。这是藏传佛教能够与社会主义社会相适应的最近的有说服力的例证。

本文是作者在全国政协民族和宗教委员会"引导藏传佛教与社会主义社会相适应"专题调研会上的发言。

"我对新疆反分裂斗争充满信心"

——接受《中国新闻周刊》记者专访时的谈话

(2013年8月19日)

《中国新闻周刊》记者王全宝：6月初，由您带队的全国政协民族和宗教委员会调研组到新疆就职业教育问题进行调研，请问新疆职业教育有什么特殊意义吗？目前存在哪些问题，在您看来该如何解决？

朱维群：这些年来新疆的职业教育取得长足进展，截至2012年，全区中等职业学校185所，高职高专院校20所，全区职业学校在校生32万人。根据对口援疆政策安排，新疆每年送3300名学生到中东部地区19个省市的重点职业学校学习。一个令人鼓舞的现象是，2012年中职毕业生就业率达86%，高职毕业生就业为90%，均明显高于普通高中、大学毕业生就业率。

在快速发展中，也出现一些短板现象，比如一些地方尤其是南疆经济发展水平不高，财政自给率低，很大程度上靠中央财政和对口支援，总投入不敷需要；由于主客观各种因素影响，初中毕业生仍然大多首选上普通高中，上中职的只有40%，比全国低7个百分点，而且入学后流失率高，有的地区高达40%；由于缺少产业支撑，南疆一些职业学校地域布局、专业设置均不够合理，实训条件滞后，出现投资分散、校舍空置、教学低水平重复现象，人气不旺；中职教师中很多是从普通高校或中小学转任的，缺乏实训经验丰富、动手能力强的专业课教师，南疆还严重缺乏既精通国家通用语言文字又懂当地民族语言的"双语"教师。援疆工作展开后，内地不少企业落户新疆，对专业技术工人需求量增大，但当地富余劳动力缺少专业技能，导致"招工难、就业难"并存的局面。

我国教育事业一个大问题是重普通学历教育，轻职业教育。在新疆，加快职业教育发展尤为迫切。一方面，职业教育是新疆产业发展的重要支撑，是增加群众收入、加快脱贫步伐的重要途径。另一方面，新疆每年都有大量青年学生接受9年义务教育后上不了高中，高中毕业后考不上大学，大学毕业后不能及时就业，在社会上闲散，极易成为某种不稳定因素。一人就业，一家安宁。新疆加强职业教育，可以使更多青年及早掌握一技之长，有稳定的工作和收入，同时又具有同分裂主义势力争夺青少年的特殊意义。

新疆职业教育的主要目标是促进就业，考量各项政策、措施得失要以此为标准。比如，在院校地域部局上，既要考虑到地（州）、县（市）相对均衡，又要尽可能向人口相对密集、经济较为发达的城市、科技园区靠拢，寻求产业和市场支撑；在专业、课程设置上，既不能脱离原有基础，又要力争适应劳动力市场多层次技能人才的需求，通过校企合作、"订单培养"等方式，及早为学生寻找"下家"；充分利用对口援疆省市的优质职教资源，提高职教水平，也为内地新疆班学生在中东部地区拓展就业门路。

记者： 前不久新疆发生多起暴力恐怖事件，反分裂斗争已呈现长期化态势，你认为这场斗争前景如何？

朱维群：我们将新疆分裂主义势力统称为"三股势力"，即民族分裂势力、宗教极端势力和暴力恐怖势力。其中，宗教是外衣，恐怖是手段，而分裂是目标。新疆反分裂斗争之所以特别艰巨、尖锐，是因为可能导致分裂主义长期存在的因素几乎全部具备。在地缘上，新疆远离内地经济文化中心，虽然从西汉起历朝中央政府对其进行管辖，但程度有强有弱，而新疆与中亚诸国距离较近，既便于交流，也极易接受境外势力影响。在历史上，英国、沙俄曾长期染指新疆，19世纪末20世纪初，"泛突厥主义"①和"泛伊斯兰主义"②从中亚传入新疆，至20世纪30年代初形成了以"东突厥斯坦③独立论"为核心的分裂主义思想体系和政治纲领，同时豢养出一批狂热的分裂主义"理论"与活动骨干分子。1933年在南疆，分裂主义

---

① "泛突厥主义"是19世纪末20世纪初起源于沙皇俄国境内的鞑靼知识阶层的一种思潮。主张将生活在博斯普鲁斯海峡至阿尔泰山脉之间的突厥语族各民族联合起来，复兴突厥民族。20世纪初，奥斯曼土耳其统治者接过这一主张，将其发展成为一种民族沙文主义思潮，试图建立以奥斯曼土耳其为核心的突厥大帝国。近些年来，我国新疆极少数民族分裂主义分子同外国反华势力相勾结，鼓吹这种思潮，妄图破坏祖国统一。

② "泛伊斯兰主义"是19世纪中叶产生于一些伊斯兰教国家的一种社会思潮。起初，政治上主张所有信奉伊斯兰教的国家和民族联合为一个统一国家，共同抵御外来侵略；思想上主张在伊斯兰教的基础上塑造自己的生活方式，抵制无神论和世俗化倾向的影响。进入20世纪以后，这一思潮被一些伊斯兰教国家的统治者、封建主和宗教势力所利用，成为他们破坏革命运动、煽动民族纷争、进行侵略扩张的工具。第二次世界大战结束后，由于各伊斯兰教国家的独立和民族主义思想的增长，这种思潮逐渐失去号召力。近些年来，我国新疆境内外极少数分裂主义分子和宗教极端主义分子鼓吹这种思潮，妄图破坏祖国统一。

③ "东突厥斯坦"是近代西方殖民主义者制造的一个名词。古代突厥民族曾在6世纪时建立突厥汗国，疆域曾远达今蒙古国、中亚和中国北部等广大地区，不久便分裂为东西两个汗国，后被唐王朝所灭。682年，突厥复兴，建立后突厥汗国。744年，回纥（今维吾尔族先民）灭后突厥汗国。突厥后裔逐渐西迁并融入其他民族。近代中亚各民族逐步确立。中世纪的阿拉伯地理学著作，曾把中亚突厥语族各民族生活的锡尔河以北及毗连的东部地区，泛称为"突厥斯坦"（意为"突厥人的地域"）。19世纪初，西方殖民主义者用这一名词来表述中亚地区及中国新疆塔里木盆地，并将新疆塔里木盆地称为"东突厥斯坦"（又称"中国东突厥斯坦"）。20世纪初，新疆极少数民族分裂主义分子和宗教极端主义分子，同外国侵略势力相勾结，宣扬所谓的"东突厥斯坦独立"，企图把新疆从中国分裂出去。

势力打出过"东突厥斯坦伊斯兰共和国"旗号，不到三个月就崩溃了；1944年三区革命早期，打出过"东突厥斯坦共和国"旗号，一年半后被革命力量取消。虽然两次事件都属短命，但留下了恶劣的"历史记忆"。在民族构成上，有的地区特别是南疆各民族混居程度较低，交融程度不高，容易受狭隘民族主义影响。在宗教上，历史上形成一教独大格局，20世纪80年代以来由于各种原因宗教氛围重新趋浓，境外2000多个"宗教"组织趁机对新疆实施渗透，宗教极端主义由此获得滋生条件。在周边环境上，苏联解体后，中亚相继出现哈萨克斯坦等五个独立"斯坦"国家，这些国家同我国关系都很好，但毋庸讳言，其出现刺激了新疆一些人的"独立"幻想和冲动。特别要指出的是，冷战结束后，以美国为首的一些西方势力更把目光转向中国，公然为"世维会"等境外分裂主义组织提供政治庇护、舆论工具和金钱支持，并促成其与达赖集团、海外动乱分子联手。2003年完成的美国《新疆工程》提出"新疆主权地位未定"论、"新疆遭受汉人殖民统治"论、"新疆问题"是"人权问题"论等等，成为分裂主义势力的理论和精神支柱。同时也要指出，美国和一些西方势力为搞垮苏联和南斯拉夫，推销美式"民主"所采取的一系列措施，导致中亚各种民族分裂主义思潮和宗教狂热蔓延，极端势力趁机壮大起来，其中一些组织得手之后反过来又把矛头指向美国的强权政治和单边主义，美国人也尝到自己种下的苦果，尽管还是初步的。而这些极端组织同时也给予"东突"分子鼓励和支持，使我们面临的境外形势更加复杂。

  以上因素都不是短期内可以彻底解决的，有些境外因素我们暂时还鞭长莫及。所以我们对新疆反分裂斗争要有长期的思想准备和工作准备。当形势在一个时段持续稳定时，万不可过于乐观，松懈大意，因为新疆太大，情况太复杂,你很难全部知道哪个角落里正在酝酿什么事端;而当"摊上大事"时,也不要丧失信心,因为无论是经济、政治、文化、军事等哪个领域,敌我双方力量对比都不成比例,更何况新疆各族群众是坚决反对"三股势力",坚决维护祖国统一的。新疆每次发生较为严重的暴力恐怖事件,社会空气都会紧张一阵子,旅游业也会受到冲击,但发展稳定的大趋势并未被打断,更未被逆转。只要我们自己政策正确,出手坚决,方法得当,不发生动摇,完全可以牢牢把握全局性的有利条件和主动权,使形势朝我们所希望的方向发展。我对新疆反分裂斗争充满信心。

历史告诉我们,新疆也好,西藏也好,边疆地区发生分裂危险总是与内地的局势联在一起。历朝历代,每当中央政府权威完整,中原地区稳固的时候,边疆向心力就会增强,外敌就不敢觊觎;而每当中央政府权威削弱,中原动荡的时候,边疆就会发生离心倾向,而外敌就会借机插手。而我们今天与古代社会不同的是,古代中国分裂了还可以再统一,而今天中国如果被分裂了,就难有再统一之日了。达赖集团至今后悔没有在辛亥革命、国共内战时期断然"独立",而把未来"藏独"的希望放在中国社会下一次动荡上。因此,反分裂不仅是西藏、新疆各族人民的事,也是每一个爱国的中国人的事。

记者:你认为新疆反分裂斗争有哪些工作需要注意?

朱维群:新疆反分裂斗争是一个综合性工程,而加快发展、改善民生仍然是全部工作的基础。新疆在我国仍属欠发达地区,尤其是和田、喀什、克州、阿克苏等南疆地州,既是全疆维吾尔族人口比重最高的地区,又是全疆贫困人口最多的地区,这种历史上形成的民族地区和贫困地区重叠格局,使分裂主义势力认为在这里比较容易找到藏身之处。无论是从实现我们党为人民服务的宗旨出发,还是从巩固反分裂斗争的群众基础出发,都需要新疆经济尤其是南疆有一个较快发展，各族群众生活有一个较大改善，都需要国家予以更多经济支持，也需要采取内地对口支援这样的特殊政策。

但是不能认为经济上去了，群众生活改善了，反分裂斗争问题就自然解决了。实践证明，解决后一个问题还需要政治、文化、教育、政法诸方面的措施，包括对分裂主义势力的坚决打击。

我认为一个重要问题是重视意识形态领域反分裂斗争。新疆近些年深入开展"热爱伟大祖国，建设美好家园"等民族团结宣传教育，效果很好。这类活动除了要在广大农牧民、市民中开展，尤其要注重加强对干部、教师、知识分子、宗教界人士等握有话语权的人的教育，因为他们是可以影响社会舆论、影响他人思想的人，他们在社会意识形态的影响力，无论是起正面作用还是反面作用，都不是一般社会人群可以相比的。

在新疆，极少数人利用课堂、出版物及新兴媒体等散布狭隘民族主义情绪和错误观点，比如把新疆的历史、民族、文化描述成为"独立"存在和发展的东西，同中国历史、中华民族、中华文化毫无关联，再加上西方"一个民族一个国家"和"民族自决"理论点化，新疆当然可以"独立"。20世纪80年代，新疆由正规出版社出版的《匈奴简史》《维吾尔人》《维吾尔古代文学》等三本宣传"泛突厥主义""泛伊斯兰主义"的坏书，至今仍然是分裂主义势力的教科书。一些人打着宗教信仰自由的旗号推动非法宗教活动和宗教极端主义向学校渗透。这些对社会尤其是对涉世不深的青年学生思想危害极大。要取得反分裂斗争的胜利，必须着力对教育别人的人进行教育，使有知识、有社会影响的人首先树立正确的祖国观、民族观和宗教观。如果我们不能解决这个问题，就不能使我们的思想教育深入社会人群特别是青少年的思想感情深处，反分裂斗争就处于某种治标不治本的状态。除了正面教育，也不能回避对错误思想开展有针对性的批评。

2010年中央第五次西藏工作座谈会和中央新疆工作座谈会在总结西藏和新疆反分裂斗争的基础上，归纳出促进各民族"交往交流交融"和增进各民族"对伟大祖国的认同、对中华民族的认同、对中华文化的认同、对中国特色社会主义道路的认同"，"坚持尊重少数民族文化习俗和增强国家意识、法律意识、公民意识的统一，坚持依法行使民族区域自治权与贯彻执行党和国家方针政策的统一，坚持享有少数民族合法权益与依法履行公民义务的统一"等重大提法，这是我党民族工作在新的历史时期结合新的实际作出的经验总结和重大创新。但是这样一些思想此后并未得到充分阐释和宣传，相反却受到一些人的冷漠和质疑。正确的东西不去宣传，错误的东西就会去占领思想、舆论空间，进而对实际工作发生作用。理论问题、意识形态问题，始终是民族工作必须十分关注的问题。

记者：新疆很多少数民族群众信仰伊斯兰教，而宗教又与社会稳定密切相关，你怎样看当前新疆宗教问题？

朱维群：新疆历史上曾经是佛教盛行的地区，从公元9世纪末开始，伊斯兰教进入新疆并发展起来，把佛教挤了出去。现在全疆穆斯林有1000多万人，在喀什、和田、克州约占人口的93%。新疆宗教领域总的情况是好的，有一批爱国爱教人士长期发挥正确引领群众信仰的作用，帮助政府做了大量稳定社会、稳定人心的工作，其中不少人也成为"三股势力"攻击对象。

新疆宗教领域存在的问题，固然有境外势力渗透的原因，有些与我们自己一个时期内措施失当有关。改革开放初期对宗教问题复杂性一度认识不足，放松了管理。80年代清真寺从1400座猛增至2.4万座；未加甄别地对一些打着宗教旗号的分裂分子予以平反，其中一些人重新成为"三股势力"核心人物和精神领袖;一些地方发生宗教狂热现象,"地下讲经点"、出版非法宗教读物等活动趋于活跃。宗教领域不正常现象给极端宗教势力提供了温床。大家还记得,今年 6 月鄯善事件中落网的一名年轻暴力恐怖分子对着记者镜头交代他参加杀人的动机竟然是通过暴力和杀戮可以换来进天堂的资格,天堂有仙女,有美酒,想要什么有什么……由此可见,宗教极端主义的极大危害性,也从一个侧面说明发展国民教育,用现代科学文化占据青少年头脑的紧迫性。

在新疆,讲宗教信仰自由的时候不能放松对宗教事务依法管理,而打压宗教极端势力的时候又不能忘记保护群众宗教信仰自由的权利。新疆多年来创造了对宗教界人士进行法制教育培训、讲"新编卧尔兹"①、到内地参观开阔视野等办法,成效显著,宜长期坚持。另一方面,对以宗教为名扰乱社会正常秩序、干扰政府施政的要坚决依法惩办,不容其成势。同时还要防止这些年宗教领域某种"去中国化"的现象,保持中国伊斯兰教历史上主动与中国社会相适应的传统。宗教不能进国民教育课堂,而党的宗教政策、唯物主义宗教观要及早进课堂。处理宗教领域复杂问题,需要正确理论政策,也需要足够的耐心,在工作实践中体认、比较、把握。

记者:您认为在新疆推行"双语"教育,提升少数民族群众尤其是青少年正常握国家通用语言文字水平,有什么重要意义,目前推行得如何?

朱维群:中央新疆工作座谈会提出到 2015 年基本普及"双语"教育,

---

① "新编卧尔兹"指《新编卧尔兹演讲集》(1—5),由中国伊斯兰教教务指导委员会组织编写的,以"继承和发扬伊斯兰教优良传统、引导中国穆斯林顺应时代发展"为原则,体现"维护人民利益,维护法律尊严,维护民族团结,维护祖国统一"精神的系列"解经"教学用书,以便每位教职人员和广大穆斯林群众能够及时了解我国解经工作最新成果。其最新的第五辑汉文版和维文版于 2014 年 7 月 31 日正式由宗教文化出版社出版发行。

到 2020 年使少数民族学生基本熟练掌握和使用国家通用语言文字的任务。我认为这是一项具有战略眼光的决策，不仅对于新疆，其精神对于各个民族、民族地区都是适用的。

新疆少数民族群众生活改善长期以来不够快，一个重要原因是相当比例人口不掌握国家通用语言文字，限制了视野，限制了市场竞争能力的提升。我看到很多青少年接受义务教育 9 年后还不会普通话，增加了升学、就业难度；上大学后专业又局限于民族语文、民族历史等文科类，毕业后仍摆脱不了就业困境。从提高民族学生市场竞争力和就业机会来说，掌握国家通用语言文字是必须的。同时，中国作为一个现代国家，理所当然应当有一种语言是全体公民都能掌握的，这是全体公民形成共同国家意识、维护国家统一所必须的。我在新疆充分感受到少数民族群众送孩子学习国家通用语言文字的积极性很高，只要有基本的条件，孩子们可以在很短时间内就能灵活运用国家通用语言文字交流。可以说，学习国家通用语言文字在各族群众中完全没有阻力。现在问题主要是普遍缺少民汉兼通又具有专业能力的"双语"教师。这需要新疆加快师资培养，因地制宜、灵活运用多种教学模式，也需要全国支持。

同时，我们也不能忽视少数民族语言文字的保护、使用和发展，不能使中华文化中这部分宝贵基因流失。在教学语言调整过程中，要充分肯定由于年龄原因不适应"双语"教学的少数民族老师的贡献，继续发挥他们的专长，维护他们的尊严和利益。在少数民族地区工作的汉族干部、教师也要学习少数民族语言，努力形成一支掌握"双语"的多民族教师队伍。

记者： 国外一些势力指责中国政府向新疆"移民"，你怎么看这个问题？

朱维群： 事实上，今天生活在新疆的各民族都是历史上先后移居而来的。就拿汉族来说，汉代中央政府就派有军队在轮台、渠犁等地屯田，后来扩大到全疆各地，此后内地汉人或为官，或从军，或经商，或屯田，连续不断进入新疆。清朝统一新疆后，组织满、蒙古、锡伯、达斡尔、汉、回官兵移驻新疆各地，并鼓励南疆的维吾尔人到北疆伊犁，内地民族到新疆发展生产。1949年新中国建立时，新疆有13个世居民族，汉族是其中之一。说汉族是共产党移民过来的，可谓滑天下之大稽。

新中国建立后，新疆人口自由流动增多，多民族混居状况更为明显。改革开放后，由于市场导向作用，以上学、工作、经商、务农为目的的人口自由流动在新疆与内地之间、新疆城乡之间和南北疆之间都更为频繁。新疆每年还有数十万富余劳动力到内地打工，有些人就定居在了内地。由此可见，新疆与内地之间的移民和人口流动自古如此，今后也会如此，它促进了新疆的开发和建设，今天仍然为新疆的发展不断注入新的活力。

中国是一个独立的主权国家，其公民享有在国土范围内依法自由迁徙、流动的权利，任何人无权剥夺他们这项自由权利。所谓"中国政府向新疆、西藏移民"一类的指责，完全是个伪命题。这种指责藏着一个没有说出来的前提，即不承认新疆、西藏是中国的一部分。如果我们去同西方争论"中国有没有向新疆、西藏移民"，那么实际上就已经落入了人家的陷阱。

真正需要指责的是西方人在近代殖民过程的另一种移民：跑到美洲大量屠杀印第安人，跑到澳洲大量屠杀土著，然后把欧洲人移过去；大量贩卖非洲黑人到美洲为奴……西方一些人在过度关心中国内部事务之前，最好先把他们自己欠殖民地人民的债算算清楚。

　　　　本文收入本书时恢复了因篇幅限制在《中国新闻周刊》发表时删节的少数段落。

为什么不问苍生问鬼神？

——谈保持共产党人世界观的纯洁性

(2013年9月16日)

当前，有一种怪现象，就是不少共产党员不坚持辩证唯物主义世界观，不坚持马克思主义无神论，特别是有的领导干部也搞起了迷信，不问苍生问鬼神，有的甚至动辄花大把的钱去咨询请教所谓大师、算命先生，在社会上造成很坏影响。这说明，坚持与宣传无神论，批判封建迷信思想在当前显得尤其重要。

我们为什么要坚持无神论？首先，因为我们党的世界观是辩证唯物主义和历史唯物主义，而无神论是这一世界观的重要内容。正是由于坚持无神论的世界观，我们党才能领导人民以自己长期、艰苦的探索和奋斗一步一步改变中国，实现中国人民的解放和富裕，而不是引领人民寄希望于神灵护佑，去追求虚幻的天国和来世；也正是由于坚持无神论的世界观，我们才能用科学理论武装全党的头脑，在90多年的实践中不断深化对中国革命和建设客观规律的认识，而不是乞灵于神的启示和主观主义的臆想。抽掉无神论这一思想基石，党的理论大厦就要垮塌，党的奋斗所取得的一切都成虚妄。

其次，无神论是中国传统文化的基本精神。中国文化有着深厚而又极富特色的无神论传统，出过许多坚持无神论思想的儒者、大家。一代又一代无神论者以他们那个时代所能达到的思想高度，以他们特有的话语体系，引领当时中国人对哲学的根本问题进行理性的思考。他们的努力造就这样一个局面：中国历史上虽然活跃着多种不同宗教，但中国从来不是一个宗教国家，而是一个世俗国家；中华文化虽然含有宗教内容，但不是一种宗教文化。中国宗教本身也由此具有强烈的现实品格，较少神秘主义，较少狂热和极端，更未发生过全局性的宗教战争。有人测算过，全世界60多亿人中，宗教信仰者48亿人左右，不信宗教的约有13亿人，不信宗教的大部分在中国，显然，这与中国文化传统是分不开的。这一特点，是我们党作为无神论的党而能如此自然地从人民中生长起来，得到人民长期支持，取得胜利并长期执政的重要原因。然而，当前国内外一些人极力制造种种谬论，诸如："唯有神论才有信念、有文化、有道德，而无神论则导致社会物欲横流；今天中国道德水准下降的原因是中国人不信宗教特别是不信基督教；中国当务之急是对中国人进行宗教信仰补课"，等等。这些谬论完全不符合中国社会实际。我们要旗帜鲜明地指出：恰恰相反，无神论传统不仅是中国古老文明的重要内容，也是今天中国现代化建设包括道德提升的一大优势。我们当然要学习人类文明的一切优秀成果，但我们绝不学习西方的迷信思想，绝不放弃自己无神论的特点和优势。

再次，在今日中国，各色装神弄鬼的反科学反理性现象有愈演愈烈之势，危害人民，危害社会，需要从源头上即从世界观上予以清理。应当清醒地看到：一些地方人为助长宗教热，滥建神象、寺庙，热衷于大规模宗教活动，中央屡禁而不能止；一些地方盖办公楼、装修办公室要请风水先生指点，立"转运石""靠山石"，甚至不惜破坏城市规划和环境；形形色色的"大师""神医""半仙"，你方唱罢我登场，搅起阵阵污泥浊水……而这些愚昧、反科学行为背后，又都有一些党员干部甚至领导干部在推波助澜。有的共产党员不讲科学搞迷信，见了神象膝盖发软，带头崇拜各色怪力乱神，热衷于烧"第一炷香"、撞"第一声钟"，甚至一边拜神一边贪污，用贪污来的钱供神，从神的"庇佑"中获得贪污行为的精神支撑。这些已成为一道怪异的"风景"。我们不能说有神论世界观就一定导致这些现象发生，但这些现象的世界观根源一定出自对超自然力量的崇拜。我们的社会对这些乱象不是没有治理，但力度不够，迄今基本上限于戳穿一些具体骗局，而没有解决深层次的世界观上的病因。只要我们没有从哲学的高度予以清算，没有使无神论成为多数人至少是党员干部认识世界、改造世界的思想武器，我们就永远不可能建成一个科学昌明的现代社会。

坚持无神论，首先应当是执政党对自身建设的要求。党要不断对党员进行辩证唯物主义和历史唯物主义的教育，要求党员划清唯物主义与唯心主义、无神论与有神论的界限，坚决抵制各种腐朽思想对党的世界观的侵蚀、渗透，并提出纪律要求。这种教育不但要继续坚持，而且要不断加强。我们知道的一些党员干部搞封建迷信案例，大都是在查处其经济问题时带出来的，很少有干部是因搞封建迷信而受到批评、查处的。因此，应当把无神论教育列入党的各项教育活动中。党员不仅要保持政治上、组织上、作风上的纯洁性，还应在世界观上保持纯洁性。这项要求看似简单，但实践起来并不容易。党如果不能坚持自己科学的世界观，就不可能保持住自己的事业。

坚持无神论，要善于做群众的教育和宣传工作。我们宣传无神论，不仅是为了坚持一种科学的学说，更是为了使群众掌握这种认识世界、改造世界的思想武器。只有这一科学学说真正为大多数群众所接受，这种宣传教育才有完全的意义。在《中华人民共和国宪法》中有明确条文规定，国家在人民中进行辩证唯物主义和历史唯物主义教育。我们应抛掉种种无所作为的观点和情绪，自觉主动地把《宪法》的要求与责任承担起来。无神论的教育，也要从青少年抓起，及早进课堂、进教材，进青少年头脑。

坚持无神论，要不断提升无神论教育者队伍的自身水平。作为社会科学的一门学科，无神论有着丰富的历史和哲学内涵，不是说一句"世界上没有任何神灵存在"的话，就可以了事的。无神论教育也需要随着社会的发展和变革，不断用科学的最新成果予以充实、完善、丰富，需要对今天世界范围内无神论与有神论各自发展与影响力消长作出符合实际的分析。因此，无神论教育者需要有丰富的自然科学、人文科学知识，包括宗教学知识，有更为宽阔的世界眼光。

坚持无神论，要始终同坚持与宗教界的统一战线紧密结合。中国革命和建设的历史都充分表明，我们同信教群众在根本利益上的一致性是主要的，在世界观上的差异性是次要的，因此在党的正确的宗教方针政策指引下，是完全可以做到"政治上团结合作，信仰上互相尊重"，共同致力于中国特色社会主义建设的大目标的。无神论教育、宣传绝不是制造信教与不信教群众的对立，而是要使更多的人学会正确看待宗教现象，理性选择自己的世界观，反对境内外一些势力利用信仰问题扰乱社会秩序，搞政治渗透与颠覆。上述种种社会乱象，对社会不利，对宗教也不利，因此我们在反对这些社会乱象的斗争中，完全可以同宗教界结成统一战线。要加强在高校、研究机构中的无神论学科建设，用辩证唯物主义的世界观和方法论科学地、理性地分析宗教现象，对宗教现象给予科学的有说服力的解释，把原则的坚定性同政策的准确性紧密结合起来，这样我们才能说服更多的人坚持科学的世界观，更好地坚持无神论。

本文发表于《求是》杂志2013年第18期。

中国不容分裂

——在比利时接受欧盟记者集体采访时的谈话

(2013年10月17日)

欧洲时报记者：请问中国政协民族和宗教委员会代表团此次访问欧洲的主要目的是什么？

朱维群：我们这次到欧洲的目的，是希望把中国人民政治协商会议这样一种民主形式，包括其民族和宗教委员会的情况，中国民族、宗教的情况和我们所做的工作向欧洲朋友做些介绍。很多欧洲人对中国西藏很感兴趣，西藏也确实发生了一些有趣的事情，我们也想就西藏的一些情况，包括我们对十四世达赖集团的斗争做些介绍。我们也很想了解欧盟和欧洲各国处理自己民族和宗教方面的成功经验和整体思路。我们第一站是比利时，同比利时议会的很多官员进行了交谈。比较一致的结论是：宗教问题必须坚持宗教信仰自由；民族问题必须坚持各民族平等；由于各国国情的不同，各国还是要走符合自己国情的道路。

相对欧洲国家，中国的民族、宗教具有很强的特殊性。中国有56个民族，其中少数民族人口有1.1亿多，占总人口的8%多一点，而实行民族区域自治的地方占国土面积的64%。中国有五大宗教，包括佛教、道教、伊斯兰教、天主教和基督教，信教人口1亿多。民族和宗教问题如果处理不好，社会就会出现很大问题。今天中国经济社会发展所取得的成就，世界各国都是承认的，这也证明了我们执政党和政府处理民族和宗教问题的基本政策和工作是成功的，否则不可能有今天这个局面。就拿欧洲人经常关注的西藏来说，西藏海拔非常高，1959年民主改革前还是封建农奴制社会，在这里进行现代化建设，难度是非常大的，但是我们干得还不错。刚刚过去的2012年，西藏的GDP比上年增长13%，连续20年实现两位数增长；农牧民可支配收入增长17%，连续10年实现两位数增长。即使达赖集团的破坏，包括近年来他煽动制造自焚事件，都没能打断西藏前进的步伐。我们对西藏的未来充满信心。

请大家提问，越尖锐越好。

欧洲通讯社记者：2008年，您在英国接受BBC采访时说过，你迄今还是认为西藏要实行民族区域自治制度吗？

朱维群：民族区域自治制度是中国的一项基本政治制度，这项政治制度不会改变。根据这项制度，民族区域自治地方有权根据当地实际情况制定自治条例和单行条例，对上级政府的决策作出某种变通乃至停止执行，可以采取各种必要的方法加快民族区域自治地方的经济社会发展，保证实行民族区域自治的民族的干部在国家政权机关担任重要职务。这个权利还包括发展教育和文化以及使用和发展本民族语言文字的权利，等等。少数民族语言在少数民族地区的政治生活中、媒体宣传中及各个方面，都享有崇高的地位，当然，这并不妨碍国家通用语文在民族地区的教育和使用，因为一个国家必须有一种大家都能懂的语文，这样有利于各民族共同繁荣发展。

当然，民族区域自治地方权利的行使要遵循宪法，一些重大措施要经过全国人民代表大会批准。这是为了确保国家的统一，防止有人借自治之名行分裂国家之实。比如达赖喇嘛提出的"高度自治"，实际上是一种分裂主义，他的这种行径不仅破坏国家统一，也破坏民族区域自治制度，这是我们绝不能允许的。

欧洲通讯社记者：既然实行民族区域自治，为什么有人因在西藏悬挂藏族旗帜遭到逮捕？

朱维群：你说的这种旗子，叫"雪山狮子旗"。这种旗子在历史上也不是西藏的"国旗"，因为西藏在历史上从来就是中国的一部分，从来就没有什么"国旗"。达赖集团在1959年叛逃之后，把所谓"雪山狮子旗"充作"西藏独立国"的旗子，使其成为达赖集团企图把西藏从中国分裂出去的标志。很难说在藏区没有人偷偷挂这个旗子，但是极为罕见。如果发生此类违法事情，我们一定会坚决依法予以制止。过去是这样，今后也还会这样，绝不客气，因为任何分裂国家的行为都是不能被允许的。

欧洲通讯社记者：据说在中国青海地区有人因拒绝悬挂中国国旗也遭到了逮捕？

朱维群：国旗是国家的象征，在中国国土上挂中国国旗是再自然不过的事情。我们的藏族群众爱这个国家，以自己是这个国家的公民为自豪，过年过节乃至每天挂国旗是极为普遍的现象。同时，也绝不会有因为不挂国旗就把人抓起来的事发生。但是如果有人故意损毁、焚烧、污辱国旗，不论是在什么地方，也不论他出身哪个民族，依据我国国旗法，都应受到惩罚。不仅是在中国，包括在您的国家，各国国旗的尊严都是不能破坏的，这是世界各国公认的规矩。

路透社记者：中方是否考虑给藏区更大的自治？还是现状就是中国政府能承担的最大极限了？在近期不可能有什么改变？

朱维群：我国的民族区域自治法对自治权利已经给予了详尽的规定。中国的民族区域自治应该是什么样子？就是这部法规定的那个样子。我们会努力在法律范围内使我们的自治制度搞得更好，更能反映各族群众的要求，但基本原则、基本内容就是这样的，不可能再有什么变动。达赖集团所谓的"高度自治"，和我们的民族区域自治制度毫无关系，他们仅仅是想打着"自治"的招牌，实施分裂主义的要求。我们的民族区域自治没有什么"高度""低度"之分，他为什么要加上一个"高度"？就是要把他那套违背乃至反对民族区域自治法的东西塞进去。他那套东西不是自治，而是分裂主义。我这样讲是有依据的。比如，达赖2010年在同加拿大的一家报纸谈话时说：很多藏人有这样一种看法，全体藏人都想独立，只有我不想独立，如果问我想独立还是想留在中国，答案很明显，我们想独立。还有一个人，就是达赖伪流亡政府所谓"首席噶伦"，2011年他在接受印度一家杂志采访时说，"西藏自治"和"西藏独立"并不矛盾，从辩证的角度看，"自治"是现实目标，"独立"才是原则目标。达赖和他手下的人关于假"自治"、真"独立"的话非常多，足可以出一本书了，而且这些话都是出自西方媒体和达赖自己的媒体。达赖所要求的"自治"是完全违背我国宪法和民族区域自治法的，是违背全国人民利益的，是绝对行不通的。因为我是记者出身，我经常设想报道这样的事用什么标题好，建议你们采取一个这样的标题：《达赖的"高度自治"，就是"西藏独立"分两步走》。

路透社记者：再问一个问题，为什么"西藏独立"是不可接受的？是因为西藏在经济上、战略上非常重要吗？

朱维群：毫无疑问，西藏在经济上、在战略上、在各个方面，对于我们国家都是十分重要的，但还有一个更加重要的前提，那就是西藏自古以来就是中国的一部分，在历史上、法理上都是中国的一部分。只要是中国的一部分，我们就不能允许有些人图谋把它从中国分裂出去，而不是有些西方人以他们自己的逻辑想象的那样，中国反对"西藏独立"是因为中国需要那里的资源。

中国的每一寸土地，也许有的具有很高的现实经济价值、军事价值，也许有的在一个时期内这些价值不是那么明显，但只要是中国的领土，我们就不会允许它从中国分裂出去，或者为外国占领。就像我的胳膊、腿，长在我身上，我可以因为你认为它对我来说并不重要，就任凭你把它砍掉吗？

欧洲时报记者：中国还有维吾尔族的问题，我想问一下中国维吾尔族的状况怎么样？

朱维群：中国的维吾尔族，和其他少数民族一样，享有充分的公民权利和民族区域自治权利，在新疆的经济社会建设和社会稳定当中，发挥着非常重要的作用。中国在发展，包括维族在内的56个民族都在发展，维族和其他各民族一样，热爱我们这个国家，拥护共产党的领导，不构成什么特殊的"问题"，什么"维族问题"，同样也不存在什么"新疆问题"，正如不存在什么"西藏问题"一样。那么存在着什么问题呢？存在着"东突厥斯坦"这样一股分裂势力问题。"东突"势力作为一种思潮并不是在中国产生的，它于19世纪后期产生于中亚，后来渗透到中国，逐步形成一种以把新疆从中国分裂出去为目标的势力。这种势力有一个显著的特点，就是与暴力恐怖紧密相联。"东突"势力假冒是维族的代表，以建立"东突厥斯坦国"为目标，以暴力恐怖为手段。"东突"势力损害的是包括维族在内的全中国人民的共同利益，因此理所当然遭受到包括维族在内的全国各族人民的反对。尽管新疆发生了个别暴力恐怖案件，但改变不了新疆发展稳定的大局，改变不了新疆是中国领土一部分的大局。西方某些媒体有一个特点，有关中国大局的事情、积极的事情，往往不成为他们关注的热点，而中国如果发生一点儿毛病，发生一点儿事件，就往往成为关注的热点，这导致一些西方民众对中国不太容易有一个全面、符合实际的看法。

因工作关系，我每年都要去西藏、新疆。西藏的旅游人数每年都在上升，去年超过了1100万，外国游客有几十万人。新疆同样有大量内地游客、外国游客到那里旅游。如果那里没有一个稳定的局面，到处都是暴力恐怖，旅游业作为社会稳定的标志，不可能有这么快的人数上升。

欧洲时报记者：您说新疆遭受了一些外部势力的影响，包括"东突"势力等其他势力的影响，能说得更具体一些吗？

朱维群：外部的影响主要来自境外"东突"势力，与有些国家也有关联。比如美国对"东突"势力、对暴力恐怖行为明显采取双重标准，在中亚抓到暴力恐怖分子，如果是袭击美国人的，那就是暴力恐怖，要严办；如果是袭击中国人的，那么就可以从关塔那摩放出去，还要为这些人寻找一个庇护的国家。欧洲有的国家，在这里我不点名了，为热比娅这样的分裂势力头目提供讲台，为他们的分裂主义组织提供栖身之地。这样一些举动，至少在客观上给"东突"势力一种政治支持和精神上的鼓励。由于众所周知的原因，一个时期以来，西亚、中亚一些地方局面混乱，甚至发生局部战争，一些"东突"势力混迹其间，参加暴力恐怖活动，接受一些势力的军事训练。一些国家政治局面的混乱，也给了"东突"势力藏身之地。我们高兴地看到并且高度评价中亚一些国家在反恐的问题上，与中国联起手来，共同采取行动，取得了很好的效果。

反对暴力恐怖主义是世界各国的共同利益所在，我们应为此而共同努力，千万不要搞"双重标准"那一套：搞我的，就是暴力恐怖；搞中国的，就是"民族解放"。如果这样的话，只会助长暴力恐怖势力的滋长，最终也要危害到这些国家自己。

欧洲通讯社记者：现在有人想就中国前国家领导人在1989年和1992年所做的事情在国际上进行起诉，中国政府对此有什么声明没有？

朱维群：这是一种荒诞无稽可笑的行为，有这种想法的人只会自取其辱，如果有哪个国家的法院接受这个起诉，也是自取其辱，除此之外，没有任何其他效果。历史上西方对中国是不讲法律的，也没有什么"起诉"，直接就把炮舰开过来了，想占哪块土地就占哪块土地，想要多少钱就要多少钱，想烧哪个房子就烧哪个房子。现在这套行不通了，有人想用"起诉"这套东西来给我们施压，这本身就表明他们已经不行了。如果是达赖集团搞这个事情，丝毫不奇怪；如果有的国家法庭接受这个事情，只会给自己找一个天大的难堪。我愿意用中国老百姓的一句俗话来回答这个问题：有种的你就来吧！

欧洲时报记者（电视采访）：请您介绍一下欧洲之行有关情况。

朱维群：我们抵达布鲁塞尔后，会见了比利时议会比中友好小组、欧盟经社委员会主席马洛斯、欧盟对华关系代表团团长利凡里尼等，谈得很好。由于中国和欧洲国家在历史、地理、发展程度上有很大的不同，对有些问题看法不尽一致，我认为是很正常、很自然的，关键是讨论时要本着互相尊重的态度，要考虑双方不同的国情，从而增进了解，扩大共识。我们所要求的是尊重中国的主权，尊重中国政府自主解决这些问题的权利。只要做到这一点，这些分歧构不成大问题。

我们在讨论这些问题时，要有更加广阔的视野。欧盟和中国的关系，是当今世界最重要的双边关系之一，中国需要欧盟，欧盟也需要中国。欧盟是中国第一大外贸伙伴，中国是欧盟的第二大贸易伙伴。在国际金融危机尚未完全走出去的情况下，尤其需要我们双方寻找共同点，扩大合作。双方在民族、宗教问题上认识的不同之处，同双方的合作这两者之间，从本质上说，没什么太大关系。欧洲应当相信中国这样一个拥有古老文明的传统、拥有解决这类问题的丰富经验的国家，有能力把自己事情办好。此类问题不是不可以讨论，但讨论应当是有限度的，要考虑我们之间更重要的东西，就是我们双方的经贸合作、文化交流等，使我们双方的人民在合作中有更融洽的感情，有更多的了解，而不是动辄抓住对方一些问题不放，何况有些问题并不是对方错了，而是同自己想法不一样而已。

欧洲时报记者：你认为双方观点的差距是否已经影响到双方在贸易等其他领域的合作？

朱维群：我认为从总体上说没有影响大局，因为西方政界特别是国家领导人，绝大多数是能够正确认识、把握这个问题的。我感觉从2008年以来，事实上也发生了一些积极变化。2008年拉萨"3·14"事件发生后，欧洲有些国家对我们的指责比较多，国家政要会见达赖喇嘛的比较多，但这些年明显下降。我想这是因为一些国家领导人认识到中国的重要性，同时也认识到达赖喇嘛究竟是什么样的人。但是我也不能不说，至今有些欧洲国家政界人士或者出于对中国不了解，或者出于另外什么想法，还在做出一些不利于双边关系发展的事情，比如会见达赖。这种情况是我们不愿意看到的。当一个国家与中国建立外交关系的时候，实际上你就已经承诺尊重中国的主权和领土完整，会见达赖这样一个分裂主义政治集团的头子，实际上就是对中国承诺的违背，不但不利于双边关系，也违背国际关系准则。如果双方都本着国际关系最基本的原则来处理事情，我相信中国与欧盟、与欧洲各国的关系会越来越好。

本文于 2013 年 11 月 19 日发表于中国西藏网。

中国政府不会同达赖讨论什么"西藏问题"

——在瑞士接受《新苏黎世报》记者专访时的谈话

（2013年10月18日）

《新苏黎世报》记者比特·韦斯特：据我所知，您在接受《中国新闻周刊》访谈时说到，您认为共产党员不应该信仰宗教，请问您本人是不是宗教的反对者？

朱维群：中国的历史和欧洲的历史不太一样，在历史上很长一段时间里，欧洲基督教比较强大，占绝对优势，西亚中亚国家历史上也是一种宗教比较强大，就是伊斯兰教。由于历史上中国政府对宗教就采取宽容的态度，所以形成了五大宗教并存的局面。在我国13亿人口中，信教的群众大体有1亿多，大多数人不信教。无论在革命战争时期还是在建设时期，中国共产党要取得事业的成功，都必须要把这1亿多信教群众团结起来。而要把他们团结起来，必须实行宗教信仰自由政策。实行这一政策，不仅是因为我们事业的需要，也因为中国共产党从理论上认为，宗教是人类社会的一种长期现象，中国社会要稳定，要把所有的人都凝聚到一个目标上来，宗教政策就必须符合宗教这种社会现象的内在规律。

记者：那么这个目标是什么？

朱维群：就是把国家发展起来，把老百姓的生活搞得更好。全中国人民都认可这个目标，它超越了宗教信仰问题上的分歧。

记者：宗教是不是实现这个目标的障碍或者威胁？

朱维群：我们从来没有把宗教视为实现这个目标的障碍或者威胁。当然，从意识形态上来说，宗教作为唯心主义世界观的一种表现，同我们所坚持的唯物主义世界观是不一样的，但广大宗教信徒对于把国家发展起来、把人民生活搞好这个目标，同我们是高度一致的，是不矛盾的。中国共产党从1921年成立以后，始终实行宗教信仰自由的政策，从未改变过，只是有的时候我们实行得不好，比如像"文化大革命"期间。但"文革"结束后，我们马上回到贯彻实行宗教信仰自由的政策上来。中国共产党的理论基础是马克思主义，我作为一个党员，理所应当坚持唯物主义世界观，坚持无神论。我坚持共产党员不能信仰宗教并不妨碍我坚决贯彻执行党的宗教信仰自由政策。

记者：那您是不是认为党员都应坚持无神论呢？

朱维群：是的，因为我们的党章写得很清楚，我们的指导思想是马克思主义，而马克思主义的理论基础是辩证唯物主义和历史唯物主义，而唯物主义和有神论显然是两个不同的世界观。当一个人加入共产党时，就表明了他承认他的世界观是唯物主义，而不是有神论，这是非常清楚、简单的事情。

记者：中国现在有许多党员不是无神论者，因为有些人参加了法轮功，有些人偷偷地向庙宇捐款，这种状况是否应改变？

朱维群：参加法轮功是违法的行为，因为法轮功不是宗教，而是破坏社会安定的非法组织。有些党员参加了一些宗教活动，如果是出于信仰原因，我认为这是不符合党章的行为，首先应通过思想教育，请他们改正，遵守党章。如果有的人背离党的思想基础，仍坚持信仰宗教，那么他尽管去当一名宗教徒好了，就不必再当党员了，这也是宗教信仰自由的一种体现。

我还想再讲一个意思，我长期从事宗教工作，感到共产党员不信仰宗教，不仅不会对工作产生不利影响，而且是非常有利的。因为中国有五大宗教，不论我信哪个宗教，其他四种宗教就会对我产生疑虑。正因为我不信教，所以大家对我都放心，认为我可以公正地执行党的宗教政策。

记者：就是说您是中立的？

朱维群：不是在唯物主义和唯心主义之间中立，而是在各宗教之间，我是中立的。

记者：您也是从事民族问题研究的，我曾读过您的一篇文章，其中提到了少数民族融合的问题。在世界范围内我们看到，少数民族的融合几乎没有成功的例子。中国有这么多的少数民族，强迫这些少数民族融合为一个民族，能够成功吗？我的看法是，能不能让这些少数民族在法律的范围内有他们自己的选择？

朱维群：您谈到不能强迫少数民族融合为一个民族以及少数民族在法律范围内应可以有自己的选择，是正确的，其实我们就是这样做的。在共同的法律范围内，我们各民族的权利是平等的，每个民族都有发展自己经济、文化、教育、文字以及各项活动的充分的权利。我只是认为，在今天这样复杂的国际形势下，在国内发展任务这么繁重的情况下，我们各民族之间要更多地增加共同性和一致性，而不要人为扩大民族之间的差异性。举一个例子，我们主张各民族拥有使用和发展本民族语言文字的自由，这是我们法律规定的。同时，我们在一个国家里生活，最好还是有一种大家都会的语言，便于各民族交往，使生活更加方便，这就是国家通用语言文字。加强国家通用语文的推广、使用，我们国家也是有法律的。再比如，达赖喇嘛反对汉族人到西藏去，认为这改变了西藏民族的构成。而中国第二代领导人邓小平说过，西藏地方大得很，单靠二百万藏族同胞去建设是不够的，汉人去帮助他们建设没有什么坏处。我们当然赞成邓小平的话，反对达赖喇嘛的话。达赖喇嘛甚至提出要把在西藏工作的汉人全部赶出去。如果按达赖喇嘛说的那样办，对于我们这样一个多民族国家来说，无疑是一场巨大的灾难。

记者：在这个问题上，我有不同意见。您提到的那份文件，我仔细阅读过，也看过您在记者招待会上的回应，这份文件就在我的包里。他的主张不是要把汉人和其他民族成分的人从西藏驱逐出去，他的主张是在未来不要大规模地向西藏移民。

朱维群：我所指的是1987年达赖喇嘛在美国国会散布的关于"西藏问题"的五点方案，其中有一条原话我可以念给您："西藏人这个人种若要求生存，必定要使人口转移停止，并使移民入藏的汉人回到中国。"这句话毫无疑问就是要把进入西藏的汉族驱赶出去。

记者：而最后一轮谈判的备忘录是2008年！

朱维群：我明白您指的是2008年达赖喇嘛给我们的一个关于藏人"高度自治"的解释。在这个备忘录里达赖并没有收回他在"五点建议"中关于驱赶汉人的话，无非是对他说过的话做了一番抵赖。

记者：他这里有一句话说："我们的目的不是驱逐那些长期定居在西藏的人，不是把这些人赶出去，是降低大规模向西藏移民。"

朱维群：请您注意无论在哪个版本中，达赖喇嘛从来没有表示收回"要使移民入藏的汉人回到中国"这句话。无论过去还是现在，西藏都是中国领土的一部分，中国的公民有权利在自己的国土上自由地迁移、生活，这是文明、民主国家的必然要求，达赖喇嘛无权剥夺中国公民进入西藏的权利。

记者：那么，每个中国人都可以到香港定居吗？

朱维群：众所周知，香港是中国的一个特别行政区，实行"一国两制"，它的人口问题在"一国两制"框架下安排，与西藏情况有很大区别。在市场经济的条件下，其他省份的人到西藏去帮助建设、去谋生，合理合法，没有任何理由以"民族身份"为标准进行限制。实际上西藏人口的民族结构并没有发生大的改变，现在藏族仍然占总人口的90%以上。西藏的经济社会之所以能够快速发展，百姓生活能迅速改善，不是西藏自我封闭的结果，而是全国人民互相帮助、交流的结果。

记者：我本人与西藏方面有过私人接触，而且也认识与您谈判的代表，也见过达赖喇嘛，我并不赞成他所有观点，比如"大藏区"的观点。但从他的备忘录中我看不出他是个分裂分子。您在后来的记者招待会上，指责达赖喇嘛是个分裂分子，我非常惊讶中国中央政府和西藏方面的态度相差这么大，如同两个世界一样。

朱维群：我首先纠正您的一个说法：您把达赖喇嘛方面说成是"西藏方面"，而达赖喇嘛并不是"西藏方面"，代表西藏的是中国中央政府领导下的西藏自治区人民政府，而达赖集团是一个叛国集团。关于达赖在美国国会的"五点方案"和法国斯特拉斯堡"七点新建议",我和您一样,进行过认真研究,如果我们逐条辩驳,今天这个讨论将相当冗长。您强调达赖并没有分裂的企图,我这里只引用一下他最近的一些话。2010年10月16日,达赖喇嘛接受加拿大媒体采访时说,"很多藏人现在有这样一种看法:全体藏人都想独立,只有我不想独立。当然你如果问我,想独立还是留在中国之内?回答很明显,我们想独立"。2012年3月25日,达赖喇嘛的新闻网报道,达赖喇嘛同所谓的"民运"分子谈话时说,"西藏从历史上讲是有权利争取独立的,这是一个权利,我讲的中间道路是面对现在的困境,如何去解决这个困境的方式,西藏独立是有他的根据和道理的"。2011年的2月11日,《印度时报》报道,达赖喇嘛在印度发表演讲时甚至鼓吹,"印度比中国更有理由声称对西藏拥有主权",此类的话他讲过许多次。2011年6月9日,达赖集团伪政府头目对印度《对话》杂志说,"西藏独立和西藏自治的观点并不矛盾,从辩证角度看,西藏独立是原则目标,西藏自治是现实目标"。达赖喇嘛和伪政府头目把"中间道路"和"西藏独立"之间的关系说得非常清楚。我对这种言论多次在报刊上提出批评,他们没有做出任何解释。类似这样的言论我可以列举许多。尤其是伪政府头目说"西藏独立"是原则目标,"西藏自治"是现实目标,把达赖喇嘛的心思讲得太清楚了,政治上非常不高明,对达赖喇嘛的破坏性太大。达赖喇嘛、伪政府头目这样的言论,怎么能使中国中央政府对他们建立信任呢?我顺便再讲一个相关的问题,我们和达赖喇嘛的私人代表10年之间有过10次接触,为什么现在不能接触了?因为伪政府头目说今后的接触商谈是"流亡政府"和中国政府之间的商谈。达赖喇嘛也多次讲过,今后接谈的事情由伪政府头目来负责,也就是说让中国中央政府与分裂主义的伪政府接谈。

这个问题的本质在于，达赖喇嘛和伪政府头目企图使我们从接谈一开始就事实上承认伪政府的合法性。这样的条件中央政府绝对不可能答应，所以接谈根本无法进行。

记者：我认识和您谈判的代表，他们不谈是因为目前情况下谈判没有意义，他们从来没有说过以西藏"流亡政府"的身份谈判。我知道您要求谈判对方写一个关于他们要求的报告，他们也写了。您既然不准备接受对方的观点，为什么还要同他谈判呢？

朱维群：第一个问题，您说的"谈判代表"应当是指甲日·洛地先生，这位先生确实没说过他代表"流亡政府"和我谈，他说他代表达赖喇嘛本人，正因为如此，我们才能谈下去。但现在达赖伪政府的当政者则反复说今后的接谈是"流亡政府"和中国中央政府的谈判，从而把接谈的基础完全破坏了。据我所知，甲日·洛地先生对伪政府头目的态度实际是不满意的。尽管甲日·洛地先生和我的观点不一致，但我很尊重他，他实际上是被伪政府头目等人从接谈代表位置上赶走的。第二个问题，我们之所以在前一阶段多次同达赖喇嘛的私人代表谈，是因为达赖喇嘛历史上曾为国家做过积极的事，我指的是西藏和平解放，签订"十七条协议"，那时他是西藏地方的政治决策者。达赖喇嘛的宗教身份是中国中央政府认定的，我和他的私人代表谈，实际上也是对历史传统的尊重。从 20 世纪改革开放开始，中国中央政府就派人与达赖喇嘛建立联系，多次邀请他派人组成参观团，到西藏参观。我们的目标只有一个，争取他停止分裂活动，回到爱国的正确的立场上来，而不是同他讨论什么"西藏问题"。

记者：他很早就放弃了分裂活动。

朱维群：不，那是您的看法。他们所说的"中间道路"本质上就是

"西藏独立",刚才我已经说明白了。所谓要求他们写材料,事实是我曾反复同甲日·洛地先生讲:"你们所提出的这些要求,中央是不会和你们谈的;但如果你们有意改变立场,你们可以表述清楚一点,以便我们判定你们是否在向中央靠拢。"意思很清楚:第一我不和你们谈"西藏政治地位"之类的东西;第二,我可以看一看你们是否改变了立场。从最后我们拿到的东西看,他们没有改变立场。

记者:您可不可以这样设想:谈判双方都要尊重对方不同的观点。"藏方"代表这样认为,如果您的目的只是检查对方是否与您意见相同的话,这样的谈判是没有意义的。

朱维群:我们不叫"谈判",叫"接触商谈"。这涉及接谈的性质问题。比如,我和您谈话,我们是平等的关系,但达赖集团是1959年发动武装叛乱失败后,逃亡到国外,宣布成立"西藏独立国",搞了自己的伪宪法、伪政府、伪议会,他是一个叛乱集团,中国中央政府不可能同他在一个平等的位置上谈话。1964年国务院全体会议通过关于撤销达赖喇嘛职务的决定,其中讲到达赖问题的性质:达赖在其1959年发动叛国的反革命武装叛乱,逃往国外后,组织流亡伪政府,颁布伪宪法,这一切证明,他早已自绝于祖国和人民。因此我们的接谈,目的就是要他承认错误,改正错误,求得中央政府和全国人民的谅解,而不是同他就其分裂祖国的主张进行什么平等的"谈判",不存在这样的关系。我和甲日·洛地先生在个人方面平等,但是在接谈时,我作为中央政府派出的人员,他作为达赖的私人代表,我只能采取非常严厉的态度。

记者:那就是说你们之间的谈话是没有意义的,未来也不会进行谈话。

朱维群:我不认为是没有意义的。意义就在于我们把中央的看法和要求通过他们直接传给达赖喇嘛。

记者：这是单行线。

朱维群：当然，我也要听听达赖喇嘛对中央对他的批评采取什么样的态度，改还是不改。接触商谈的门我们并没有关上，但是原则仍是这个原则。一些外国朋友没有想明白，症结就在于没有搞清我们和达赖喇嘛集团斗争的性质是什么。把这个搞清楚了，其他问题也就明白了。

记者：我努力了解商谈的性质，我也了解双方的态度，如果是这样的话，谈判是没有结果的。我认为达赖喇嘛是一个比较理性的谈判伙伴，如果有一天他不在了，我认为谈判会更加困难，这样也不符合中国利益。

朱维群：对达赖集团的斗争是我们实现西藏发展和改善民生的一个重要条件，因为有这么一个分裂主义集团在国外活动，势必对我们产生干扰，因此对这个集团的动向我们会密切关注。我们希望达赖喇嘛在他的有生之年做出正确的选择，从分裂主义的立场上走出来，但是如果他坚持分裂主义的立场，我们也没办法。一个基本的事实是，西藏的命运和前途掌握在包括西藏人民在内的全体中国人民手中，并不是掌握在达赖集团那帮人手中。我希望达赖长寿，希望他活到他预定的113岁。如果他"走了"以后一些人试图用暴力恐怖的手段和我们较量，也没什么了不起，历史已经证明，这种较量他们从来就没有赢过。而且在今天世界的大环境下，谁要是搞暴力恐怖，就等于政治上的自杀。

非常感谢您今天这么耐心听我讲了这么多的话，您是我迄今所见到的外国记者当中对这个问题掌握材料最多的一个。最后我再送您一个小资料。可能您见过这张地图，这是1990年出版、2010年再次印刷的达赖喇嘛自传《流亡中的自在》的附图。您认为任何一个中国人看了这幅地图，对达赖喇嘛能产生好感吗？

记者：在"大藏区"这一点上我和您的意见是一致的，我也认为他们要求太多了。

朱维群：请您注意，他所要求的不仅是"大藏区"，他在这张地图中把我国新疆标注为"东土耳其斯坦"，把内蒙古标注为单独一个国家，把我们的东北三省标注为"满洲"国，如此等等。

记者：这就不现实了。

本文于 2013 年 11 月 22 日发表于中国西藏网。

没有国家尊严也就谈不上个人人权

——在意大利同"自由社会"人权组织会见时的谈话

(2013年10月22日)

意大利"自由社会"人权组织主席：这是"自由社会"人权组织第一次与中国全国政协代表团直接接触。我右边这位先生是参议员；左边这位，是"自由社会"的灵魂人物。希望大家有个好的交流。

我们这个组织叫"自由社会"，重点关注的是自由主义，人权不是我们专门跟踪的话题，我们更重要的是完善自由主义的行为，让更多的人能够在民族、宗教和社会事务上自由地参与进来。我们一直在做的事情，就是在国际社会组织各种自由游行，在巴黎、罗马等地组织过游行，让少数民族、少数派发出他们的声音。我非常尊重中国，为中国快速发展高兴，中国不止在经济社会发展中取得很大成绩。我了解到，中国最近通过了一项法律，就是让年轻人定期看望自己家的老人，这非常好，体现了中华民族尊老爱幼的优良传统。西方经常有老人被遗弃。

中国将来会变成世界第一经济体，应该在人权上有所作为。我个人是热比娅的朋友，我曾邀请她来意大利3次，中国大使馆对此不高兴，但是世界的发展离不开人权的发展。中国的发展，也一定要在人权上有所作为，才能在世界上有立足之地。我非常感谢中国邀请我们"自由社会"去北京参加人权论坛，我们作为人权组织，要组织一些游行，对于一些国家和政府来说，这些游行不那么让人愉悦，但这不影响我们进行深入探讨和合作。我非常明白中国在少数民族和人权问题上有自己的坚持，我非常尊重。2014年，我们将在罗马举行一次人权会议，希望朱主任能参加并与在国外的"西藏代表"会谈。

朱维群：自由和人权是好东西，不是坏东西。中国人民争取自己的自由和人权的历史，不比欧洲短。1840年以后，中国遭受西方列强包括欧洲一些国家的侵略，先后发生了英国侵略中国的第一次鸦片战争、英法侵略中国的第二次鸦片战争、中法战争、八国联军侵华，等等。这些战争都不是我们中国人跑到欧洲来打，而是欧洲人跑到我们中国去打。所以中国人讲自由和人权，第一条就是要实现国家的独立和民族的尊严，驱赶帝国主义势力出中国，否则就谈不上国家的尊严，也就谈不上个人的人权。中国人民争取自由、人权的第二项任务，就是推翻中国的封建社会制度，使我们的人民，特别是占人口绝大多数的农民享有自己的尊严和土地。这两项任务，我们用100多年时间完成了。新中国成立后，我们的人权事业并没有停顿。我们追求更深刻的人权和自由，首先要把我们的经济发展上去，把人民的生活搞好，把我们的文化搞好，使我们的人民既享有现代的物质文明，又享有现代的精神文明。中国有13亿人，国土面积相当于整个欧洲，如果我们理解的自由是绝对的自由，谁都可以自行其是，谁都可以完全按自己的主观愿望去办，那么我们的国家就不可能建成一个现代化的国家。所以中国人在追求自由和人权的同时，还要建立各方面的制度，比如民主集中制，在民主的基础上进行适当的集中，把人民的意志凝聚到一个方向上来。

中国愿意和世界各国在平等的基础上就人权事业发展交换意见，包括听取大家的批评意见和建议。但是我们不能同意有些国家把自由、人权作为一个棍子敲打我们。如果一些外国人举行游行抗议我们不够人权、自由，而又同"疆独""藏独"分子搅在一起，这实际已不是在推动自由、民主、人权，而是借这些东西干涉中国内政，中国人民对此不可能感到愉悦。因为这很自然使我们想起100多年来西方列强是怎么干预我们的，包括怎么把他们的"民主"拿来祸害我们的。中国人民不喜欢干预国内部事务，也不喜欢别人干预我们的事情，尤其是不希望别人干预他们并不了解的属于我们国家的事情。比如，你刚提到你和热比娅关系很好，热比娅是什么人？热比娅是一个主张把新疆从中国分裂出去、搞"东突厥斯坦国家"的人，是违背我们宪法法律、破坏我们国家民族团结和社会稳定的人。有些人把热比娅说成是维吾尔族的代表，热比娅并不能代表维吾尔族，她仅仅代表那些在新疆不断制造暴力恐怖事件、那些拿大刀把别人的头砍下来的暴力恐怖分子。就像有人把达赖说成是藏族的代表一样，达赖也不代表藏族。如果你连这个都不了解的话，你和她交朋友就非常奇怪。许多媒体报道，去年热比娅去日本窜访，参拜了供有二战甲级战犯东条英机等人牌位的靖国神社。你应当知道，意大利人民曾深受法西斯主义之害，而日本法西斯主义的代表人物，就供在靖国神社里。日本对中国领土钓鱼岛提出了无理要求，使中日两国的关系从根本上受到伤害，而热比娅在日本发表言论，支持日本占据中国的钓鱼岛。这几个简单的例子足以说明，热比娅在中国人民眼中臭到什么程度。中国人有个传统，就是讲究交友要慎重。如果你对对方不了解，不要因为他说了几句你认为合意的话，你就把他视为真心朋友，他最后很可能就把你引到火堆里去。

我们讲中国历史上遭受西方侵略，并不是要我们的子孙仇恨西方人。我们承认我们的许多科学知识是从西方学来的，比如说中国共产党的指导思想马克思主义，并不是中国人发明的，是欧洲人发明的，我们今天仍希望多向欧洲各国学习，从中获得对我们有益的东西。但是我们要使我们的后代记住，我们曾经被别人欺负，使我们的后代始终牢记自己负有保卫国家独立和尊严的责任。

意方：中国在发展中能不能形成这样的一个机制，就是抛开主权、领土完整不谈，在中央政府的领导下，承认一个地方的自治，包括文化上经济上的。

朱维群：中国在民族地方本来就实行民族区域自治，1949年新中国成立后，就实现了这样的自治。我们有民族区域自治法，我们按这部法律办事，包括新疆、西藏在内的少数民族地区，经济社会得到快速发展，群众生活迅速改善。我们干得很好，用不着把我们很好的制度抛掉，听别人指挥，再另外弄一套什么制度。我们中央政府与新疆维吾尔自治区、西藏自治区，是一个国家的中央政府和地方政府的关系。是我们的领土，我们就会坚决捍卫，不可能抛开不谈，谁想把这些地方从中国分裂出去，13亿中国人都会和他拼命。达赖也好、热比娅也好，他们仅仅代表一小部分想把新疆、西藏从中国领土分裂出去的人，他们所要求的也并不是什么"自治"，因为民族区域自治早已在中国实行了。如果在意大利有一个地方要求你们的国家不谈主权、领土完整问题，而在主权、领土之外谈"自治"，恐怕你们也不会答应。

意方：意大利实行自治大区，西西里自治大区、萨丁自治大区，这些自治大区没有从国家中分裂出去，但实行"高度自治"，比如宗教委员就可以成为议会成员。意大利在100多年前，由许多小城邦组成。梵蒂冈这么小的一个区域也是一个国家。希望通过自己在宗教方面的经验，和大家共同探求一个追求，就是在宗教自由方面的进步。

朱维群：你说意大利有你们的自治方法，我丝毫不反对，但我注意到了，你们一些地方尽管实行"高度自治"，但也不允许从国家分裂出去。中国的民族区域自治搞到什么程度，只能根据中国的国情和我们的历史传统来决定，其具体体现就是我们的民族区域自治法。中国并不想把我们自治的方法拿来要求意大利，也建议意大利的朋友不要把意大利自治的方法来要求中国。如果一定要说意大利的标准是最好的，中国的不行，这难免使人又想起了历史上的强权政治。当西方许多国家军事实力上比我们强的时候，都不能强迫我们按照他们的意图办；今天的情况下，还要求中国人按他们的一套办才算民主、自由，在我看来，就是有点不自量力。这个世界上，很多大麻烦都是想把自己的模式强加给别人造成的，比如所谓的"阿拉伯之春"，一些人的理由就是推动阿拉伯国家实行西方式的民主，为了实现这个目标，不惜派飞机、军队对那里的人民进行狂轰滥炸。但搞了那么长时间，今天的突尼斯、利比亚是什么样子？埃及是什么样子？伊拉克又是什么样子？伊拉克每天都要死至少几十个人，"民主"国家怎么不说话了？那里没有看到西方式的民主、意大利式的民主，看到的是人民的死亡和灾难。"阿拉伯之春""民主之春"变成了阿拉伯的灾难，这还不够吗？还要把我们中国往这条路上推吗？也正是看到了这一点，我们自己的教训，今天世界上这些活生生的教训，使我们中国人更加珍惜自己的领土完整和国家的独立、尊严。民主也好、自由也好，都要服从国家最根本的利益。你们这个"自由社会"组织不是经常喜欢搞游行吗？我赞成你们多搞些游行，让美国把在伊拉克搞出来的部族战争、天天流血的状况尽快停下来，而不是盯着我们这个稳定的正在发展的国家，企图我们改变现有的有效的制度。

意方： 我们讨论的问题可能有点儿偏离轨道。我们一直想谈论的是人权的问题，并不是反中国的话题。我谈到的是广泛的人权，包括全世界的人权问题，包括非洲需要改善的人权问题，包括美国需要改善的人权问题，包括欧洲、意大利等，有很多问题需要改善的，比如有组织犯罪等，我们不是为了反中国。我们是作为朋友才来到这里的。人权问题是非常重要的，"自由社会"是文化组织，希望与中国相关组织建立合作，在文化、宗教、人权方面有所合作，成为世界的一个主角，我们不会违背中国的核心利益。

朱维群： 因为你们一开始就讲到和热比娅是好朋友，我不得不表示我鲜明的态度，这有助于我们加深了解，有助于你们所推动的人权事业。如果你们对于所交的朋友是什么货色都不了解，那就太容易上当了，就会什么事也办不成，还把有关国家得罪了。我认为中国人权事业取得的进步不仅在于为我们的人民提供了初步现代化的物质生活，初步现代化的教育、文化等，更重要的是中国给世界提供了一个根据自己国情发展人权、民主事业的榜样。我个人认为加强与贵组织在人权问题上的讨论、交流，是很有必要的，但是有一条是要注意的，如果你们组织一帮人到中国天天搞游行，那是不能允许的。

达赖集团是煽动制造自焚事件的罪魁祸首

——在意大利接受《快报》记者专访时的谈话

(2013年10月22日)

意大利《快报》记者比安吉(女):习近平担任中国国家主席后,民族、宗教政策有什么变化?

朱维群:中国的民族、宗教政策是中国共产党在长期的革命和建设过程中形成的,是包括毛泽东、邓小平、江泽民、胡锦涛以及习近平几代领导集体不懈努力形成的,不会因领导人的更换而改变。包括民族平等,民族区域自治,加大对民族地区经济社会发展的支持,保护少数民族文化,培养少数民族干部以及宗教信仰自由等基本政策都不会改变。如果说有所变化,那么也将是继续加大对民族地区经济社会发展和民生改善的支持力度。

记者:从保护人权的角度看,我感到不能说中国的民族、宗教政策取得很大成功。如果说成功的话,也是控制当地人民方面是成功的。我认为最近几年,中国在新疆、西藏的控制政策在不断加强,有关情况正在不断恶化，为什么还要坚持这些政策，没有一丝一毫松动？

朱维群：首先我要说你对我们的民族地区，特别是对新疆、西藏形势的判断与实际情况有很大差距。和全国一样，近些年新疆、西藏经济社会发展比较快，主要经济指标增长速度高于全国平均水平。这两个地方与中国其他地方不同的是新疆有"东突"势力搞分裂的问题，西藏有十四世达赖集团搞分裂的问题。你如果是说我们对这两个集团的破坏活动"控制"更加严厉，打击也更加严厉，这两个集团的情况在不断"恶化"，这是说得通的；如果是说我们对那里的各族人民实行了什么"控制"，这是完全违背实际的。对于分裂主义势力，我们确实采取了一些措施，这是任何一个国家维护本国人民根本利益、维护法律尊严所必须的，没什么值得奇怪的。比如我们在四川、甘肃、青海三省交界的少数地方，采取了一些措施，对达赖集团煽动、策划自焚事件进行了压制，对煽动、策划自焚的违法分子进行了打击。我可以告诉你，达赖集团策划的自焚活动已被打压下去。不打击这些分裂主义势力，人民的幸福和安宁就得不到保障。如果分裂主义势力，比如煽动、策划自焚的这些人，他们感到受到控制、受到打压，这是好事。以为达赖集团代表了藏族，以为"东突"势力代表了维吾尔族，是西方一些政治家和新闻媒体的最大错误。因为持这样的观点，使他们把一切问题都看错了，看反了。

记者：我认为，在一个正常的国家，一个正常的人是不会自焚的，之所以自焚，是因为他内心深处有某种不满意不幸福，某种愤慨。

朱维群：我这次出访欧洲，一路上就等着有人问我这个问题，但你是第一个提出这个问题的人。我分析，大约是因为我们藏区少数地方自焚频发多发态势已彻底压下去了，再提这一问题，对那些记者来说已经没什么意思了。

记者：这是我第一次有机会向中国高层领导提这个问题。

朱维群：我先要说一个事实，自焚事件的发生，并不像达赖集团散布的那样，"整个西藏都燃烧起来了"。实际上自焚事件主要发生在我上面讲到的三个省的交界处，尤其集中发生在四川阿坝县的格尔登寺。这个寺的格尔底活佛是1959年西藏发生叛乱失败后跟着达赖逃出去的，先后担任过达赖伪政府的教育部长、安全部长，安全部大约不会是个念经的部门，实际上是个特务机构。2013年的3月5日，"挪威西藏之声"等达赖集团媒体报道，格尔底活佛在瑞士声称，境内的自焚同胞是为了藏人的福祉利益献身，因此这是一种非暴力的，完全不违背佛教的舍身行为，藏人的无形的力量正是来源于自焚事件。这就是自焚事件发生的真正原因。由于我们各方面的工作，由于自焚遭到了包括藏族在内的全国人民的坚决反对，也由于国际上许多新闻媒体对组织策划自焚这种行为的谴责，自焚在达赖那边也已搞不下去了。你刚才说，国家在正常状态下是不会发生自焚事件的，实际上你是认为自焚事件的发生，是因为我们政策和工作的原因。如果是这样的话，为什么西藏和其他广大的藏区并没有发生自焚呢？为什么自焚事件无法再持续下去呢？就是因为自焚是达赖集团策划、煽动的，在他的影响力比较强的地方，才会发生自焚事件，而且发生的次数比较多。

记者：所有的不好都是达赖喇嘛造成的？

朱维群：从某种意义上说，你的话是对的！自焚事件的发生，我有充分的理由说明是达赖喇嘛造成的。首先，达赖企图凭借他的宗教地位和影响力，以自焚为手段对中国政府施加压力，迫使中国政府在政治上对他做出让步，他们直接的目的，就是企图让突尼斯小贩自焚引发所谓的"阿拉伯之春"在西藏重演。

记者：中国政府确实很关注"阿拉伯之春"，害怕相同的事件在中国重演。

朱维群：达赖是满心希望"阿拉伯之春"在中国重演，但我们一点儿也不担心，更谈不上害怕，因为根本就没有这个可能性！2011年11月18日，达赖喇嘛在接受英国广播公司采访时说："藏人之所以采用这种自焚的绝望的手段，是因为他们知道西方支持自焚引发的阿拉伯之春。"达赖同时又埋怨西方"用缓和的语气与中国对话"。2012年11月10日，"赫芬顿邮报网"报道：达赖集团伪政府头目说，自焚是一种抗议的方式，就像引发"阿拉伯之春"的突尼斯自焚事件。2013年2月4日美国的"多维新闻网"报道，这个头目在一次集会上说，"突尼斯自焚可以成为'阿拉伯之春'的催化剂，为何我们被给予的支持不及我们在阿拉伯世界中看到的呢？"显然，他对西方一些势力给他的支持太少而表示不满。

我再讲第二点，正是达赖，利用自己的宗教影响为自焚者提供精神支撑和诱骗。2012年10月8日，达赖对"美国全国广播公司"记者说："我非常肯定的是，这些自焚者之所以牺牲自己是因为怀着真诚的动机，是为了佛法和人民的福祉，从佛教的观点看，是积极的。"同年11月7日，伪流亡"议会"发表声明称："自焚是最高境界的和平、非暴力行动。""达赖喇嘛西藏宗教基金会"把自焚说成是崇高的、利他的行为，菩萨的行为，是有极大功德的。奇怪的是，自焚者几乎都是十几、二十几岁的年轻人和小喇嘛，鼓吹自焚的人中却没一个有钱人、一个大喇嘛去自焚，成就这番功德。

记者：在任何社会变迁或所谓的革命中，也没有看到富人、有地位的人自杀和自焚，用这个例子说明你的观点论据并不充分。比如说，两天之前罗马发生的骚乱，参加这场活动的肯定都是年轻人、社会最底层的人，富人肯定不会上街。

朱维群：直接实施暴力恐怖行为的可能是年轻人，但问题在于那些幕后的人，那些欺骗年轻人说自焚是"菩萨行"的人。假如有一天一个人告诉你，如果你为我这个宗教自焚，那是符合宗教的高尚行为，你会认为他是什么人呢？

记者：我同意你的这个观点。在一切革命当中，领袖不会自己去牺牲的，他需要去领导，当炮灰的肯定是最底层的人，我们需要领袖去推动这个变革。

朱维群：达赖正是这样一个利用宗教对人的精神进行操控和欺骗的"领袖"！今天的世界上你还可以另外举出宗教领袖号召信徒自焚来实现自己的目标，来达到宗教修行的例子吗？

记者："基地"组织是这样的！

朱维群：所以"基地"组织是恐怖组织！如果你为"基地"组织辩护，我们之间就无话可说了。

记者："基地"组织的例子我举错了。关于自焚的讨论，我们就谈到这里。

朱维群：刚才你的言论使我极为吃惊，我认为你头脑里是把达赖喇嘛和"基地"组织等同起来了。在历史上，用自杀行为表现一种宗教信仰，确实不是个别现象，但在现代社会，恐怕没有哪一个宗教组织会把自焚、自杀作为表现信仰纯正、崇高的象征。没有这样的组织，如果有，就是"基地"一类的组织。

我的脾气是一个问题一定要谈到底，现在我讲认定自焚是由达赖集团煽动的第三个理由。藏区发生的自焚案件迄今基本都告破了，抓获了一批煽动组织策划自焚的人员，其中很多人供认是达兰萨拉直接派遣或指使的。这些人都依法受到惩处，不少案例已经在媒体上公布。一个很典型的事例是，达兰萨拉有个达赖集团的两届"议员"，叫拉毛杰，达赖集团利用他在网上发布了一份臭名昭著的"自焚指导书"，告诉藏人，自焚第一步是思想动员，第二步是自焚准备，第三步是自焚口号，第四步是处理好其他活动，等等。很多自焚就是在这个指导书的安排下进行的。

记者：我想提到2008年3月份拉萨发生的暴乱，我认为这是整个西藏动员起来的暴乱。为什么要动用军队呢？这说明民众的愤怒到了一定程度，否则没必要动用军队。

朱维群：你知道2008年3月14日拉萨发生了什么吗？分裂主义分子、暴力恐怖分子半天之内打死、烧死了18名普通群众，打伤、烧伤数百人，发生这样的事情，我们能不动用军警吗？军警的职责之一，就是保卫国土安全，包括对付这些藏独分子的暴力恐怖行为。如果达赖集团再制造2008年3月那样的事件，我们仍将毫不犹豫地采取果断措施。我要强调的是，藏区广大干部群众是拥护中央的，所以我们才能够在那么短时间内迅速平息这一事件。

记者：你刚才说暴乱在如此短的时间内平息下去，是因为绝大部分藏族群众是赞成中央政府的。但有两个东西对我触动很大，第一个是人口数字，1949年新中国成立时，全国汉族人口占65%，少数民族占35%；我了解现在的数字是汉族人口占96%，4%是少数民族，这两个数字最能说明中国少数民族政策。第二个是之前我应中国政府邀请到藏区访问，安排我参观新的普通牧民住房,我看到所有的房子都是一样的,这种统一的建筑是不是西藏文化的丧失?这种文化流失是否要归于中国政府的政策?

朱维群:你是从哪里得来这个人口比重数据的?

记者:我突然想起的,这个数字是从中央党校某份文件上看到的,是作为民族融合成功数据报道的。

朱维群:你引用的这个数字是完全错误的,你也没有拿出权威的数字出处来。从新中国成立到现在,我们的统计结果一直是少数民族人口占总人口约10%,从来就没有过少数民族曾经占到35%的统计。根据国家最近一次人口普查,中国少数民族人口是1.1亿,占总人口8.49%,而不是你说的4%。作为记者,一个最基本素质是引用数字要有根据。

记者:实际上中国鼓励汉族人向边远地区移民。

朱维群:我们的法律并不禁止公民在自己的国土上自由流动。邓小平同志曾经讲过,西藏地方大得很,单靠200万藏族同胞去建设是不够的,汉人去帮助他们建设没有什么坏处。我认为这个话对全国都适用。中国中央政府在很长一段时间内有组织地派一些技术骨干、工人到民族地区帮助建设,这是新疆、西藏等经济落后地区加快发展所必须的,也是我们公开做的,并没有什么可隐瞒。改革开放后,出现一个新的情况,就是户籍已不那么重要了,很多内地人到新疆、西藏做生意,谋求发展,同时新疆、西藏人也到内地来发展,这是各民族之间、各地区之间的正常交流。谁也没有权力把我们的公民关在他们的传统聚居区不许出去。

实际上现在西藏藏族人口仍然占90%以上,新疆的少数民族人口特别是维吾尔族人口占新疆人口的比例是上升的,南疆维吾尔族人口也占90%以上,这种状态在很长时间内不会有大的改变。

关于你指责我们帮助农牧民盖房子使得他们的游牧文化丧失，我认为这是一种很荒谬的说法。人类的发展从游牧到农业定居，再到现代化工业城市，这是一种进步。如果一些人自己享受着现代城市、现代文化的生活，却要求我们的藏族同胞过那种没有自来水、没有电、缺少学校和医院的游牧生活，才是真正违反人权的。

记者：这样一盖房子，他们就不能自由活动了。他们的牲畜也不能去草场了。

朱维群：西藏大多地方已进入农耕社会，我们的安居工程就是帮农民就地把房子重建一下，改变过去人畜共住的不良环境，并没有改变他们的居住地和周边环境。四川藏区对牧民采取了两项帮助措施，一项是建立了1490多个牧民定居点，让农牧民过冬有一个有水有电可住的地方。另一项是给每一户牧民发一顶新型帐篷，里面配备了太阳能卫星电视、牛奶分离器、折叠钢床等9种设备，冬天这些牧民在定居点过冬，冬天过后带着帐篷去草原放牧。

你刚才说到文化的断绝。藏文化是中华文化的重要瑰宝，我们爱护还来不及，怎么会采取措施故意让他中断呢？政府帮助农牧民盖新房子，建定居点，绝大部分生活环境和文化传统并没有改变，因为本来就在他们的传统居住区修建的。有的地方在很短时间内盖这么多的房子，难免会发生设计模式雷同的现象。在内地搞类似工程时，也会出现类似的现象，这没有什么可奇怪。

记者：为什么要急着完成这些工程呢？

朱维群：你对传统游牧生活之艰苦完全没有体会。农牧民群众迫切希望政府帮助他们及早改善居住条件，他们对新房子可能有不满意之处，这是正常的，但是我接触到的所有住上新房子的农牧民，都是非常高兴的。

记者：如果有一个藏人说我不喜欢住这里，他可以选择不住吗？

朱维群：我没有碰到这样的人！我不知道是不是有人跟你表示了这样的愿望。如果我们的藏族同胞没有人表现出对新房子、对现代生活的憎恶，你们为什么要替他们作这样的设想呢？你们为什么就是不愿意看到藏族大多数人是欢迎新房子、新生活的？真实情况恰恰是后者。

记者：我是说在中国现行的政治体制下，中国人没有真正的投票权，所以我做出了这样的解释。

朱维群：中国人是有投票权的，只不过我们的选举和决定问题的方式和你们不完全一样而已。我们充分尊重意大利人选择的本国民主方式，并不想把中国的民主方式强加给你们意大利人。但有些事情我们也没有打算按照西方的包括贵国的模式办。我们的民主方式使我们能够让老百姓早点过上好日子，比如使藏族农牧民尽快住上好一点儿的房子，我们能够很快就办成。

本文于 2013 年 11 月 28 日发表于中国西藏网。

人民政协的民族宗教工作

(2013年10月29日)

一、民族、宗教工作是政协工作重要组成部分

在人民政协事业中,民族、宗教工作始终据有重要地位。

1949年6月新政治协商会议筹备会议和9月政协第一届全体会议上,少数民族和宗教界爱国人士与各界代表一起,积极参与了新中国成立的工作。在政协第一届全国委员会常务委员会第一次会议上,根据周恩来同志提议,政协设立了8个工作组作为日常工作机构,其中就有民族事务组和宗教事务组。这期间,民族和宗教两个事务组的一项突出贡献,就是在第一部《宪法》及《土地法》《婚姻法》等法律法规的制定过程中,对涉及民族和宗教的有关内容进行了认真调研审议,并向常委会提交了调研报告和提案。同时,在组织民族界、宗教界委员学习、联谊,宣传党的民族、宗教政策,反映少数民族群众和宗教界人士的意见建议等方面做了大量工作,为巩固新生的人民政权发挥了重要作用。

1954年12月,全国政协二届一次会议后,由于国家最高政权机

关——全国人民代表大会及其常务委员会产生，全国政协不再代行国家政权机关职能，民族事务组、宗教事务组随即改为民族组、宗教组。从20世纪50年代后期开始，因为"左"的错误干扰，使工作受到损失，特别是"文化大革命"致使实际工作一度陷入瘫痪。但民族组和宗教组领导和成员，始终根据全国政协及其常委会的部署与各自所处的环境，尽力发挥积极作用。1988年4月，政协第七届全国委员会常务委员会第一次会议决定将民族组、宗教组改为民族委员会、宗教委员会。1995年，政协第八届全国委员会常务委员会第二十次会议，又决定两个委员会合并组成民族和宗教委员会，一直至今。

从九届政协起，每个少数民族都有全国政协委员；从十届政协起，人口百万以上的少数民族都有全国政协常委。十二届全国政协的2237位委员中，有258位是少数民族；23位政协副主席中，有4位是少数民族。全国性各宗教团体，都有自己的代表参加政协，至少有1名常委。在地方各级政协组织中，都设有民族和宗教委员会或从事相关工作的机构，也都有相当数量的少数民族、宗教界委员。

在人民政协60多年的历程中，一些德高望重的老同志和宗教界人士担任过民族、宗教工作机构的领导职务。我们要铭记他们的贡献，学习他们的经验，继承他们的作风。

二、 全国政协民宗委今年的工作

全国政协十二届民族和宗教委员会在今年"两会"结束后正式成立，是全国政协9个专门委员会之一。目前委员会有83位委员，其中主任1

人，副主任11位，委员71位。83位委员的构成具有相当的广泛性、代表性，有中共党员32人，民主党派人士11人；涉及23个界别：中共、民革、民进、致公党、九三学社、无党派、总工会、妇联、青联、侨联、文艺、科技、社科、经济、农业、教育、新闻出版、医药卫生、福利保障、少数民族、宗教、香港、特邀；有15个民族成分；五大全国性宗教团体都有负责人担任委员会副主任。

"政协章程"对政协民族和宗教工作有专门规定。比如第十三条规定：中国人民政治协商会议全国委员会和地方委员会宣传和协助贯彻执行国家的民族政策，反映少数民族的意见和要求，为发展少数民族地区的经济、文化，维护少数民族的合法权利和利益，坚持和完善民族区域自治制度，巩固和发展平等团结互助的社会主义民族关系，促进各民族共同繁荣进步，增进各族人民的大团结和维护祖国的统一贡献力量。第十四条规定：中国人民政治协商会议全国委员会和地方委员会宣传和协助贯彻执行国家的宗教信仰自由政策，支持政府依法管理宗教事务，坚持独立自主自办的原则，积极引导宗教与社会主义社会相适应，团结宗教界爱国人士和宗教信仰者为祖国的建设和统一贡献力量。

新一届民宗委成立之后，短短七个月中，主要开展以下七项工作。

第一，专题调研和考察。

组成调研组深入云南、贵州、四川民族地区，针对乌蒙山片区（国家确定的14个集中连片贫困地区之一）扶贫攻坚和生态文明建设面临的一些突出困难和问题，提出了强化政策保障，建立合理的资源开发利益分配机制，健全生态建设和补偿机制，加快推进基本服务均等化等建议。

组成调研组赴广西、新疆及负有教育支边繁重任务的上海，就民族地区职业教育问题进行调研。针对民族地区职业教育基础薄弱、教育结构不合理、国家助学金补助标准偏低等问题，调研组提出了加大资金支持和政策倾斜，优化职业院校布局结构，完善对口支援和帮扶机制，加强师资队伍建设等建议。

配合全国政协城镇化建设专题协商会议题，就民族地区城镇化建设问题赴内蒙古自治区、吉林省调研。针对民族地区温饱问题尚未全部解决、城镇化率虚高、产城关系不协调、边境城镇人口减少影响边防安全等困难和问题，提出了落实支持民族地区发展的各项政策措施，提出了生态环境保护与建立生态补偿机制并重，在城镇化过程中既努力保持民族特色又增进各民族的共同性和一致性，高度关注边防安全等意见建议，并在常委会上做了大会发言。

就"推动加强和创新宗教事务管理"问题到福建和山东调研。总结了两省探索创新宗教事务管理的一些具有普遍意义的做法，比如将宗教教职人员的社会保障作为政府社保部门的一项常态化工作，在城市改扩建过程中注意优化宗教场所布局，以人为本做好信教群众服务管理和团结引导，培养高素质爱国爱教宗教人才等。针对有的地方对宗教工作认识不到位，宗教领域一些重点难点问题时有反复，宗教团体自我管理能力不足等问题，提出建议。

就"引导藏传佛教与社会主义社会相适应调研"问题在青海、西藏调研，进一步总结西藏和四省藏区在引导藏传佛教与社会主义社会相适应中的成功做法和经验，分析研究存在的问题，并提出意见建议。

就青海玉树地震灾后恢复重建情况进行调研，了解灾区恢复重建取得的成绩及存在的困难问题，提出意见建议。

就推动宗教界办好公益慈善事业问题，在江苏、上海进行调研，了解各地各宗教落实这项政策的进展情况，针对各宗教在兴办公益慈善事业过程中遇到的具体困难和问题，提出意见建议，推动政策进一步落实。

在专题调研中，注重加强与地方政协的协作。比如，民族地区城镇化课题邀请新疆政协协同调研；民族地区职业教育课题邀请内蒙古、贵州、云南、西藏、青海、宁夏六省区协同调研；引导藏传佛教与社会主义社会相适应课题邀请甘肃、云南两省协同调研。

第二，召开对口协商会。

每次调研之前，我们都邀请党、政有关部门介绍情况，提出建议，使调研更具针对性、可行性。《加强民族地区职业教育调研报告》初稿形成后召开对口协商会，参加会议的除了民族和宗教委员会部分委员外，还邀请中央统战部、国家发展改革委员会、教育部、国家民委、财政部、人力资源和社会保障部、全国政协教科文卫体委员会负责同志。这种对口协商对于达成共识，推动实际工作，发挥了重要作用。

第三，召开民族界、宗教界委员反映社情民意座谈会。

民宗委每年不定期举办少数民族界、宗教界委员反映社情民意座谈会，了解委员的重大关切及其所联系群众的意见和呼声，及时向中央领导和有关部门反映，尽力帮助民族地区和宗教界解决实际困难和问题。

在今年少数民族界委员反映社情民意座谈会上，委员们反映了民族工作一些新情况、新问题，并就新形势下推进民族工作，加强"四个认同"宣传教育、促进民族团结、边疆稳固和推动民族地区实现跨越式发展建言献策。

第四，开展联谊纪念活动。

民宗委每年与中央统战部、全国人大民委、国家民委、国家宗教局等部门联合举办民族、宗教方面的联谊活动和重要纪念活动,参加民族、宗教方面的重大节日和庆典活动。每年走访全国性宗教团体,听取和征求宗教界人士的意见建议。今年以来,全国政协领导先后到在京全国性宗教团体进行工作调研,与各宗教团体负责人座谈。

第五,组织有全国省市和15个副省级市政协民宗委参加的研讨会。

按惯例,这样的会议每年召开一次,去年是在杭州召开的,题目是"发挥民族文化和宗教文化在中华文化大发展大繁荣中的积极作用",今年就是现在郑州开的这个会议。

第六,开展对外友好交往,就涉藏、涉疆问题做相关国家工作。

近年来,民宗委先后组团访问英国、加拿大、欧盟总部、西班牙、意大利、瑞典、丹麦、土耳其、摩洛哥等国家,与各国议会、政府部门、政党社团、媒体深入交流,介绍我国经济社会发展和民族、宗教政策,考察有关国家民族、宗教等社会事务管理情况,回应外方关于我国少数民族、宗教、人权等方面的问题。今年我率民宗委代表团访问了欧盟总部、比利时、瑞士和意大利,除上述工作外,特别就对达赖集团斗争等涉藏问题有针对性地做有关国家议会和媒体的工作。

第七,指导、协助中国宗教和平委员会(简称"中宗和")开展对外交流。

"中宗和"是由我国五大宗教代表性人士组成的全国性社会团体,也是全国政协对外交往的重要平台之一。民宗委作为"中宗和"业务主管单位,指导、协助"中宗和"开展对外交往,分别与世界宗教和平会议("世宗和")、亚洲宗教和平会议("亚宗和")就台湾、涉藏、涉疆、涉"法轮功"等问题续签了符合我方原则立场的文件,为"中宗和"加强与两组织的交流与合作创造了良好条件。指导"中宗和"先后组团访问日本、澳大利亚、新加坡、美国、加拿大、比利时、法国、俄罗斯，与上述国家宗教和平组织建立了工作联系。"中宗和"每年倡议全国性五大宗教团体以纪念中国抗日战争和世界反法西斯战争胜利为主题举行和平祈祷活动。

三、关于民宗委工作要注意的几个问题

2006年《中共中央关于加强人民政协工作的意见》提出人民政协工作必须坚持的基本原则，其中包括：坚持以马克思列宁主义、毛泽东思想、邓小平理论和"三个代表"重要思想为指导，坚持中国共产党的领导，坚持在宪法和法律范围内开展工作等，毫无疑问，这也是我们民族宗教工作必须遵守的原则。结合民宗委工作实际和特点，我们可能还需要注意几个问题。

第一，紧密围绕经济建设这个中心。民族、宗教工作领域广泛，头绪很多。实践证明，只有紧密围绕全党全国工作中心，我们的工作才有目标，大家才能合成一股劲，评判事物才有共同的标准。党的十八大明确了"两个一百年"奋斗目标，现在距离到2020年全面建成小康社会只有7年，离建党100年只有8年，时间非常紧迫，而全国困难最多最大的地方大部分是民族地区。民族和宗教委员会要紧紧围绕党和政府的中心工作，千方百计为促进这些地区科学发展、改善民生服务，从中找题目，想办法，办实事。

第二，旗帜鲜明地维护国家统一、民族团结和社会稳定。国家统一、民族团结和社会稳定关系中华民族的根本利益。当前，一些西方势力极力在民族、宗教问题上打开瓦解、分裂中国的突破口。我们要时刻保持清醒头脑，在涉藏、涉疆、涉民族宗教有关问题上旗帜鲜明地反对分裂主义，

维护国家统一,绝不含糊,绝不妥协。在观察、认识、处理日常每一项工作,决定我们的态度时,始终不要忘记从是否有利于民族团结和交往交流交融,有利于反对宗教狂热和极端主义,有利于反分裂斗争,有利于社会稳定的角度进行思考,用好我们的特有优势,积极主动支持协助党和政府解决民族宗教方面的热点难点问题。

第三,不断提高参政议政水平。民族、宗教工作涉及政治、经济、文化等方方面面,政治性、政策性强,敏感度高,特别是新形势下情况不断发生变化,而民宗委组成人员来自各个方面,许多同志过去对于民族、宗教工作接触并不多,即使过去做过民族、宗教工作的同志也会遇到许多新情况、新问题。这就需要我们不断学习党的民族、宗教工作基本理论和方针政策,不断学习总结历史的经验,不断深入实际,研究新情况、新问题,关注民族、宗教领域的重大情况和重大问题讨论,不断提高自身的政治理论水平和正确认识、解决民族宗教实际问题的能力。

政协没有立法、行政权力,其意见不具有法律约束力,只有道义、舆论上的影响力。因此,政协发挥作用,只能靠自己的水平,靠对复杂问题的正确见解,靠对事态发展的预见性,以此来说服握有立法、行政权的部门,给他们以有益的帮助。所以政协委员尤其要注重学习,提高水平,注重发挥各类专业人才的长处。

第四,形成宽松、包容的环境。做好民宗委工作,关键是充分调动委员的积极性。委员们来自不同的党派、不同团体、不同民族,有不少委员是宗教人士,大家的实践经历、工作环境、思考问题的角度各不相同,因此委员之间见解不完全一致,是经常发生的,也是正常的。在专委会组织的各种会议和各项活动中,既要坚持原则性,又要有必要的灵活性;既要尊重多数，又要照顾少数。坚持民主协商，平等议事，求同存异，体谅包容，鼓励大家畅所欲言，讲真话、报实情，允许发表不同意见，在讨论中取得最大程度共识。有些问题一时难以取得一致意见，也没有关系，可以留待未来的实践解决。来自不同方面的委员都要善于换位思考，避免无意中伤害他人。特别是从党政领导岗位上转来的同志，要摆正位置，同党外朋友平等相处，在平等相处中发挥作用。在重大问题上以委员会名义对社会发声时，应当是一个声音。

第五，要注重成果推介。政协组织的各项参政议政活动花费了不少人力物力，提出了许多有参考价值的意见建议，但其中许多活动社会影响不大，一些调研形成报告后一交了事，再无声息。这也是一种浪费，一种形式主义。要加强工作成果的推介，除了上报中央和送有关部门，加强提案督办，还可以通过举办专题讲座、研讨会等方式推介给社会。由于政协委员的学识和经历，这种推介往往有较高的水平和较强的说服力。全国政协和一些地方政协还办有报纸、杂志、网站，在民族、宗教工作的宣传上可以发挥更大作用。现在社会上对政协工作普遍缺乏了解，认为政协就是每年开个"两会"。通过宣传，可以让社会各方面加深对政协民族、宗教工作的了解，消除民族、宗教工作的神秘感。

本届政协以来，通过与地方政协同志接触，感到许多地方在民族、宗教工作方面创造了许多好的经验和做法。我们希望通过这次会议的交流，更好地向大家学习，改进我们的工作。

本文系作者在全国政协民族和宗教委员会举办的"推进新形势下人民政协民族宗教工作研讨会"上的讲话。

西方为何在涉藏涉疆问题上与中国过不去

(2014年2月19日)

新中国建立以来，西方对西藏、新疆的干涉从未停止过，即使中国改革开放后西方对华关系总体向积极方向发展，这种干涉也仍未放弃，在特定条件下还会突然强化，造成双方关系在一定时期内停滞、倒退。这固然给中国制造了麻烦，但给西方自己带来的损害也不小。那么为什么西方至今不肯或不能放弃这种损人又不利己的行为呢？

一、帝国主义政治的延续

"西藏独立"和"东突厥斯坦伊斯兰国"这两个分裂中国的概念，都不是中国本土产生的，而是伴随帝国主义对中国的侵略从外国输入的。

1888年、1904年英国以被其殖民统治的印度为基地，两次发起侵略中国西藏的战争。在1913—1914年"西姆拉会议"上，英国非法制造"麦克马洪线"，胁迫、利诱西藏少数上层承认英国对西藏9万平方公里土地的占领。在这个过程中，英国把中国对西藏只拥有"宗主权""西藏有独立的权利"等虚假概念输入了西藏少数上层头脑。对于新疆，英国在同沙俄的争夺中，一直梦想将天山南麓广大地域划入自己势力范围，蚕食中国领土，无理干涉中国内政，非法取得驻军权。

早在19世纪阿古柏入侵新疆时期，英国就给予大量经费和枪械支持，并与阿古柏签订瓜分新疆领土的条约，英国同时获得在喀什设立领事、通商、驻使等特权。1933年在英国驻喀什领事参与下，分裂势力第一次在新疆打出"东土耳其斯坦伊斯兰共和国"的旗号并建立政权，鼓吹"一切操突厥语的民族和信仰伊斯兰教的民族联合起来组成一个国家"，英国又给予大量经费、枪械和兵力支持。原本产生于中亚的"泛伊斯兰主义""泛突厥主义"及其结合体"东突厥斯坦伊斯兰国"思潮，由此在新疆扩散并祸害各族人民。

新中国成立后，"西藏问题""新疆问题"又成为西方牵制乃至分裂中国的重要抓手。美国先是怂恿西藏上层拒绝谈判，并向西藏转输武器弹药，设置军事电台，企图武力阻挠中国人民解放军进藏；继而从1954年起由中央情报局在美国本土大批训练"藏独"武装特务并派遣回藏区策动叛乱，对中国发动"秘密战争"。1959年达赖集团全面武装叛乱失败后，中情局引导达赖残余力量流亡印度，公开打出"西藏独立"旗号，并支持其对西藏进行长期武装袭扰。从那时到现在，美国一直是十四世达赖集团最大政治后台和金主，而达赖集团则一直充当美国搞乱西藏的打手和在中国版图上制造裂纹的楔子。

二战结束后，美国开始将目光瞄向新疆，设置领事馆，从事间谍活动，拉拢支持有反共倾向的新疆上层人物。新疆即将解放之际，美国领事馆召集各路反共势力制定"独立建国"行动预案,支持乌斯满匪帮与人民解放军作战。"9·11"事件后,美国以反恐为名进入中亚地区,对新疆分裂势力的支持也由幕后转到前台。由美国霍普金斯大学一批学者2003年完成的"新疆工程"课题,否定新疆自古以来就是中国不可分割的一部分,对中国政府造福新疆各族人民的各项政策横加攻击,挑拨新疆民族关系,甚至为分裂主义和暴力恐怖活动张目。美国虽然也看到"东突"组织与"基地"组织、塔利班组织之间的紧密联系及对美国自身安全构成的威胁,但同时又把"东突"视为干涉中国内政并向中国政府持续施压的可利用力量,对"东突"反对中国政府、破坏新疆稳定的行为大开方便之门,将中国政府反恐维稳措施统统指为"压制维吾尔人的政治权利""压制宗教自由",等等。

在西方支持下,2004年多个"东突"组织在德国慕尼黑合并成立"世界维吾尔大会","世维会"各分支机构及传媒中心主要分布于西方国家。2006年美国又在热比娅"保外就医"后安排其定居美国,充当"世维会"主席,主掌"东突"势力全面整合。美国国会、中情局支持的"美国国家民主基金会"以常年拨款和单项捐款等方式持续不断给"东突"以金钱支持。至今对二战不肯认错的日本也忽然"人权"起来,不仅允许达赖多次在日本过境、活动,还由一些人出面安排他到议员会馆发表反对中国、美化日本军国主义的演说,成立什么"日本支持西藏议员联盟"。2012年日本支持"世维会"在东京召开第四届大会,安排热比娅一伙参拜靖国神社,日本右翼狂妄叫喊"日本也为了维吾尔而战斗"。

笔者以上粗略的回顾不是为了算历史旧账,而是表明一个基本事实:从来就不是中国插手西方内部事务、加害西方,而是西方国家插手中国内部事务、加害中国。奇怪的是,加害者可以如此振振有词,如此毫无羞耻感。这只能解释为，在一些人看来，这种加害是某些国家的一种政治传统，是由于基督教信仰而获得的神授特权，根本没有必要顾及受害方的利益和感受。历史与现实的不同之处仅仅在于，西方在历史上更多是直截了当使用武力，而现在则首先依靠其在国际上的话语霸权，将他们的私利装扮成"普世价值"。仿佛只要一打出"人权"旗号，所有"真理"就都像土豆一般乖乖滚入其囊中，连对他们不喜欢的国家进行大规模空中轰炸、无人机定点清除都是"人权事业"所需要的。2008年美国一位司法界人士在《西藏和平之战》一文中把"民主"的目标讲得很直白："一旦中国实现民主化，包括西藏独立在内的任何选择都将成为可能。"只要这种帝国主义霸权心态没有消除，西方与中国就很难从根本上建立互信关系，中国保卫自己尊严、主权的防范意识和必要的斗争就一刻也不能松懈。

二、"实用主义"的利益考量

基于"实用主义"的利益考量和基于意识形态的政治划线，共同构成了美国外交的基本面。这同样体现于美国对"西藏问题""新疆问题"的决策。

20世纪70年代，美国需要集中力量对苏联搞冷战，需要从越战泥潭中脱身，对此中国的态度至关重要，而达赖集团不仅用处不大，相反还严重影响中美关系的改善。此时利益考量占了上风。1972年尼克松总统访华后，美国大幅减少对达赖集团的经济和军事支持，继1965年中情局停止对盘踞在尼泊尔王国木斯塘地区的达赖集团主要军事力量的空投后，1974年更听任尼泊尔政府军对这股力量予以歼灭。达赖集团一度在国际上形同弃儿，茕茕孑立，形影相吊，不得不把"西藏独立"的旗号改换为"中间道路"，走上"大藏区高度自治"的"曲线藏独"道路。达赖对美国行事方式心知肚明，他在其《自传》中多次埋怨"美国政府卷入西藏事务并不是为帮助西藏，而仅仅是冷战时期对付苏联的战术需要"。

1989年3月5日拉萨发生大规模骚乱事件，接着北京发生政治风波，此后国际上相继发生"苏东剧变"，此时美国强烈感觉，对于搞乱、遏制社会主义中国来说，达赖还是大有利用价值的。于是1989年10月，作为惩罚中国的一项措施，诺贝尔和平奖的桂冠及时落到达赖头顶上，1991年美国总统第一次接见达赖，由此开西方国家首脑人物会见达赖的恶劣先例。"达赖股"在西方突然大幅升值，西方社会一般民众知道人世间有个达赖的存在，也就是从这个时候开始的。受此鼓舞，达赖宣称"三年内一定要把西藏搞成独立国家"，"不和一个即将垮台的中国政权谈判"。令美国和达赖遗憾的是，这一希望的破灭和它的到来一样快。

2008年西方看准中国成功举办北京奥运会的急切心情，认为又一个千载难逢的机会来了。先是2007年美国把只有为美国做出过巨大贡献的人才能获得的"国会金奖"高调授予达赖；继而2008年达赖集团一手制造了拉萨"3·14"打砸抢烧暴力事件；然后是西方一些国家相继发生暴力拦截奥运火炬传递事件；与此同时，西方领导人以集体抵制北京奥运会开幕式威胁、羞辱中国，压中国政府对达赖集团作出政治上的让步。只是由于西藏局面迅速恢复正常，全中国人民和全球华人群起发声支持中国政府，强烈反对达赖集团和CNN等西方媒体辱华事件，西方才没敢把事情做绝。

中国改革开放以来持续快速的发展使西方陷入一种矛盾状态：一方面谁都希望搭上中国这趟快车，尽可能从中国的发展中获取利益，特别是从经济、金融危机的泥潭中拔出腿来；另一方面，又由于害怕中国打破西方主导制定的国际游戏规则和利益格局而恐惧和焦虑，竭力利用一切机会遏制中国，并始终存有利用中国多民族的国情使中国像苏联、南斯拉夫那样走向分裂的"愿景"。所以人们看到某些规律性现象：当中国平稳发展时，西方领导人登门示好唯恐落后，而西藏、新疆一旦发生一点儿事，这些人立即翻脸不认人，恶言相加，同样唯恐落后。当然这并不妨碍西藏、新疆恢复常态时，他们的愤怒马上又转回到温和，态度转换之快速，往往达到匪夷所思的程度。

某些国家新领导人上台时，一定要不顾中国的强烈反对会见达赖，然后又私下向中国保证不会再有这样的会见发生，争取两国关系"转圜"，此后便是率领一个庞大的商贸代表团访华，获取商业利益，下一届领导人上台周而复始。当某些国家违背国际关系准则的行为遭到中国反击时，其政府、议会、法院以"三权"分立、互不管辖为由互相踢皮球；几个国家领导人在一个时期内先后会见达赖，形成多层次的压力分担"共犯机制"。

对付"实用主义"，完全靠说理是不行的。只有当"实用主义"者感到他的一套不再"实用"，才有改变的可能。也就是说，只有当西方感到"西藏问题""新疆问题"已经不再具有特殊利用价值，其无理干涉才会消减，而要达到这一点无疑还需要假以时日。

三、"双重标准"和"选择性失忆"

美国把世界上的国家分为"民主国家"和"专制国家"，表面上以是否实行多党竞争式的"民主选举"为标准，实际上就是看听不听美国的话，符合不符合美国的利益。

由于社会矛盾的积累和经济危机的压力,近年来美国及其盟国或亲美国家多次发生大规模民众抗议活动,当局不同程度采取了弹压措施,对此美国从不加以指责,包括对过度镇压行为不置一词。但是,2008年拉萨"3·14"事件中,由达赖集团一手煽动组织的暴力犯罪分子半天打死、烧死无辜汉藏群众18人,打伤、烧伤近400人,西方却一边倒地把暴力犯罪分子描绘成"为藏民族权利而进行和平示威的民众",指责中国政府"暴力镇压和平示威人群"。笔者那时访问欧洲多国,没有一位政要、一家媒体对18名死难者表示过半句同情,仿佛这些受害者本来就是该死的。同样,在2009年乌鲁木齐"7·5"事件中,暴力犯罪分子一天之内残忍杀害无辜群众197人,西方同样把同情心放在暴力犯罪分子一边,相反指责中国政府恢复正常社会秩序的措施是"镇压"行为,要求中国"克制"。直到现在,几乎每次藏区发生"自焚"事件、新疆发生暴力恐怖事件,西方都把犯罪分子说成"政治异见分子""民主人权斗士""试图逃离压迫的难民",相反却无理指责中国政府,要求确保犯罪分子"享有根据中国的国际人权责任范围应当享有的相关保障和自由"。

"双重标准"最近一个例子,是2013年底美国置中国遣返恐怖嫌犯的要求于不顾,将在关塔那摩基地关押的最后3名中国维吾尔族囚犯移交给斯洛伐克,理由是这些人如果被遣返中国可能遭受拷问。此前,2006年美国曾将3名同样情况的囚犯移交给阿尔巴尼亚,此后几年中又有16人被陆续送往其他国家。如果说这些人不构成恐怖活动分子,美国政府又恰恰宣布不允许他们进入美国国境。显然,在美国看来,恐怖分子如果是针对美国的,就必须严惩不贷,而且要求各国必须配合美国"反恐";如果是针对中国的，就要像宝贝一样保护起来。

为了贯彻"双重标准"，一向以客观、公正、中立相标榜的西方媒体对反映达赖集团本质的种种劣行长期采取"选择性失忆"方针。闭口不谈旧西藏政教合一的封建农奴制度及达赖本人就是一个占有 27 座庄园、30 个牧场、6000 多农奴的大农奴主；闭口不谈达赖集团 1959 年发动血腥的武装叛乱，长期煽动策划暴力恐怖事件；闭口不谈达赖企图将中国 9 万平方公里领土出卖给印度；闭口不谈达赖与日本"奥姆真理教"麻原彰晃一伙用沙林毒气杀人的罪犯长期相互勾结、吹捧、利用的亲密关系；闭口不谈达赖在国外藏胞中实行宗教专制，对杰千修旦传统信仰者赶尽杀绝的行径；闭口不谈达赖赤裸裸鼓励"自焚"的大量煽动性言论……这一切被隐去之后，西方媒体成功打造出一个笑眯眯的、全身心沉浸于宗教的、远离政治的、严格遵守非暴力原则的、超凡脱俗的"诺贝尔和平奖"获得者，人见人爱的"老顽童"。这种长期系统的"洗脑"极大误导了西方公众，使他们不能了解真实的达赖，当然也就不能正确了解中国政府对达赖集团斗争的正义性和必要性。

但是，"双重标准"并不总是只给美国带来利益。由美国支持创建的"基地"组织后来给美国带来一个"9·11"。美国在"阿拉伯之春"中对一些国家反政府武装中的极端势力网开一面，予以保护和利用，但这些力量壮大起来以后，已经并将继续给美国的安全造成新的伤害。同样，美国早晚会明白，"双重标准"保护下的达赖集团、"东突"势力终将是其国家利益的负资产。

四、对中国历史和现实的无知

西方在涉藏、涉疆问题上有很多错误看法，与其对中国的历史传统和现实状况缺乏了解有关。本来，对一个遥远国度缺乏了解是难免的事，但是如果还要以此为自己构建"道德高地"，对别国内部事务横加指责与干涉，就会人为给双边关系制造长期的麻烦。

欧洲历史上长期处于封建小邦割据状态，通常由这些小邦组织成联邦，但各个邦国仍然拥有独立主权，而无统一的中央集权政府。这种状况给近现代欧洲国家结构以深刻的影响。19世纪以来欧洲适应资本主义生产关系的需要，"政治的和民族的单位应当一致"理念上升，加紧走向"一个民族一个国家"。第一次世界大战导致多民族的奥匈帝国崩溃；第二次世界大战后的民族大移民使"民族国家"概念进一步固化，与此同时一批殖民地国家独立成为新的"民族国家"；冷战后又有多民族的苏联、南斯拉夫解体。

通过"民族自决权"实行"一个民族一个国家"，似乎成为西方认识世界各国国家构建问题的"通用标尺"。这一"标尺"固然推动一些国家在特定条件下得以实现与历史问题的切割，但是也造成了诸如印巴分治、波黑战争期间发生的暴力和悲剧。当今世界多数国家都存在多个民族成分，如果按"一个民族一个国家"彻底搞下去，包括西方在内的许多国家将无休止地面临新的分离运动的困扰，事实上，这种困扰已经在给欧洲带来新的不安定。

而用这把"标尺"来衡量中国是根本行不通的。自秦汉开始中国就成功实现了中央对全国的有效集权管理；几千年来中华各民族共同缔造了统一的多民族的国家；中华各民族长期相互交往、交流、交融，形成从经济、政治、文化到血缘关系上全方位你中有我、我中有你、休戚与共、相互依存的关系；中华各民族近代以来在捍卫祖国统一、抵抗西方殖民侵略中，凝聚力和向心力空前增强，形成了"中华民族"的认同自觉。国家统一就能强盛，国家分裂就遭欺凌，成为中国人从自己历史中得出的最重要教训。这样的政治、文化传统和人民的现实利益，使得包括藏族、维吾尔族在内的中国人视国家统一如生命，绝对不能容忍任何人以任何名义从事任何分裂中国的活动，绝对不允许在中国内部搞什么"民族自决""民族分离权"。

二三百年来西方在世界上的强势地位，使得许多西方人染上了盲目的民族自大症，把自己的政治发展途径、理念视为世界上唯一模式，不了解也不想了解发展中国家的历史特殊性和人民的感受，想当然地把中国对西藏、新疆的主权地位同他们所熟知的本国对发展中国家历史上的殖民统治等同起来。多次有西方政要和媒体记者气宇轩昂地对笔者发问："为什么'西藏独立'是中国政府不可接受的，是因为西藏在经济上、战略上非常重要吗"，"中国能不能抛开主权、领土完整问题而承认西藏、新疆的自治"，"中国为什么不能允许欧盟派独立的外交官小组去西藏调查真实情况"……一些西方学者把他们所不能理解的中国定性为"伪装成现代统一国家的帝国"，并根据欧洲的"经验"，不断预测中国民族问题马上就将面临"深刻的总体危机"。笔者一方面对西方"精英"中有这么多人对中国的政治传统、西藏与新疆的真实情况和中国政府的政策缺少基本的了解感到惊讶，一方面又为他们面对迅速发展的中国而仍然抱着阿Q式的"先前阔"心态感到悲哀。

西方与中国在国家的民族构建理念上的分歧，给中西方关系造成一个潜在的爆点，这就是一方面现在所有西方国家均承认"西藏、新疆属于中国"，没有一国与达赖集团、"东突"势力建立外交关系；另一方面，这种情况并不妨碍西方势力认可达赖集团及"东突"势力拥有要求"西藏独立""新疆独立"的权利，并从各方面予以支持。如果中国大局一旦有变，西方国家马上就可以背弃国际法准则和自己的承诺，对"西藏独立""新疆独立"予以外交承认，如同他们在肢解南斯拉夫时所做的那样。所以中国必须清醒看到，目前西方对中国于西藏、新疆主权的承认，不过是中国自身实力在国际关系这面镜子中的反射，虽然也束缚了一些国家支持达赖集团、"东突"势力的手脚，但对中国实质性加分作用有限。中国的统一和领土完整，不能建立在西方的"承认政治"基础之上，最终只能建立在自己的历史政治传统和日益增长的实力基础之上。

同时要指出，在今天国际关系中，"一个民族一个国家"主要是西方用来分裂他们所不喜欢的"专制国家"的，如果其本国有不晓事者试图借这把"标尺"也分出一块土地去，一定会被以各种体面的理由打压乃至剿灭，绝不会允许其成为事实。这样的闹剧人们已经看得足够多，而且现在还在上演。

五、远离真实的"香格里拉"神话

由于西藏高寒闭封的地理环境和不同历史时期政治上的原因，西方社会迄今对西藏缺少客观全面的了解。西方社会对西藏有限的模糊印象，首先来自早期欧洲形形色色的传教士、探险家、勘探者，等等。由于西方进入工业社会后矛盾丛生，其固有精神支柱已经难以满足人们精神、信仰上的需要，一些较早与西藏有过不同程度接触或者有所耳闻的人们在对西藏山川的壮美和富有特色的文化表示赞美的同时，出于各种不同的目的，把西藏想象成一片未受现代文明污染、没有战争、没有饥饿和犯罪、富有神秘主义的古老智慧而与世隔绝的国度。

1933年出版的詹姆士·希尔顿《消失的地平线》虚构出一群偶然来到"香格里拉"这个佛教社会的白种人的故事，"这里每个人的生活都被瑞祥与幸福所灌满"的描述促使更多西方人把藏区想象成为一个世外桃源，使"香格里拉"成为经济危机中西方人"心灵的止痛药"。甚至纳粹德国也试图从这里找到可以统治世界的"神秘力量"，一个叫海因里希·哈勒的纳粹分子受命前往西藏与上层建立联系，此人从1946年起给十四世达赖充当政治顾问和英文教师，直到1951年才逃离西藏。在其《西藏七年》一书和相关采访中，把封建农奴制统治下的西藏描述为"地球上的最后一片净土"，"我们西方人在现实生活中遗失的东西在这个世界屋脊的城市里都可以找到"。1997年好莱坞把这本书改编为电影，不仅掩盖了作者的纳粹身份，而且捏造情节否认西藏历史上就是中国一部分，把西藏的和平解放歪曲为"中国入侵西藏"，蓄意误导西方公众。

1959年达赖集团武装叛乱失败后，一批藏人流亡国外，特别是1989年后戴有诺贝尔和平奖桂冠的达赖本人频繁出现于西方公众面前，许多人以为这回终于见到真实的"西藏"。尽管随着中国改革开放的深入，西藏向西方人敞开了大门，但西方对西藏的科学而不带偏见的研究仍然极为罕见，相反，好莱坞式的公关宣传使更多人沦为"香格里拉"神话和达赖政治谎言的囚徒。

长期流亡生活的磨炼使此时的达赖对西方政治游戏规则和媒体运用技

巧烂熟于胸，加上西方各种势力的刻意编造和炒作，使得本来就对中国历史和国情缺乏认识的公众普遍形成一种印象：西藏是一个神秘的、宗教的、和平的国度，达赖是一个具有高尚人格、慈悲心怀的半人半神式宗教首领，是万恶的中国人占领了西藏，赶走了达赖，破坏了西藏的美好、幸福、宁静。

这种认识同西方传统上的优越感结合，使西方社会不仅在政治上几乎一面倒倾向于达赖，而且在所有涉藏问题上变得情绪化，包括反对西藏的任何发展，所有道路、矿业、水利、城市建设及民生改善，都被视为中国人对西藏传统文化和生态环境的蓄意破坏，只要达赖没有回到西藏恢复其旧有权力，中国政府在西藏所做的一切都是邪恶的。近年来，笔者多次遇到西方记者当面指责中国政府帮助西藏农牧民改善居住条件是蓄意限制藏人游牧自由，破坏他们的游牧传统文化。笔者的回答是："且不说这种指责完全没有事实根据，众所周知，人类的发展从游牧到农业定居，再到现代城市，这是一种进步。如果一些人自己享受着现代城市、现代文化的生活，却要求我们的藏胞过那种没有自来水、没有电、缺少学校和医院的游牧生活，是完全违反人权的。你们自己可以先退回到游牧生活试试！"

在西方社会的政府、议会、媒体、社团、公众等层次中，政府、议会、媒体要对公众在涉藏、涉疆问题上错误观念的形成，对有关国家与中国关系的阶段性恶化负主要责任。但是，公众中这种错误观念一旦形成，就会以"民意"的形式反过来通过议会、媒体对政府施政形成压力。这就造成一些西方国家首脑明知会见达赖将招致中国的强烈反对，有损于本国利益，而为了选票仍然不得不制造各种借口会见达赖，乃至发生西班牙法官借起诉中国领导人讨好"民意"的丑剧。但是，仍然要指出，在更多情况下，这种"民意"充当着西方领导人搪塞中国的现成借口。在中国的世界分量日益加重的条件下，西方一些国家如果不能下决心跳出这种恶性循环，受害的最终还是自己，而且受害程度将越来越深。

六、中国掌握着主动权

改变西方在涉藏涉疆问题上的态度，需要中国创造条件使西方社会更多地了解西藏、新疆历史和现实的真相。但这并不是问题的关键。因为西方"精英"作为"西藏问题""新疆问题"的制造者，对真相的了解不比我们差多少；他们也完全了解有关国际关系准则甚至就是这些准则的参与制定者。问题的关键在于，除非中国同意西藏、新疆分裂出去，否则是不可能使他们满意的。因此，中国第一位的任务是丢掉一切不切实际的幻想，把中国自己的事办好，把西藏、新疆的未来放在自己力量的基点上。该发展就要发展，该维稳就要维稳，完全不必在意西方说些什么。只有使西方认识到中国的强大是不可避免的，使西藏、新疆脱离中国只是一场"美丽的"梦，而西方的利益在于发展、保护同中国关系而不是相反，才可能促使西方转换一下思路。

中国在涉藏、涉疆国际斗争中要摆脱单纯防御状态，敢于打进攻仗，以西方国家为重点，主动开展预防性外交，主动对媒体阐明中国的原则立场。对一切挑衅行为必须给予坚决、当面回击，有来必有往，使其感到涉藏涉疆问题并不是他们想象中的中国"软肋"，在这里讨不到什么便宜，相反，谁敢损害中国的核心利益，谁就会自取其辱，就要付出代价。任何情况下都坚持外国国家领导人不能会见达赖的红线。

随着中国对国际事务更多参与，随着西藏、新疆对世界开放程度的提升，越来越多的西方人对西藏、新疆有了比较符合实际的了解，西方舆论中终于出现从特定视角揭露达赖集团、"东突"势力真实面貌，反思西方对华政策及西方自身"人权记录"的声音。尽管这些声音在西方还很孤立、弱小、备受围攻，但它代表了一种历史的趋势，中国应给予公开、有力的支持。

这一切无疑需要做长期、艰苦、细致的工作，需要足够的耐心，但时间在中国一边。

本文发表于中国西藏网。

不能把昆明暴恐事件同特定民族挂钩

——接受《南方都市报》记者专访时的谈话

(2014年3月4日)

昆明"3·01"暴力恐怖事件①性质非常严重,表明我们面临的反暴恐形势相当严峻。对于犯罪分子,我们一定要依法严惩,绝不留情。同时要注意,不能把这次事件一般地说成是民族宗教问题,更不要把它同特定民族挂钩。这些恐怖分子无论如何代表不了我们任何一个民族,只能代表那些背叛祖国,也背叛他们自身所在民族的极少数人。实际上就新疆发生的几起暴力恐怖事件来看,很多少数民族的优秀干部、宗教人士、无辜群众,也遭到了这些暴力恐怖犯罪分子的杀害。

如果我们把事件跟特定民族联系起来,去指责某个民族,不仅完全违背实际,而且将伤害少数民族群众的感情,这恰恰是暴力恐怖势力所希望的。反对暴力恐怖事件,要依靠各民族共同的力量。我完全相信,我们的

---

① 2014年3月1日,云南省昆明市火车站发生一起由新疆分裂势力筹划组织的严重暴力恐怖事件,共造成31人死亡,141人受伤。由8人(6男2女)组成的犯罪团伙现场被公安机关击毙4名、击伤抓获1名,其余3名落网。

各族群众、基层干部，能够团结起来反对暴力恐怖。有了团结的基础，我们肯定能取得这场反对暴力恐怖、反对分裂势力斗争的胜利。

我们同分裂势力的斗争是长期的，复杂的。没有发生这样事件的时候，我们不能大意，以为天下太平，因为不知道在哪个角落里，这些人在酝酿着干什么坏事；但发生了这样的事，也不要恐慌。昆明发生的事件，不构成全国性的问题，改变不了全国稳定的大局。没有必要恐慌，恐慌只会造成社会的动荡，人心的不安，思想的混乱，对反分裂、反暴力恐怖的斗争毫无帮助。对极少数故意散布恐慌情绪的人，我认为要加以提防。

当然，不恐慌并不代表可以放松警惕，可以疏于防范。保护人民的生命财产安全是政府当然的责任。要加强情报工作，争取掌握先机，把暴力恐怖事件消除在未发状态。要强化社会管理和社会治安，构建有效的社会反恐防暴体系。在对公众的经常性社会治安的教育中，应适当增强反恐思想教育和防范措施教育。

中央关于新疆治理工作的思路是一以贯之的，既包括发展经济、改善民生，也包括严厉打击"三股势力"。这个总体思路不会改变，只有如何把各项工作做得更加扎实、更加有效的问题。

如果是现在，奥巴马还会见达赖吗？

(2014年3月20日)

经过与美国、欧盟剧烈争辩和对抗，3月18日俄罗斯总统普京签署了克里米亚加入俄联邦协议。此前20多天，2月21日，美国总统奥巴马在白宫会见了达赖。这两件事看上去无甚关联，但试想一下，如果克里米亚的争端早发生十几天，或者是现在，奥巴马还会见达赖吗？

尽管中国在克里米亚问题上，秉持"尊重各国的主权、独立和领土完整"，"在法律和秩序框架下寻求政治解决"的一贯立场，并不想深度介入美俄两个大国这场迎头相撞，但是谁都明白，中国绝对不是可有可无。中国在联合国安理会投弃权票以及外交部发言人的表态，已给美欧全面孤立俄罗斯的图谋泼了一瓢冷水，更何况中国对俄贸易是西方制裁俄罗斯围墙上的一个洞，至于这个洞是否还要掏得更大些，要视中国对自己利益的评估及届时心情而定。已经有一种声音：中国可以也有必要在西方与俄罗斯之间扮演更积极的劝和角色。

但是，中国自己的尊严和利益受到西方尊重了吗？中国一贯按照国际法和自己的原则、按照事情的本来性质对待各种国际争端，但是有关国家

· 如果是现在，奥巴马还会见达赖吗？·

对中国自身是否尊重，不可能不对中国的态度产生影响。奥巴马不顾中国强烈反对，任内第三次会见达赖，强词夺理把以分裂中国为目标的政治集团的头子打扮成"宗教人士"，还要求中国政府接受达赖的"中间道路"，而这个"中间道路"实质就是西藏"半独立""变相独立"，就是"西藏独立"分两步走。此次奥巴马会见达赖后，美国国务院又宣布任命新的"西藏问题特别协调员"，欧盟一些人也在鼓捣欧盟设立同样的职位。

对于中国来说，美国如果真的想改过自新，从此为各国"领土完整"和"国际法"的有效性而奋斗，首先要看它是否彻底放弃对达赖集团和"东突"势力的支持，否则免开尊口。美国知名学者米尔斯海默在《纽约时报》撰文称，奥巴马决定硬抗俄罗斯是严重错误，美国需要俄罗斯帮助处理伊朗、阿富汗问题，并最终遏制中国——这个美国未来唯一的对手。眼前俄罗斯这一关还不知道怎么过去，又盘算如何拉拢俄罗斯整中国，美国遏制、分裂中国的图谋，真是改也难！

这次西方在克里米亚问题上的两难境地，是西方自己造成的。西方20多年来执意削弱、挤压俄罗斯，又是北约东扩，又是反导系统直逼俄罗斯家门口，此番又推动乌克兰加入欧盟，破坏了乌克兰在西方与俄罗斯之间的相对平衡状态，终至局面不可收拾。这说明，在各国尤其是大国之间，交往中要充分考虑到对方的利益和承受力，自己的利益也要分大小、轻重，这不仅是为建立双方互信，也是为自己营造足够的回旋空间，从根本上维护自己的利益。动辄把对方逼到墙角，终归要遭到拼死还击。20世纪70年代尼克松总统着眼国际政治大格局，排除种种干扰，包括中断对达赖集团的经济、军事支持，实现了中美关系历史性突破，表现出一个大国总统的远见和胸怀。对比之下，奥巴马在乌克兰局势突变之前还会见达赖这个过气人物，无端羞辱中国政府和十几亿人民，两位总统处事原则的区别和后果，不值得美国人反思么？

乌克兰事态还存在一系列重大变数，有些变数不可避免会牵连到中国。除了着眼我们的现实利益，早做准备之外，更可以从这事件中悟一悟中国在如此复杂多变的国际环境中如何增强主动性和进取心，运用我们已有的实力，取得最好的政治和经济效果，树立中国应有的国际形象。

本文发表于《环球时报》。

处理暴恐事件要从民族宗教问题中脱敏

——接受凤凰网资讯记者专访时的谈话

(2014年4月2日)

一、反暴恐将是一项长期任务，内地也需要重视

凤凰网资讯记者陈芳、边鹏：去年至今年初，新疆暴力恐怖事件频发，各级党政和民众承受了巨大压力。北京、昆明也相继发生暴恐事件，内地公众开始意识到暴恐离我们如此之近。这是否意味着暴恐常态化？对于暴恐活动频发的态势，我们该如何看待？

朱维群：一段时间以来，暴力恐怖袭击事件在新疆屡屡发生，这是实际情况，但是说暴恐事件已经"常态化"，可能有些过分。事实上，暴恐事件并没有改变新疆社会稳定和民族团结的大局，更谈不上在全国"常态化"。

有舆论批评新疆没有将暴恐活动制止住，还发生"外溢"。这种看法是不全面的。要看到，正是由于新疆各级干部和各族民众的努力，付出了各方面的代价，甚至生命的代价，才保证了新疆社会大局的稳定。如果不是

中央治疆战略正确，不是新疆的努力和全国的支持，局势会很危险，就不是现在这种情况了。"三股势力"及其支持者不是天天盼望新疆也发生什么"之春"，出现阿富汗、利比亚、叙利亚那种局面吗？那么，出现了吗？出现的是"三股势力"之类屡遭迎头痛击，一个团伙一个团伙被剿灭。这是我们讨论新疆反暴恐问题的大前提。

但我们必须看到并承认形势有严峻的一面，我们的确还未从根本上遏制住暴力恐怖事件频发态势，而且从去年10月北京天安门金水桥暴力恐怖案件①和今年"3·01"昆明暴恐事件看，分裂主义势力极力试图把暴恐活动扩大到内地其他地区，我们不可掉以轻心。我们多次经历这样的过程：发生事件时全社会高度关注，对有关方面多有批评；而用不着几天，关注点又被新的热点话题吸引，反暴恐工作并没有多少实质性改进，直至下一次事件发生。

反暴恐是一个世界性课题，中国不可能置身事外。"9·11"事件中美国吃了大亏，此后真正将反恐作为国家战略，下了苦功夫，也得罪了许多人，最终取得不错的成效。当然，美国在反恐旗号下也干了许多拿不上台面的勾当。我们要意识到，这种事不仅美国会遇到，欧洲会遇到，中国也会遇到。过去不少人对国外发生的暴恐袭击抱一种看热闹的心态，对发生在新疆的暴恐事件虽然也很揪心，但感觉毕竟离自己还远。而金水桥、昆明发生的事告诉我们，反暴恐这根弦，不但专业部门要绷紧，新疆要绷紧，内地民众也要绷紧。当然不是要大家草木皆兵，而是说思想上要有斗争准

---

① 2013年10月28日，乌斯曼·艾山及其妻子母亲等3人驾吉普车闯入长安街，沿途快速行驶故意冲撞游人群众，并撞向金水桥护栏，点燃车内汽油致车辆起火燃烧。该事件造成5人死亡，40人受伤，被认定是一起经过严密策划，有组织、有预谋的暴力恐怖袭击案件。

备，有关工作要列入经常性议事日程，必要防范措施要做实做细。

二、新疆暴恐频发，有多方面原因

记者：什么原因造成新疆暴恐活动呈现频发态势？

朱维群：新疆暴恐事件有比较深的根源，所以也不是很快就会过去的事情。

第一，暴力恐怖活动的思想基础是分裂主义，其源头可以追溯到19世纪，从俄国鞑靼知识分子中产生的泛突厥主义，从江河日下的奥斯曼帝国产生的泛伊斯兰主义。两种主义渗透我国新疆，其会合点，就是把新疆从中国分裂出去，建立"东突厥斯坦国家"。在外国势力支持下，新疆分裂势力曾于1933年和1944年两次打出过"东突厥斯坦伊斯兰共和国"和"东突厥斯坦人民共和国"旗号，这段历史给新疆分裂主义势力留下了想象空间。

第二，苏联解体后，新疆西部境外出现好几个独立国家，这些国家同我国关系很好，但其独立本身使新疆分裂主义势力受到鼓舞，特别是打着维吾尔旗号的一些人，他们不可能从原来苏联的土地上划出一个"维吾尔国"来，就想在新疆分裂出一块土地过过"独立"瘾。

第三，美国以反恐之名频繁发动战争，造成中亚社会长期动乱，激发了当地强烈的反美情绪，也刺激了宗教极端主义的滋长。美国对各种暴恐、极端势力采取"双重标准"，凡是反对美国的就严厉制裁，凡是反对美国所不喜欢国家的就包庇纵容，甚至默契配合。这就造成各种暴恐组织在中亚地区旋灭旋起，中国一些分裂主义分子更从那里接受思想灌输和军事训练。

第四，境外宗教极端主义的渗透成为暴恐组织的思想温床。宗教极端主义歪曲伊斯兰教教义，宣扬通过"圣战"消灭异教徒，建立伊斯兰政教合一的国家。宗教极端主义欺骗群众特别是受教育程度较低的青少年将此视为宗教职责和义务，将暴恐行为视为实现这一目标的"合法"手段，从而源源不断地为恐怖势力补充"能量"。改革开放后，由于我们政策掌握上出了某些偏差，曾经遭受打击的一些分裂主义、宗教极端分子一度重新抬头，甚至形成力量，影响社会，胁迫群众。宗教极端主义上升是当前一种国际现象，单凭我们的努力很难在短时期内完全遏止。

此外，新疆特别是南疆，由于自然的和历史的原因，长期以来发展比较慢，群众生活水平比较低，尤其是不少青年毕业后找不到工作，容易产生不满情绪。新疆这些年为解决就业问题采取一系列措施，也取得了效果，但是完全解决无疑还需假以时日。南疆既是少数民族人口比重最高的地方，又是全疆最穷的地方，这两种因素叠加在一起，分裂主义势力、极端宗教思想就比较容易找到市场。

这些因素相互作用，不是短期内说消除就能彻底消除的，我们要有长期工作、斗争的思想准备。新疆同全国其他省市区不一样的地方，就在于既要抓经济建设，实现全面小康目标，又面临反分裂斗争的艰巨任务。所以，我们要特别理解新疆的工作，支持新疆的工作。

三、反暴恐是一项综合性工程

记者：在正视暴恐非短期能够彻底解决的前提下，在遏制频发态势上能做些什么？

朱维群：至少有几方面工作需要加强：

第一，提高情报工作水平。建设、完善一个有相当社会覆盖面和很强信息消化能力的情报网，是反暴恐最重要的环节。暴恐分子的行动原则是以尽可能少的人制造尽可能大的杀伤，以形成社会恐慌。新疆这么大，全国这么大，没有情报特别是行动性情报，我们只能处于被动防御地位。金水桥事件和昆明"3·01"事件，反映出我们情报系统存在不足。

第二，专业反恐队伍与人民战争相结合。世界各国反恐都离不开专业队伍，但我们还有一个特殊优势，就是群防群治的传统。中国太大，不发动和依靠群众，无论如何是防不过来的。专业队伍、人民战争，加上现代技术手段的支撑，建立起一个反恐的天罗地网是能够办得到的。

第三，建立全民性的思想工作和宣传教育体系。新疆暴恐势力打着民族、宗教旗号，蛊惑性特别强。许多暴恐分子没有受过多少国民教育，也未必懂得什么泛突厥主义、泛伊斯兰主义，他就是看一部境外传入的宗教极端主义宣传品，转眼之间就可以从一个普通人变成"圣战"杀人者。新疆意识形态领域斗争特别要加强反宗教极端主义教育，向群众讲清楚什么样是正常的宗教生活，什么样是宗教极端主义。与宗教极端主义斗争，要重视发挥爱国宗教人士的作用，让信教群众在他们指引下过正常的宗教生活，压缩宗教极端主义的潜在市场。要努力创造一个社会环境，使年轻人不仅在学校里，而且在学校外；不仅在学龄阶段而且在九年义务教育之后，仍然有经常接受现代科学文化教育的机会，从源头上堵住宗教极端主义。

爱国主义教育、反分裂斗争教育，固然要对职工、农牧民、青少年讲，但首先是对有知识、有话语权的人讲，包括公务员、知识分子、大学生，特别是教师，因为他们一本书、一个讲话、一个态度就可以影响很大一批人。他们人数上不是最多的，但分量上是最重的。高等院校学生的思想教育应当是重中之重，因为他们有文化，将来的时间还很长，一旦思想上被引上错误路子，再改变很难。

第四，加强国际反恐合作。暴力恐怖主义已经呈现跨地域、跨国界的特点，成为人类共同的敌人，因此反暴恐斗争也必须是国际性的。我国已经同西部周边国家建立起良好的反恐合作关系，有必要继续巩固和加强。同美国等西方国家也要深化合作，同时对其搞"双重标准"予以揭露和抵制。

这一切工作有一个共同基础，就是要坚定不移地加快新疆经济发展，改善民生，提高就业率。提高就业率重点地区是南疆，重点人群是青年。这既是我们的目标，也是反暴恐斗争最重要的条件。两者相辅相成、互相支撑。

四、 新疆社会生活要坚持世俗化取向

记者：新疆一些地方近年出现妇女穿黑袍等现象，也有世俗化的维吾尔群众开始感受到保守势力的压力，这种苗头可能带来怎样的危害？该如何应对？

朱维群：一个时期以来，新疆一些地方出现宗教狂热现象，比如私设讲经点、非法宗教活动屡禁不止，非法宗教出版物流行，妇女服饰宗教意味趋浓，甚至出现"吉里巴甫"即全身罩黑袍装扮。斋月期间，一些人强迫商户关门，不准商户出售烟酒，等等。这些现象虽然并不是在全疆发生，但已经影响到群众的正常生活，包括对群众正常宗教生活形成压力。尤其

严重的是，宗教极端主义有可能借此滋生蔓延。

这种社会生活宗教化现象并不是新疆各民族的传统。比如，维吾尔族是一个很开放、很活跃、乐观向上的民族，维吾尔族妇女的服饰、音乐舞蹈，都是很美的，曾经风行全国，让很多内地人倾慕和学习，至今都是影视节目的闪光点。现在发生的社会生活宗教化倾向，是有些势力借我国开放之机从外部输入、强加于我们少数民族的，其实质是使我们的群众从精神生活、生活习惯、服饰装束诸方面"去中国化"。这完全违背新疆各民族的传统，也背离各民族的根本利益。我们的态度，一是旗帜鲜明地反对这种倾向，不允许其蔓延滋长甚至成为常态；二是尽可能采取说服、教育、感化的办法，争取受其影响的大多数群众回到民族优秀传统上来；三是对鼓动、胁迫、伤害他人的违法分子要依法严惩，打掉其气焰，刹住这股歪风。

现代以来，很多信仰伊斯兰教的国家领导人意识到国家要想不落伍，就必须走世俗化的道路，将宗教与国家行政、教育、经济生活分开。土耳其凯末尔领导的革命就是一个成功的例子。凯末尔在一次群众集会上尖锐批评："在有些地方，我看到妇女用一块布或一块毛巾，或类似的东西盖在头上来遮住她们的面部，还看到她们在遇到过路男人的时候，便转过身去或者伏在地上缩成一团。这种做法究竟是什么意思，是何道理？"群众随之大呼"愚昧！落后！"难道我们可以容忍90年前土耳其先进人物就批评过的这种愚昧落后现象在中国新疆重现吗？新疆要现代化，人民要享受现代文明生活，就必须保持世俗化取向。宗教要回归到清真寺，不能干预政府行政、国民教育和法律法规管辖的事，更不能允许一些人以"宗教"名义祸害社会。

这里我还要说，新疆宗教界人士队伍总体上是好的，许多人在反分裂、反宗教极端主义斗争中站在第一线，发挥了不可替代的作用。爱国宗教人士除了要提高思想政治水平之外，还要进一步提高讲经水平，把更多的信教群众吸引到合法清真寺，挤压私设讲经点的活动空间。

五、当暴恐分子剥夺别人生命的时候，他们讲过人权吗？

记者：我作为一个新疆人，在内地工作生活多年，比较深地感受到内地对新疆的几重误解。第一种情况，内地不少人包括我们的官员，一提暴恐分子，经常与维吾尔族、与整个新疆联系在一起。怎么避免将暴力分子等同于一个族群或者一个地区？

朱维群：暴恐分子和维吾尔族，这个切割是很清楚的。任何时候也不能把少数犯罪分子等同于一个民族，无论在法律、政策还是反暴恐措施上，这一点都必须十分明确。要使内地广大群众都知道，维吾尔族是我们的兄弟民族，跟我们一样爱中国、爱中华民族，也和我们一样反对暴恐事件。如果这个界限划不清楚，不但不符合事实，而且会引发更大的麻烦，我们的反恐斗争就不可能取得成功，这恰恰是分裂主义势力希望看到的。应该承认，早先新疆发生恐怖袭击、劫机事件时，内地一些民众有过恐慌情绪，对维吾尔族产生过防范心理，甚至一些部门在治安工作中对维吾尔族采取过度措施。但是随着斗争的深入，这种做法少得多了。昆明"3·01"事件发生后，舆论强烈谴责犯罪分子，几乎是第一时间也出现"不要把暴恐事件同特定民族挂钩"的呼声，这说明我们社会主流是理智的、清醒的。

记者：第二种情况，每次发生暴恐事件，有一些人会质疑官方的定性：

他们真是暴恐分子吗？不是因为人权问题或遭受不公才反抗吗？昆明暴恐事件发生时，微博上就有个别"意见领袖"为暴力分子辩解。西方一些媒体更是每次都把事件归为人权问题，对此你怎么看？怎样消除这种误解？

朱维群：且不说把暴恐分子的行为归结为受到打压、受到不公正待遇，完全不符合事实，更重要的是我们根本不能容忍对暴恐行为的任何同情，以及替他们编造理由的行为。

这些"意见领袖"的目的只有一个，就是怎么动摇共产党的执政地位，怎么把我们的社会搞乱，怎么让犯罪分子更加肆无忌惮。为此，他们甚至不惜和分裂主义势力、同极端暴力残忍的杀人犯搞到一起。我甚至可以这么说，街上砍人的是拿刀的暴力恐怖分子，而这些人是拿笔的暴力恐怖分子。因为他们的论调，他们对杀人犯的同情，是在煽动更多人效法这些暴恐分子，走上街头残杀无辜。这种人不要说爱这个国家，连最起码的对被害者的同情、人类的正义感都没有，连做人的底线都没有！

至于西方一些媒体把事件归咎于我们的民族政策，指责我们打压人权，这毫不新鲜。当这些暴恐分子剥夺别人生命的时候，他们讲人权么？那么多遇害者被无端夺去生命，他们的人权又在哪里？在这些西方媒体眼里，"人权"就是保护在中国的暴恐分子随便杀人而不受惩罚。西方有一些势力，把所谓"新疆问题"和"西藏问题"作为搞垮中国的两张牌，在这两个领域出现的任何问题，你就不要指望他能说我们半句好话，不要指望他们不把这些问题视为给我们制造麻烦的机会，对他们不存在什么消除"误解"的问题。把形形色色的暴恐势力彻底打垮，这是他们唯一听得懂的语言。

六、 法律不对任何人网开一面

记者：第三种情况，不少疆外普通人把在内地的维吾尔族人标签化，比如"小偷""切糕党"，这背后还有某种害怕心理，认为他们不好惹，采取躲避态度。而内地一些官员在管理上往往也是区别对待，甚至纵容。对此，我们该做何反思？

朱维群：你所提到的这些错误看法是存在的，但并不代表内地民众的主流看法。内地各级政府有责任向民众多介绍一些有关新疆的情况，消除各种误解和片面认识。

无论是历史上还是今天，维吾尔族对伟大祖国都有不可磨灭的巨大贡献。改革开放以后，我们国家有一个具有深远影响的趋势，就是人口大流动，西部到东部的打工者中少数民族数量相当大，其中维吾尔族也很多。他们给内地的经济、文化发展做出了贡献，同时又将财富、知识、现代生活元素带回新疆，进而带动当地的发展和进步。在内地的维吾尔族群众主流无疑是正面的，有不当行为的毕竟是极少数。没有一个这样总体上的估价，我们就很难有符合实际的政策举措。这不仅不利于民族团结，反而给分裂主义造成"口实"。

我反复讲过这个观点：一方面，对西部到内地打工、发展的少数民族人员，不要再去识别、划分民族成分，无论集体还是个体，都要欢迎，将其纳入城市现有管理体系。管理不是简单限制，更不是踢人家摊子，管理首先是服务，帮他们办必要的手续，教给他们各种规矩，把他们的经营活动纳入正规渠道，使其尽快融入现代城市生活，享受到东部改革发展的各种好处。管理同时也是约束，就是限制违法违规行为，创造一个公平竞争、各施其能的有序经营环境。

另一方面，如果有少数人发生了违法违规行为，不能因为他是少数民族，就网开一面，不敢管，不愿管，甚至花钱买平安。这是一种非常错误的方式，这种方式不仅助长了某些人通过不合法行为获得利益的坏习惯，更严重的是破坏了民族之间的互相信任关系。如果我们的群众觉得某个民族的人是法律不能管的，相互关系怎么可能搞好？

七、更多强调中华民族的一致性和共同性，不要再去强化民族间的区分

记者：这就涉及到我们的民族政策问题，也是目前讨论比较多的，我们实行了多年的民族政策是不是应该作出相应调整？比如不加区分地强调对少数民族的照顾，高考加分等，在少数民族内部我们也听到一些不同的声音，这本身是不是就是一种不公平？

朱维群：这里涉及我们民族工作的总体思路。我认为，一方面，毫无疑问要充分肯定新中国建立之后我们的民族工作基本政策是正确的，比如坚持民族平等和民族团结，实行民族区域自治制度，促进少数民族和民族地区加快发展，保护和发展少数民族文化，大力培养少数民族干部和人才。实践证明这些政策是符合我国民族问题实际情况的，效果是好的。是正确的东西就不能随便去改。

另一方面，现在跟新中国成立初期相比情况有了很大的变化，特别是社会主义市场经济把地区间的壁垒打开了，中国形成了一个统一的大市场，

各种生产要素充分自由流动，包括人的流动。中国民族分布的一个历史特点就是大杂居、小聚居，而现在混居程度比过去任何时候都高。从干部到群众，少数民族的经济文化科学水平普遍提升，民族之间的交往交流交融比历史上任何时候都普遍、经常和便捷。

这就产生一个问题，今后我们的民族工作该往哪个方向使劲儿？大家都说要创新，怎么创新？在理论和实际工作两方面都出现了分歧。有一部分同志认为过去那套区分性政策不能动，不仅不能动，还要继续深化和加强。我认为，要适应新的情况，在坚持原有成功政策的同时，工作侧重点要有所改变。这就是适应今天社会主义市场经济的总趋势，更多强调中华民族的一致性和共同性，不要再去强化和细化民族之间、民族区域自治地方和非民族区域自治地方之间的区分。

有人会问，这样是不是国家给少数民族和民族地区的帮助要减少？绝对不是。我国经济欠发达地区同民族地区本来就在很大程度上是重叠的，比如国务院所定《中国农村扶贫开发纲要（2011—2020）》中列出的14个集中连片特困地区中，少数民族地区就有11个。无论以什么名义，国家对少数民族和民族地区的特殊帮助不会改变。这种帮助在很长一个时期应民族因素和地域因素两种考虑并存，但最终应当逐步转化为侧重地域因素考虑。也就是说，国家支持你，是因为你这个地区困难，而不宜再强调因为你是某个民族。未来这种支持应该是不作民族区分的，而是共同性和地域性的。

你提到的少数民族学生考试加分政策，社会关注度很高，因为牵扯到很多家庭的切身利益。其实各地政策差别很大，有加分多的，有加分少的，有的甚至没有实行这个政策。我以为，由于我国教育事业发展的不平衡，各地学生能享受的国家教育资源的不平衡，加分政策在相当长一个时期还是需要的，但应当逐步转变为地域性加分：因为你这个地方穷，享受国家优质教育资源少，国家给这个地方孩子不分民族都予加分，而不应简单根据民族出身加分。如果长期生活在同一地区、享受同样教育资源的学生，因为民族身份不同而有的加分，有的不加分，那就难免会被视为一种不平等。但是，我们目前还有少数民族教育水准整体上比较低，如果没有民族性加分，可能这个民族多少年也出不了几个大学生，所以民族性加分政策在这些地方还得有。中国的事情就这么复杂。

八、各民族"交往交流交融"是历史趋势

记者：你曾说过，2010年的中央西藏工作会议和中央新疆工作座谈会在总结西藏和新疆反分裂斗争的基础上，归纳出促进各民族"交往交流交融"和增进各民族"对伟大祖国的认同、对中华民族的认同、对中华文化的认同、对中国特色社会主义道路的认同"等重大提法，但实际工作中却未得到重视。什么原因造成这种情况？

朱维群：是由于思想认识上的不统一，造成实际工作中贯彻不得力。中央西藏工作座谈会和中央新疆工作座谈会都讲要加强各民族的"交往交流交融"。但据我所知，有的同志认为提"交往交流"可以接受，"交融"不行，好像一说"融"，就把少数民族融没有了。我认为，我们同世界各个国家的人，包括美国人、日本人，也要"交往交流"呢，难道中华各民族之间的关系也就限于这么个程度？如从字义上说，"融合"更多强调最终结果，"交融"则更多指的是一个过程，二者的内涵还是有所区别的，"交融"不等于马上就要"融合"。在实际生活中，"交融"是相互的，"交融"不是

"汉化",不是把少数民族融没了,而是各民族的优点为大家共享,共同点增多,共同利益增多。在中国历史上,各民族的交融、融合是经常发生的现象,这就造成历朝历代中国大舞台上,民族格局没有雷同的。当年威名赫赫的"五胡"现在只剩了一个羌,其他四个哪里去了?主要还是融合于中原民族以及相互融合了。交融、融合造就了一个人口庞大的汉族,也造就、壮大了许多少数民族。中国历史就是一部各民族交融的历史,正因为这种交融,形成各民族你中有我、我中有你、休戚与共、相互依存的关系,滚成了一个谁也离不开谁的中华民族整体。

只要顺应历史潮流走,顺应社会主义市场经济大趋势走,不去做反面使劲的事,我认为中国民族问题并不是那么难解决的。

九、"两少一宽"不利于民族团结也不利于少数民族

记者:关于少数民族地区法治的问题,比如"两少一宽"政策,争议也很大,不少人包括少数民族的人,都建议废除,对此你怎么看?

朱维群:1984年有关文件提出对少数民族的犯罪分子要"少捕少杀"。问题出在哪里?出在一个国家内对不同的民族可以有不同的执法标准,换句话说,法律实施因民族而异。这不符合法治国家的基本精神,世界上也没有哪个国家因民族差别而对法律的执行划出不同的杠杠。

我最近在网上看到一篇文章,一位维吾尔族大学生指出,"两少一宽"使得本民族中的少数人犯罪更加肆无忌惮,不仅伤害别的民族,也伤害了维吾尔族,特别是它使整个维吾尔族给外界留下不好的印象。他讲到,"两少一宽"看起来是给民族以照顾,"实际上是给了我们这个民族里的犯罪分

子，而这些犯罪分子也是我们民族所讨厌的人"。据我所知，"两少一宽"由于明显不当，很早就不再提了，现在也不存在什么废除问题，但是它体现的思想和处理问题方式，也就是办什么事都要按民族出身予以区分，是否也已经消除了呢？

其实，任何一起暴恐事件中的犯罪分子能代表任何一个民族吗？他们的犯罪行为与他出身民族有什么必然关联吗？当然不能！他不仅不能代表而且破坏了少数民族的声望和利益，更何况新疆发生的许多暴力恐怖事件中，他们的屠刀同样也挥向维吾尔族。我曾提出建议，今后表扬各领域先进人物时，可以继续注明他的民族身份，大家都高兴；但打击、判决犯罪分子，是否就不要出现民族身份一项了，免得大家脸上都不好看。

记者：2012年你在《学习时报》上发表《对当前民族领域问题的几点思考》，其中提到："我个人倾向于将来居民身份证中取消'民族'一栏，不再增设民族区域自治地方，不搞'民族自治市'，推行各民族学生混校。"此后，学者中对你的批判不少，你曾经考虑收回这些意见吗？

朱维群：请他们继续批判，我一条也不收回。是对是错，让实践去检验吧。就拿身份证这条来说吧，本来我国各民族间界限就不同程度呈现出相对性、变易性，界限并不那么清晰，比如不同民族成员之间通婚，生下的孩子就有两种民族身份选择，将来不同民族间通婚生子将更多。现在世界上实行民族识别的国家本来数量就不多，在身份证件上注明族裔身份的国家就更少了。我国《中华人民共和国居民身份证法》所规定的公民应出示居民身份证的各种情形，与公民属于哪一个民族并没有必然关系，并不需要在身份证上列出"民族"。少数民族公民应当享受的国家特殊待遇如较宽松的计划生育政策等，也完全可以通过户口簿上"民族"一栏解决。本来我国进行"民族识别"的标准，其中就有当事人群"自我意愿"这一条，取消身份证上这一栏目，等于赋予公民在公众生活中宣示或不宣示自己民族身份的自由，这有利于防止民族边界意识的强化，也有利于增进人们对共同国家公民身份的认同。

十、处理涉及民族宗教因素的突发事件应高举"维护人民利益、维护法律尊严"的旗帜

记者：你曾提到处理与民族宗教因素有关的事件，要从"民族宗教问题"中脱敏，具体怎么脱敏？

朱维群：所谓处理突发事件从"民族宗教问题"中脱敏，是指在处理此类事件时严格依法办事，不要轻易同民族宗教问题搅在一起，更不能随意把它上升为民族宗教问题。1993年宁夏发生伊斯兰教门宦不同势力为权利之争聚众械斗事件，造成许多人死伤，时称"西吉事件"。事件既涉及民族又涉及宗教因素，显得很复杂，很多同志处理中感觉很为难。李瑞环同志奉中央之命去宁夏，提出了高举"两面旗帜"的概念，即"维护人民利益，维护法律尊严"。就是说不管你是什么民族，不管你信什么宗教，也不管你在教内是什么地位，我只认人民利益，只认法律。只要你损害了人民利益，违反了法律，政府就要依法办你。"两面旗帜"一举，再加上相应配套措施，大量被胁迫群众迅速退出械斗，少数闹事头头马上被孤立，受到法律制裁，事件很快平息。

"两面旗帜"应该是我们解决涉及民族、宗教因素突发事件时的重要指导思想，但后来提得少了。有些同志在"两面旗帜"后面又加了很多旗帜，

比如民族团结旗帜，社会稳定旗帜，高举这个高举那个，反而把最核心的内容淡化了。

现在我们的工作有一种将社会矛盾泛民族化倾向，可能只是一般经济纠纷，民事纠纷，只要涉及到不同民族成员，就往民族问题上扯，就给予特殊"关注"，违法与否的界限反而搞不清楚了。从民族宗教问题中脱敏，按照事情本来性质作判断，按法律准绳作处理，许多所谓的民族宗教问题不应该这么复杂。

反对宗教极端主义要综合施策

(2014年5月27日)

宗教极端主义是用宗教外衣包装起来的危害社会的思想、行为。宗教极端主义有不同的表现方式和不同的来源，对社会形成不同层次的危害，因此，反对宗教极端主义，单打一不行，要从实际出发，调动各方力量，综合施策。当前打击的重点是以分裂国家为目的、以暴力恐怖为手段的宗教极端主义。

一、宗教极端主义是包括宗教界在内的全社会的共同敌人

一般来说，分裂主义势力如果直接从政治上鼓动群众分裂国家，很难得到社会响应，很难影响到群众。但是如果它用宗教的外衣包装起来，用宗教的目标、宗教的道德、宗教的语言蛊惑人心，加上各种恐吓和利诱，就比较容易欺骗信教群众，特别是欺骗没有多少文化、对宗教也缺乏基本了解而又急于表现自己宗教虔诚的一些青年，为分裂主义活动提供一种精神的动力和支持，扩大它的追随者队伍。以分裂国家为目的的宗教极端主

义的危害，还在于它不忌惮采取暴力恐怖手段。并不是所有的宗教极端主义者在任何时候都会采取这种手段，而以分裂国家为目的的极端主义者则公开的、主要的采取这种手段，这就是我们今天在新疆看到的。这股势力愈来愈倾向于以滥杀无辜的残忍行为危害社会，造成社会恐慌，以扩大它的影响，迫使国家做出退让，以达到分裂国家的目的。这不表明它有力量，而表明它不仅在实力上而且在精神上已经走向穷途末路。

我个人认为，宗教都有产生极端倾向的可能，从历史上看，各宗教谁也不能说自己有天生的免疫力。因此，各宗教都有一个警惕内部产生极端倾向的任务。有这种倾向并不意味着一定会成为某种"主义"、一定会采取暴力恐怖手段，但是对任何这种倾向的苗头，都应该警惕。目前，我们要集中整治、打压的是为"东突"势力服务，正在用分裂邪说蛊惑人心，用暴力恐怖手段残害人命的极端主义。

同时我们也不能忘记另一位宗教极端主义鼓吹者——十四世达赖。达赖煽动他人自焚，"东突"势力用刀子、用炸药杀人，在程度上虽然有所区别，但性质上没有多少区别。达赖集团派人在境内向一些无知的青年人散布：你平常得不到达赖为你祈祷，而自焚以后马上可以得到达赖的祈祷，马上就可以转世过上等人的日子，甚至可以成佛，好处大大的。达赖本人不但亲自为自焚者举办"特殊法会"，带头绝食，而且几次三番表示"自焚是逃脱暴政的唯一途径"，他"绝不会开口制止自焚"。达赖是在以他的特有方式鼓吹宗教极端主义，同样是为了达到对中国政府施压、分裂中国的目的。

宗教极端主义不仅背离宗教，而且反对一般宗教爱好和平、珍视生命的传统理念。它还使不了解情况的一些群众认为暴力恐怖行为是伊斯兰教、藏传佛教所提倡的，从而产生误解，败坏伊斯兰教、藏传佛教的声誉。所以说，宗教极端主义是包括宗教界在内的全社会的共同敌人。

二、宗教极端主义的根源是多方面的

一是历史根源。一般来说，当前发生在中国的宗教极端主义现象，其历史根源往上追溯并不在国内而在国外。中国的宗教包括外来的宗教，受中国传统文化的影响，一般比较宽厚、包容、理性、平和，这是中国宗教非常好的传统。极端的思想在中国传统宗教中不容易找到生存空间，换句话说，中国宗教不是很容易被极端主义所利用。各色宗教极端主义主要是从境外伴随着帝国主义分裂中国的图谋来到中国的。比如"东突"思想并不是产生于新疆，并不是产生于维吾尔族。它是19世纪末产生于俄国的鞑靼知识分子中的泛突厥主义，产生于没落的奥斯曼帝国的泛伊斯兰主义，这"两泛"随着帝国主义的侵略来到中国，影响到新疆。可以这样说，宗教极端主义一开始就是为外国势力分化、瓦解中国服务的。没有帝国主义的侵略和今天西方势力对我们的颠覆，中国宗教不太可能产生这些怪异的思想。

二是当代国际政治的根源。现代宗教极端主义在西亚、中亚一带的泛滥，与以美国为首的西方对这一带国家的侵略和欺凌有关。西方的霸权主义行径激发起当地民众的反抗，而宗教极端主义则成为反抗的一种思想武器、一种手段。美国在对付苏联的过程中，有意扶持、利用、纵容那些带有宗教极端主义色彩的武装组织，包括"基地"组织、塔利班。它没有想到这些组织后来成了反美的力量。即使今天美国对形形色色反美势力进行打压,也没有忘记要给他们留一个空间,留一个地盘,把祸水引往中国。这就是我们看到的,美国在对阿富汗、伊拉克的战争中,抓到来自别国的暴力恐怖分子往死里整,而抓到来自中国的暴力恐怖分子,就像宝贝一样保护起来,一方面规定这些人不能进入美国,另一方面又千方百计为这些人在其他国家寻求保护,以备对付中国之用。

三是境外对中国渗透的根源。近几十年来,一些国家的宗教极端主义或带有极端主义倾向的势力,利用我们对外开放,极力对中国特别是西部地区进行渗透,使中国伊斯兰教信仰的一些好传统受到动摇、破坏,一些地方出现社会生活泛宗教化、宗教去中国化的倾向。一些不属于中国伊斯兰传统的如妇女穿"吉里巴甫"黑袍等现象蔓延,甚至对坚持中国传统的穆斯林形成压力。伊斯兰教自唐代进入中国以后,为什么在我们国家能够发展起来,获得那么崇高的地位?因为它一直走中国化的道路,和中国传统文化相结合,"以儒诠回"。而现在有些人却倒过来走,眼睛不是往我们自己脚踩的土地看,而是盲目向阿拉伯地区看,人家的服装是怎么穿的,人家的礼仪怎么规定的,人家的清真寺是怎么建的,以人家的为标准衡量一切,从而逐步脱离上千年已经形成的中国化优秀历史传统和已经形成的中国穆斯林的风俗习惯。在这样一种倾向影响下,有人趁机把那里的极端思想也说成是好东西,认为那才是"正宗",是"真正的伊斯兰""真正的清真寺"。这些正在潜移默化地影响着人们的生活。虽然我们不能把宗教去中国化倾向等同于宗教极端主义,但这种倾向确实可以使我们的信众失去辨别力,包括丧失对外来宗教极端主义的警惕。

除了这些原因之外,我们也不能不说宗教极端主义之所以能够渗透到中国,滋生起来危害社会,和我们一些地方经济欠发达,文教事业欠发展以及社会环境相对封闭有关。我们看到，新疆一些穆斯林群众不同程度地处于双重的封闭状态，一重是新疆远离中原，对中国广大的内地来说相对封闭，而离中亚、西亚很近；另一重是南疆有很多群众囿于绿洲小环境，对自治区广大地区来说又相对封闭，一些群众了解不到整个国家现在是什么样子，也了解不到整个新疆现在是什么样子，乌鲁木齐是什么样子，北疆是什么样子。这就使得他们对国家的了解少，对社会进步了解少，对现代文明了解少。当然，随着新疆的现代化建设，这种状态正在改变，但离根本改变还有距离。无论在西藏还是新疆，那些把自己点着了的人，上街拿刀砍人的人，大多数来自很封闭的、接触外界很少的地方。开放、开化，是从根本上消除宗教极端主义的必要条件。

三、反宗教极端主义是一个综合性工程

上述宗教极端主义的每个根源都不是短期内能消除的，不是一项政策就能解决的，因此反宗教极端主义的斗争也将是长期的。同时，鉴于当前形势的发展，鉴于宗教极端主义对新疆、对国家、对社会的现实危害，我们又要有时间上的紧迫感。要看到，反宗教极端主义是综合性工程，靠新疆一地不行，靠某项工作单兵独进也不行，必须各方面综合施政，相互配合，其中也包括宗教界的努力。只有这样，才有可能从根本上解决问题。我相信新疆这一波宗教极端主义带来的暴力恐怖频发势头总会过去，但不会是自然地过去，而是靠我们的艰苦工作和斗争。

第一，当前最直接、产生效果最快、最紧迫的还是严厉打击宗教极端思想的传播团伙，切断传播渠道，转化"地下讲经点"。对"地下讲经点"的处

置不能简单化，应该说在"地下"讲经、听经的相当一部分人是普通信众，由于各种原因，他们没有到合法的清真寺去过宗教生活，以为"地下讲经点"那个地方才"正宗"。我们要打击的是借"地下讲经点"传播宗教极端主义的少数头头，而不要泛泛地处理那些普通信徒，对普通信众主要是教育、引导、管理的问题。大量事实证明，非法出版物、互联网是宗教极端主义赖以传播的主要渠道，必须严管，相邻各省要配合、支持新疆，负起责任。

第二，扩大产业领域，发展新的生产力，把对新疆的经济支持更多放在那些能够增加就业的行业。增加一个人就业就能稳定一个家庭，这是民族地区的普遍经验。通过扩大生产领域，增加就业，让更多少数民族群众、信教群众加入到现代产业队伍中来，特别是让青年人的生活、思想方式同现代生产、现代科技联系在一起。在这个过程中，打破南疆一些地方长期封闭或者半封闭的状态，与全疆、与内地更紧密地联系在一起。

第三，坚持整个社会生活的世俗化取向。现在有的地方社会生活中宗教的氛围越来越浓，甚至如果妇女不把头裹起来，男人进商店买酒买烟，都会遭到指责和威胁。这是一种倒退。要坚持宗教活动主要在宗教场所进行，宗教不能干预行政、司法、教育、批准婚姻等属于政府的职能。在宗教影响比较大的地方，政府每项施政都要经常用"社会生活世俗化"的尺子量一量。

社会生活世俗化很重要的一条是普及国民教育，普及现代科技文化，特别是提高偏远地区农牧民的科学文化水平，让他们的头脑中多一些现代知识。这并不妨碍他们仍然是一个虔诚的穆斯林，但是这样他们就有了对宗教极端主义的鉴别能力。

第四，全面贯彻党的宗教工作基本方针，保护群众的宗教信仰自由权利，这里既包括信教的权利，也包括不信教的权利以及改变宗教信仰的权利。保护正常的宗教活动场所和正常的宗教活动。要努力使信教群众提升信仰水准的合理愿望，能够在合法宗教场所中得到满足，从而压缩"地下讲经点"的生存空间。

第五，更好地发挥宗教界人士的作用。讲《古兰经》、讲"圣训"，信教群众还是要听宗教界人士的，这是党政干部无法取代的。既能坚持爱国立场，又有很深的宗教造诣，能讲好《古兰经》、"圣训"的宗教人士，是国家的宝贵人才。新疆宗教界讲新编"卧尔兹"很多年了，取得了很好的效果。要研究让爱国宗教人士在宗教后备人才培养中更好地发挥作用的问题。比如在新疆是靠师带徒的传统方式，还是靠办伊斯兰经文学校，各地办法不一。经过调研，我们觉得可以考虑把两种办法结合起来，一定阶段由爱国宗教界人士实行传统的师带徒方式，一定阶段让这些学生进入经文学校，除了学习伊斯兰教，还可以接受国家法律、法规和各类现代知识教育，这种教育是师带徒方式难以办到的。

第六，反对宗教极端主义要全国一盘棋。宗教极端主义的渗透不分地域。多年来，有些带有极端主义倾向的境外教派深入内地传教，起初并未引起政府部门的关注，等到发现是个问题时已经成势，治理难度增大。当前，内地各省要全力支持新疆的反宗教极端主义斗争，同时要把防范打击宗教极端主义作为本省一项重要的任务。各地区、各领域相互配合，我们才有可能从根本上把宗教极端主义这一祸害整治住。

本文是作者在国家民委召开的"反对宗教极端主义"研讨会上的发言，发表于《中国民族报》。

新形势下民族宗教工作的坚持与探索

(2014年6月)

中国自古以来就是一个统一的多民族和多宗教的国家，这是我国的基本国情之一。当今世界，民族、宗教问题日益成为全球性热点问题，而我国总体上保持了民族团结、宗教和顺的局面。这表明，我们党的民族、宗教工作方针政策及其实践总体上是正确的，这为我国社会稳定、经济建设创造了不可缺少的重要的条件。同时，我们在民族、宗教问题上也面临复杂、长期的任务和严峻挑战。除了民族地区经济社会发展任务艰巨、社会变革带来这一领域人民内部矛盾增多外，更远的不说，2008年"拉萨3·14事件"、2009年"乌鲁木齐7·5事件"，直至2013年10月北京金水桥事件、2014年"昆明3·01"事件、"乌鲁木齐5·22事件"以及从2011年到2013年持续了3年之久的少数藏区自焚事件等，尽管其性质是十四世达赖集团、"三股势力"制造的暴力恐怖犯罪事件，但不能不说他们也利用了民族、宗教因素。西方一些势力图谋迫使中国政府将注意力和防御力量集中在境内不稳定因素上，希望中国像苏联和东欧一些国家一样，因宗教和民族问题引发动乱甚至导致整个国家瓦解。在当前形势下，民族、宗教工作若有重大闪失，不仅将贻误全面建成小康社会目标的实现，而且可能带来社会动乱、国家分裂的危险。我们既要坚持已有的理论、政策和工作，又要与时俱进，勇于探索，有所创新，使之适应新的形势、新的情况、新的挑战。

一、关于民族工作

（一）我国民族的基本情况和历史特征

1953年全国开展第一次人口普查，进行民族识别，当时申报民族多达400多个，改革开放后进一步识别，到1982年第三次人口普查确定56个民族，此外尚有70万人未能确定民族身份。现在少数民族人口1.1亿，占全国总人口8.49%，仅少数民族区域自治地方就占全国领土面积64%。我国民族人口分布一个重要特点是大杂居、小聚居。当前随着经济社会的发展，少数民族在全国的分布范围不断扩大，散居人口占少数民族总人口的比例不断提高。

从历史的角度看，我国的民族现象有三个主要特征。

1. 中华各民族共同缔造了统一的多民族国家。

中国远古就有华夏居中原，东夷、南蛮、西戎、北狄居四方的族群格局，历朝历代都是各民族共同表演的大舞台。我们过去一些史书、文学作品涉及民族关系时，讲汉族功劳多，讲民族间冲突、战争多，而讲到元、清等少数民族主导的王朝，每每把它视为"异族"统治。实际情况是历史上少数民族开拓土地、守卫边疆、同中原民族共同生活，对中华统一体的形成和发展有巨大贡献。没有少数民族的贡献，就没有今天的中国。

秦汉以后中国历史有两次大分裂。第一次是西晋八王之乱后，经历东晋十六国和南北朝共270多年，由隋统一，而统一的基础是鲜卑人创建的北魏打下的。北魏孝文帝主动推动其鲜卑族中原化，为隋的统一和唐的盛世创造了条件，隋文帝杨坚本人兼有汉族和鲜卑族血统。第二次是唐以后中国分裂370多年，其间经历五代十国、北宋、南宋（北宋只有一个小统一局面），是蒙古族主导的元朝统一起来的，此后700多年中国再也没有全局性、长时期的分裂。满族主导的清朝统一了满、汉、蒙三大区域，使中国疆域进一步巩固，中央对边疆地区的管理制度化，更加规范有效。谭其骧[①]先生《中国历史地图集》就是以清朝完成统一至帝国主义入侵中国之前的清朝版图（18世纪50年代至19世纪40年代鸦片战争之前）作为历史上中国的固有领土。清朝至少从康熙时代起，就认同自己是"中国人"，大清是"中国"的一个新朝代。最近一些人在网上热传一种说法，"崖山之后无中国，明亡之后无华夏"，这种说法不仅不符合历史事实，而且对国家的统一极具危害。更多的道理不说，如果把元朝、清朝排除在中国之外，那么蒙古族、满族历史上世居的土地，两个王朝开拓、巩固、管辖的辽阔边域，岂不也都不属于中国？

相比较，欧洲历史上长期处于封建小邦割据状态，通常由这些小邦组成联邦，但各个小邦国仍然拥有独立主权，而无统一集权的中央政府。这种传统给欧洲国家结构以深刻的影响。近现代欧洲资产阶级"民族主义"

---

① 谭其骧（1911~1992年），浙江嘉兴嘉善人。中国历史地理学家，中国历史地理学科的主要奠基人和开拓者之一。早年研究地理沿革、疆域史地和民族问题，自成体系。新中国成立后，历任复旦大学教授、历史系主任、中国历史地理研究所所长、中国科学院学部委员等职务，1955年起主持编纂《中国历史地图集》。

兴起，加紧走向"一个民族一个国家"。这个理念一方面推动分散在各小邦的同一民族走向联合，促进了欧洲现代民族国家的形式，另一方面又导致多民族国家和体系时时潜伏着解体的可能性。第一次世界大战导致多民族的奥匈帝国崩溃，第二次世界大战导致世界殖民主义体系崩溃，冷战导致多民族的苏联、南斯拉夫崩溃。而中国历史上经历分裂割据之后，后继的局面却是统一的范围越来越大，制度越来越完善，加入到统一国家中的民族越来越多，各民族之间的经济、文化交流更加深入，国家疆域更加巩固。统一被各民族视为常态，分裂被视为不正常或过渡状态，这是因为中国本来就是各民族共同创建的。一部二十四史把少数民族创建的王朝同样列入中国正统，就是这种观念的反映。有一些外国学者以及达赖集团把汉族当皇帝的朝代才算中国，其他民族当皇帝的朝代不算中国，其中就包藏分裂中国的祸心。

2. 中华各民族在长期历史交往中形成了你中有我、我中有你、休戚与共、相互依存的关系。

中华民族几千年的历史，就是一部各民族互相交往交流交融的历史，包括相互学习、相互通商、相互通婚、相互融合。即使是残酷战争和统治阶级的民族歧视政策最后都不能阻止各民族交往交流交融的大趋势。历史上，哪个民族、哪个王朝对民族关系采取开放、包容的态度，它的发展就快，就能成就大事业；哪个民族、哪个王朝采取自我封闭、歧视他族的态度，它就难免衰微，即使一时成功也迅速走向失败。春秋以还，中国既有"普天之下，莫非王土；率土之滨，莫非王臣"的大一统观念，又有尊夏贬夷、严夷夏之防、以夏变夷的狭隘民族观。民族歧视和不平等观念，汉族有，少数民族也有。而越到后来，华夷一家、华夷一体观念越深入人心，到清朝特别是近代逐步上升为主流意识。

从我国各民族的族源来看，没有哪一个民族的成分是纯粹单一的。每个民族的发展演化都是在各种形式的民族混居、迁移、通婚中，既保持自己特色，又不断地吸收、容纳其他民族成分的过程中完成的。这就造成中国各民族间界限不同程度地呈现出相对性、变易性。比如汉族就是以华夏民族为主体，不断吸收、容纳其他民族而逐渐形成、发展起来的。这就造成一个有趣现象，北方汉族与南方汉族体貌上的差异，大于北方汉族与北方少数民族、南方汉族与南方少数民族的差异。历史上也有相当多汉人融入少数民族，壮大了少数民族并由此产生一些新的民族。今天社会主义市场经济的形成更促进了这种交融，比如多民族家庭比过去总体上是增加了，孩子的民族身份可以有两种甚至两种以上的选择。

中国人看待民族问题有一种不重血缘而重文化的倾向，清人解释孔子思想，"诸侯用夷则夷之，进于中国则中国之"，并不把民族身份看成凝固不变的。唐李靖答太宗说："天之生人，本无番汉之别，然地远荒漠，必以射猎为生，由此常习战斗。若我恩信抚之，衣食周之，则皆汉人矣。"而陈寅恪先生指出，至少就"女系母统言之，唐代创业及初期君主，如高祖之母为独孤氏，太宗之母为窦氏即纥豆陵氏，高宗之母为长孙氏，皆是胡种，而非汉族。"中国的大民族主义更多地表现为"文化优越感"，善于用文化"教化"其他民族被视为有"德"的表现，"远人不服，则修文德以来之"，用兵历来被视为不得已的第二选项。西方人历史上对不同民族则持"种族优越感"，远人不服，则兴枪炮以屠杀之、奴役之，比如对待非洲黑人、美洲印第安人、澳洲土著等。直到现在，在国际政治中还能发现这种心态的遗响。

3. 中华民族近代以来在捍卫祖国统一、抵抗外来侵略的斗争中更加紧密地团结起来，凝聚力和向心力空前加强。

中华民族自我意识的真正觉醒是近代以来在与西方民族的碰撞与交流中，特别是在各民族反帝反封建的共同斗争中发生的，在对外来侵略的反抗中冲破了民族矛盾和隔阂的束缚，在爱国主义基础上形成了中华民族的自我认同。近代以来各民族人民守望相助、并肩作战的感人事迹不胜枚举。孙中山领导的革命派为了推翻清政府，在辛亥革命前讲"驱除鞑虏"，而民国一建立马上变成"五族共和"。需要特别指出的是，中华民族是包括中国境内56个民族的民族实体、本体，即"多元一体"，而不是把56个民族加在一起名义上的统称。如费孝通先生所说，近代以来发生的，只是中华民族从自在的民族变成了自觉的民族。有学者至今认为，"各民族之间的差异性大于中华民族整体的共同性，中华民族不是民族实体，其内部各民族仍然是民族实体"。这是不符合实际的。中华民族凝聚力和爱国主义精神的增强，不仅使中国在帝国主义列强侵略下免遭亡国灭种，而且为取得后来抗日战争和新民主主义革命的胜利奠定了民众基础。

以上三条，我以为是鸦片战争以来中国历经磨难而终不分裂的根据。

（二）党和国家关于民族问题和民族工作的基本政策

这里既包括坚持又包括探索、创新，因为二者在实际工作中很难区分开。

1. 坚持民族平等、民族团结。

这是新中国解决中国民族问题的基本原则和根本政策。1949年的《中国人民政治协商会议共同纲领》和1954年的新中国第一部宪法，都明确规定了"各民族一律平等"。辛亥革命后《中华民国临时约法》也曾规定"中华民国人民一律平等，无种族、阶级、宗教之区别"，但在当时历史条件下并未能实现，后来的国民党也没有办法实现。我们党的特别之处是把它真正落实了，而落实的关键是我们党领导了全国性的土地改革、民主改革，不仅埋葬了全国范围内的封建主义制度，也打碎了部分少数民族地区存在的奴隶制、封建农奴制，在此基础上各民族才真正有了相互平等的可能性。有人说如果当初西藏不搞民主改革，就不会有叛乱。可以肯定地说，西藏当年如果不改革，不仅不会有真正的民族平等，而且早晚还会发生叛乱。

与此同时，党和政府采取一系列重大措施废除民族压迫，消除民族隔阂，增进民族团结，保证少数民族在国家政治生活中的地位和权利。比如除各民族享有平等的选举权和被选举权外，在全国人大和全国政协中，各民族不论人口多少，都至少有一名以上的人大代表和政协委员，人口在100万人以上的民族至少有一名常务委员。如果人大选举中发生缺漏，则在全国人大民族工作委员会中作出安排。

2. 实行民族区域自治制度。

新中国建立之初，我们党就确定建立单一制统一国家基础上的民族区域自治制度，1984年发布《中华人民共和国民族区域自治法》。目前，我国有五个自治区，30个自治州，120个自治县（旗）。建立这一制度，是因为它适应中国民族分布的国情，有利于保障少数民族当家作主的权利和民族地区的发展。在当时条件下，建立这一制度还有另一层深意，这就是，中国革命受苏联的影响一度很大，我们党探索处理中国民族问题的国家建构模式经历了一个认识过程，不同时期曾提出过不同口号。最终我们没有照搬苏联的民族自决、民族自治共和国、联邦制模式，而是创造了中国特色的单一制统一国家基础上的民族区域自治制度。毛泽东、周恩来、邓小平同志多次讲过这个意思。邓小平同志1981年在新疆考察时指出："新疆的根本性问题是搞共和国还是搞自治区的问题。要把我国实行的民族区域自治制度用法律形式固定下来，要从法律上解决这个问题，要有民族区域自治法。新疆稳定是大局，不稳定一切事情都办不成。不允许搞分裂，谁搞分裂就处理谁。"1987年谈到这个问题时说："解决民族问题，中国采取的不是民族共和国联邦的制度，而是民族区域自治的制度。我们认为这个制度比较好，适合中国的情况。"由此可见，我们搞民族区域自治主要是针对民族自决和联邦制。在2014年5月第二次新疆工作座谈会上，习近平同志指出"坚持区域自治制度不动摇，关键是坚持各民族一律平等，坚持民族因素和地域因素相结合，各民族享有和履行平等权利和义务。民族区域自治不是某个民族独享的自治，民族区域自治地方更不是某个民族独有的地方。"这一论断在民族工作理论和实践两方面都具有重大创新意义。

中国为什么只能搞单一制统一国家基础上的民族区域自治而不能搞什么联邦、邦联制度？第一，联邦制国家一般建立于其民族人口分布的实际情况之上。比如苏联少数民族约占全国总人口的47%，与俄罗斯民族相差不远，各民族在地域上也相对集中。而我国汉族占人口绝大多数，除新疆部分地区和西藏外，其他少数民族聚居区的汉族人口大多都超过了当地的少数民族人口，各民族人民高度混居。这是建立单一制国家的人口构成基础。第二，我国有几千年中央集权制传统和大一统观念，政治制度设计、社会生活和社会观念都无法接受联邦制国家。这是建立单一制国家的历史基础。第三，我国资源分布和生产力发展程度极不平衡，不同地区经济上形成了相互补充、相互协作、密不可分的关系，分开来谁也活不下去。这是建立单一制国家的经济基础。第四,自1840年以来,中华各民族共同反帝反封建,为民族解放而奋斗。没有国家的统一,任何一个民族都无法单独实现和维护自己的解放和尊严。这是建立单一制国家的政治基础。第五,实行联邦制的苏联、捷克斯洛伐克、南斯拉夫相继垮台,与联邦制本身的过渡性、脆弱性密切相关,给内外分裂势力以可乘之机。那么,为什么美国的联邦制不分裂?因为美国的联邦制是以地方分权而不是以人种、族群分权为基础的。即使是西方国家,如果联邦制、自决权、自治权等同民族、语言问题搅在一起,也不同程度存在分离问题,如英国存在苏格兰问题,加拿大存在操法语的魁北克问题,比利时存在荷语系与法语系居民争斗问题,等等。哈萨克斯坦、塔吉克斯坦、吉尔吉斯坦靠"自决权"从苏联分裂出来后,在宪法中都删除"自决权"一项,因为他们深知这一条的厉害。这是中国不能搞联邦制和"自决权"的殷鉴。

3. 促进少数民族和民族地区加快发展。

在民族地区加快发展、改善民生是我们党为人民服务宗旨所要求的,也是维护稳定、反对分裂的最重要基础。党和政府历来高度重视少数民族和民族地区的发展问题,特别是改革开放后,国家实力增强,制定和采取了一系列特殊的帮助、扶持政策和措施。如2000年开始实行西部大开发战略,范围覆盖了96.7%的民族地区和80%的少数民族人口;制定了"少数民族事业规划"和"兴边富民行动规划";为八个民族工作任务重的省、自治区分别制定了支持经济社会发展的特殊政策;对西藏、新疆、青海实行对口支援(每年相关中东部省市拿出地方财政一般预算收入的千分之一支援西藏,千分之三到六支援新疆),等等。在中央和全国人民支持下,改革开放以来,少数民族地区经济社会发展速度一般都高于全国平均速度。但横向比较，由于自然环境原因和历史原因，民族地区的发展水平总体仍然比较滞后，与东部地区的差距较大且在一些领域有拉大的趋势，特别是基础设施建设仍然落后，基本公共服务水平较低，不少地方"上学难""看病难""就业难"等问题还没有得到根本解决。我国到2020年实现全面建成小康社会的目标，绝不能缺了少数民族地区这一块。所以，帮助少数民族地区发展经济的政策要长期坚持下去，特别要同增加少数民族群众收入和就业更紧密地结合起来。

道理要两面讲。中华各民族间的支援和帮助从来都是双向的。自古以来少数民族开发了祖国边陲，守卫了国土，今天，我国2.1万公里陆地边境线中有1.9万公里位于民族地区，东部所用大量资源来自西部，国家生态保护区也多设在西部。因此，国家和发达地区支持民族地区是天经地义的事情。

有一种看法，认为只有少数民族经济社会发展全面赶上汉族，甚至到了"无差别"境界，才算实现了民族关系"真正的平等"。实际上，这种差距主要是中国经济地域发展不平衡性的一种反映，需长时期奋斗才能解决，不能由此得出我国民族间"事实上不平等"的政治性结论。

4. 保护和发展少数民族文化。

中国自古以来就有"中国戎夷，五方之民，皆有性也，不可推移"的认识及"修其教不易其俗，齐其政不易其宜"（《礼记·王制》）的"民族工作"思路。中国各少数民族在长期的历史发展过程中形成了独具特色和风格各异的文化，中原地区源源不断地从少数民族那里获取新鲜文化养分，少数民族也从中原不断取得文化的帮助和提升，这两种趋向最终造就了中华民族文化上的"多元一体"格局。党和政府在这方面的政策是：尊重少数民族风俗习惯，保护少数民族文化遗产，繁荣少数民族文化艺术事业，保护发展少数民族传统医药，发展少数民族传统体育运动，保护和使用少数民族语言文字，等等。在现在这个经济社会高速发展、开放的时代，各民族文化交往日益增多，这就造成一方面许多民族对自己的一些文化习俗进行了调整，积极汲取其他民族文化，使民族间差异有减少的趋势；另一方面，许多民族更加珍惜并努力保持、开掘本地民族传统文化、风俗习惯，以彰显本民族文化特色。这两方面都应充分尊重，既不能以保护民族特点为名阻碍少数民族文化的现代化，也不能任由中华民族这部分宝贵文化基因在市场自发作用冲刷下整体流失。总的政策导向，应当是尊重差异，包容多样，促进交融，各民族优秀文化为所有民族共有共享共赏，在建设社会主义现代文化的进程中实现中华民族文化多样性和共同性的统一。

5. 大力培养少数民族干部。

少数民族干部队伍是党和国家干部队伍的重要组成部分。毛泽东同志曾指出："要彻底解决民族问题，完全孤立民族反动派，没有大批从少数民族出身的共产主义干部，是不可能的。"新中国建立后，国家采取一系列措施加强民族干部培养。新中国成立之初，我国少数民族干部只有 4.8 万人，目前超过 300 万人，增长 60 倍，其中专业技术人才比重迅速上升。

需要注意的是，现在少数民族干部队伍构成已经不完全同于新中国成立初期，几乎全部而且全过程是在党和国家培养下成长起来的。我们今天说某个同志是"少数民族干部"，是说他出身于某个民族，而一旦他成为国家干部，成为党员，他就不能再仅仅以某一民族的代表自居，而应当自觉接受党和国家对干部的统一标准的衡量。少数民族出身的干部可以而且应当运用同本民族的天然联系反映本民族群众的利益诉求，但是其出发点，应当是中华民族的整体利益。在更多培养、使用少数民族干部的同时,要鼓励不同民族出身的干部互相学习、支持,成为民族交往交流交融的促进派和领头人。除法律有规定外,避免一些职务"民族世袭",增加民族干部易地交流、到发达地区任用的机会,为他们的成长开拓更广阔的空间。习近平同志在第二次新疆工作座谈会上强调:"要扩大新疆少数民族干部到内地任职的范围和人数,同时要有更多内地各族干部到新疆县乡工作。"我认为这是干部工作一个重要导向。

(三) 关于当前民族理论和工作的讨论

一个时期以来,一些民族理论工作者、实际工作者对我国民族工作理论、政策、体制、措施等进行了相当热烈地讨论。讨论中出现不同意见的争论是正常的,但有的学者借机散布"民族自治地方的自治权是先于国家主权的一种权利。自治权不是宪法赋予,不需要上级机关与政府赋予,其与国家权力不是赋权关系而是分权关系",这类论点就太离谱了!

我的看法,首先要指出,在当前历史阶段,涉及党的民族工作基本政策以及涉及宪法、民族区域自治法的有关规定不宜轻易改动,因为实践证明这些政策、法律规定总体上是符合我国民族问题实际情况的,实践效果总体是好的;有的政策是在当时历史条件下制定的,要改变也需要一个过程;特别是很多群众从中得到利益,突然改变可能引发不安。同时要看到,现在跟新中国成立初期甚至改革开放之初相比情况有了很大变化,特别是社会主义市场经济把地区间的壁垒打开了,中国形成了一个统一的大市场,各种生产要素充分自由流动,包括劳动力的流动,使得各民族混居程度比过去任何时候都高。目前全国约2000万少数民族群众到中东部地区的中心城市经商、务工、求学。居住在城市和散居地区的少数民族人口已超过少数民族总人口的三分之一。少数民族经济文化科学水平普遍提高。民族间的交往交流交融比历史上任何时候都更加普遍、经常和便利。还要看到，维护国家统一、反对分裂的斗争不断出现新的情况，新疆、西藏有的时候斗争形势还相当严峻。这就需要我们工作侧重点有所调整，以适应新的历史条件。调整的方向应当是 2010 年中央第五次西藏工作座谈会、中央第一次新疆工作座谈会、2014 年中央第二次新疆工作座谈会共同强调的各民族"交往交流交融"，"增进各族群众对伟大祖国的认同、对中华民族的认同、对中华文化的认同、对中国特色社会主义道路的认同"，"坚持尊重少数民族文化习俗与增强国家意识、法律意识、公民意识的统一，坚持依法行使民族区域自治权和贯彻执行党和国家方针政策的统一，坚持享有少数民族合法权益和依法履行公民义务的统一"。

1. 在政治制度设计方面，要向增强中华民族的共同性、一致性努力，向增强国家统一的社会基础努力，避免人为强化和细化民族之间、民族自治地方与非民族自治地方之间的差别。从历史上中央政府与边远民族地方政权关系的沿革来看，汉代中央政府对边远属国的要求主要是政治上不反叛，而对其具体施政的管理则比较疏阔，时强时弱。唐代至宋、元交替时期普遍实行羁縻制度，民族地方政权头领成为中央政府委任的官员，但可以世袭，而羁縻地方财政、户籍、赋税等一般并不入中央政府统一账本。南宋至元、明、清普遍实行土司制度，土司也是由中央政府委以官职，可以世袭，但对中央政府负有贡赋和征兵等义务。无论是羁縻制度还是土司制度，一般都以地区命名，不以民族命名，以避免民族命名容易带来的不确定和矛盾。明、清两代，西南地区逐步实行改土归流，土司制度相继被废除，代之以政府任命的"流官"，中央政府对这些地方的管理方式已与内地没有太多差别。观其大略，历史上中央政府对边远民族地方的管理，一是根据具体情况，一般都制定有特殊政策，允许与内地管理方式不完全相同；二是随着这些地方的开发，与内地联系的加深，以及中央政府强化集权国家的需要，越到后来，其管理方式与内地越趋一致。我们有关政治制度的设计，要十分重视中国自己的历史经验。

2. 在经济方面，要更强调地域性共同利益。从我国当前民族分布的现实出发，国家对少数民族地区的支持中，民族因素和地域因素的考虑仍将在相当长一个时期内并存，但要逐步有意识地向强调地域因素的方向引导。也就是说，差别性政策要更多强调以自然环境艰苦、群众生活贫困、负有守卫边疆责任等地域因素为标准，强调对生活在那里的所有民族群众的支持。这并不会使国家对民族地区的帮助减少，因为我国民族地区与经济欠发达地区很大程度上是重叠的，《中国农村扶贫开发纲要（2011－2020年）》列出的14个集中连片特困地区中少数民族地区就有11个。包括升学加分，计划生育等政策，也应逐步向地域性共同利益这个方向走，而不是相反。

3. 在意识形态方面，要强化中华民族共同性、一致性的思想基础。我们既然有多个民族，当然就有多种民族意识，多种民族意识共同构成更高层次的中华民族意识。我们赞成各民族自尊自立自强，珍惜和发展本民族文化，以本民族对中华民族大家庭的贡献为自豪，愿意向其他民族学习，而不赞成看不起、不尊重乃至欺侮其他民族，搞自我封闭，在历史和文化的描述中自外于中华民族。我们教育和宣传工作的总体取向应当是多讲各民族共同创建祖国大家庭，多讲你中有我、我中有你，多讲在近代抵御帝国主义侵略的斗争中各民族共同捍卫祖国统一,多讲在建设中国特色社会主义事业中各民族根本利益的一致性。

4. 维稳和反分裂斗争要从"民族宗教问题"中脱敏。由于我们每一个人都有一个"民族"身份并经常自觉不自觉地受到提醒和强调,这就在客观上使不同民族身份的公民间发生的任何问题,都有可能同"民族问题"联起来,包括经济生活、日常生活中发生的磕磕绊绊,也包括西藏、新疆等地发生的以分裂国家为目的的暴恐事件。过分强调"民族"身份甚至导致政策变形。如1984年有关文件提出对少数民族身份的违法犯罪分子要"少捕少杀"。这个提法的不当在于,一个国家内对不同民族出身的违法犯罪分子可以有不同的执法标准,明显不符合法治国家的基本精神。这个提法增加了有关方面处理涉民族因素的违法犯罪事件时的难度,也使违法犯罪分子错误地以为法律不能把他们怎么样。这种提法也受到很多少数民族群众质疑,后来逐渐不再提起。所谓维稳和反分裂斗争从"民族宗教问题"中脱敏,关键是处理涉及"民族宗教"因素的有关事件时,不要轻易上升为民族宗教问题,要严格按照事情本来性质做判断,严格按照法律准绳办事。

二、关于宗教工作

(一)我国宗教的基本情况和历史特征

我国宗教主要包括佛教、道教、伊斯兰教、天主教和基督教。道教是我国土生土长的宗教,其源头《道德经》是哲学著作,产生于春秋时期,在东汉衍变形成宗教,已有2000多年历史,主要分正一和全真两大教派。

佛教在西汉哀帝时期从印度传入，也有2000多年历史，现在主要分为汉传、藏传和南传三大流派。伊斯兰教从唐代开始传入，已有1200多年历史。原始基督教脱胎于犹太教，公元1世纪30年代产生于中东，后传入罗马帝国并成为国教，1054年分裂为以罗马为中心的西方教会（中国人后称为天主教）和以君士坦丁堡（今伊斯坦布尔）为中心的东正教；16世纪随着欧洲资本主义兴起和宗教革命，又从罗马教会中分裂出新教（中国人后称为基督教）。基督宗教在其第一次分裂前就从唐代开始传入中国，但几度中断，真正传播开来是近代伴随着帝国主义的侵略而开始的。此外我国还有东正教等属于民族性、区域性的宗教以及妈祖、关公等民间信仰。我国天主教信徒约650多万人，基督教信徒约2300万人，穆斯林约2000万人，佛道教由于其吸纳信众方式的开放性，信徒不好统计。宗教活动场所13万余处，宗教教职人员约40万人。我不赞成利用人口普查形式搞信教人数统计，因为，对于国家来说宗教信仰是公民的私事；我国信教群众中相当一部分实际上是多重信仰，信仰会发生改变；由国家给每个公民定一个"宗教身份"在政治上也不利。这个问题完全可以通过科学抽查方式解决。

宗教是什么？恩格斯在《反杜林论》中认为："一切宗教都不过是支配着人们日常生活的外部力量在人们头脑中的幻想的反映，在这种反映中，人间的力量采取了超人间的力量的形式。"吕大吉[①]先生认为："宗教是关于超人间、超自然力量的一种社会意识，以及因此而对之表示信仰和崇拜

---

① 吕大吉（1931~2012年），四川达县人。1957年北京大学哲学系毕业后在中央民族学院任教，1975年调往中国社会科学院世界宗教研究所工作，任中国社会科学院荣誉学部委员、中国社会科学院世界宗教研究所研究员、中国宗教学会顾问等职。代表作《宗教学通论》《西方宗教学说史》《宗教学通论新编》《中国各民族原始宗教资料汇编》等。

的行为，是综合这种意识和行为并使之规范化、体制化的社会文化体系。"（即宗教四要素：宗教观念、宗教体验、宗教行为、宗教体制）我以为，把这两段话联系起来理解，可以对宗教的本质有一个清晰的认识。

从历史上看，我国宗教现象具有三个特征。

1. 在国家与宗教的关系上，国家政权高于宗教，总体上没有出现政教合一或政教相争的局面，比如中世纪欧洲梵蒂冈广泛影响各国政治那样的情况。中国历史上以儒学的影响最为突出，而儒学是以伦理道德为中心的社会关系处理的哲学，不是宗教，所以能够对宗教（包括外来宗教）持开放、包容态度。中国历史上虽然也有宗教势力膨胀、干政的事情发生，但总体上是政主教从，宗教接受国家的管辖，不能违背国家的法规。从南北朝起，政府就有专门管理宗教事务的机构。如果宗教与国家之间发生矛盾，处理矛盾的主动权总是掌握在国家手中。历史上曾发生"三武一宗"（南北朝时期北魏太武帝拓跋焘，北周武帝宇文邕，唐武宗李炎，五代时期后周世宗柴荣）灭佛，灭佛固然与统治者的宗教信仰有关，但根本原因是佛教过分发展，佛寺占有大量土地和农村劳动力，影响到国家的财税、兵源，国家必须予以压制。中国各宗教自身也没有形成如同西方天主教、西亚中亚伊斯兰教曾有的那样大范围、统一垂直领导的组织体系，内部的联系大多比较松散，因此不能形成与政府相抗衡的力量。西藏等少数地方在民主改革之前政教合一，十四世达赖利用其宗教影响至今还在给我们制造麻烦。

2. 在宗教与宗教关系上，我国没有形成一教独大的局面，宗教具有较强的包容性，彼此之间有一定的融合。中国各种不同的宗教信仰，包括外来宗教，受中国传统文化影响，一般比较宽容，能够容忍其他宗教及自己内部教派存在和发展，相互和平共处，不像有的国家宗教那样具有强烈的排他性，动辄打压、杀害"异教徒""异端"，甚至发起十字军东征这样的长期残酷的宗教战争。自魏晋南北朝开始，儒释道三家一边在朝廷面前激烈争夺"首席"位置，一边又互相汲取。人们常说的佛道不分，一个人可以拜佛教的各种神灵，同时不妨碍拜道教的各种神灵，佛道的神灵还可以互相借用。明末清初中国伊斯兰教学者推行"以儒诠回"，用汉语讲解伊斯兰教经典，用儒学传统思想阐发伊斯兰教义，使伊斯兰教走上中国化的道路。

3. 我国多数人口没有宗教信仰，信教群众也比较重视现世人生问题。中国传统文化重视现实社会关系的处理，比如儒学不讲来世，不讲"末日"。孔子讲"不语怪力乱神""敬鬼神而远之""未能事人焉能事鬼""未知生焉知死""祭如在，祭神如神在"，这在当时是一种很理性的态度。受此影响，中国多数人口虽然不能算自觉的唯物主义者，多少还有一些宗教观念和迷信，但构不成体系性的宗教信仰。国外有统计，全世界61亿人，其中宗教信仰者48亿人，13亿不信教的，其中12亿在中国。这种算法是以一神教为标准的，如果这样算法，与我们的估计也差不多。在儒学精神熏陶下，宗教不仅始终不能成为中国人意识形态的主流（包括宗教道德也不能成为中国人道德规范的主流，中国人道德规范主要是靠世俗道德支撑），而且自身也具有强烈的现实品格。比如佛、道教大多数信徒崇拜神灵，不是为了达到彼岸世界和取得精神解脱，也不大关心历史、宇宙的终结问题，更多是为了求得神灵帮助解决民生问题。道教讲求人可以"功德成神"，佛教寺庙里常有"风调雨顺，国泰民安"的牌匾，老百姓则求消灾免祸，治病驱邪，人丁兴旺，五谷丰登。这使得中国宗教较少神秘主义，较少狂热和极端。

（二）党的宗教工作基本方针和工作

"党的宗教工作基本方针"这一提法在十七大写入党章，具体包括四句话。这四句话中只有第一句的意思是马克思列宁主义中原有的，后三句都是中国共产党人根据自己宗教工作的实际在改革开放后总结归纳的。

1. 全面正确地贯彻宗教信仰自由政策。

我们党从建党开始在宗教问题上就实行宗教信仰自由政策。新中国建立后，宗教信仰自由成为宪法赋予公民的一项基本权利。

共产党人是唯物论者，不信仰宗教，为什么要制定和贯彻宗教信仰自由政策呢？就理论而言，江泽民同志在2001年全国宗教工作会议上对此有一段经典性阐述："现在看来，社会主义制度的建立，有利于消除宗教存在的阶级根源，但宗教存在的其他社会根源和自然根源、认识根源的消失，则需要经历一个极为漫长的历史时期。从长远看，随着社会主义物质文明和精神文明建设的发展，人们不断掌握自然界的奥秘和自己的命运，对客观世界、生命运动和宗教本质的认识不断趋于科学和理性，有利于宗教最终走向消亡，但这绝不是短时期内可以达到的。马克思说，宗教的消亡，'这需要有一定的社会物质基础或一系列物质生存条件，而这些条件本身又是长期的、痛苦的历史发展的自然产物'。可以说，宗教走向最终消亡可能比阶级、国家的消亡还要久远。"正是基于辩证唯物主义世界观的科学认识，我们主张既不能用行政力量去发展宗教，也不能用行政力量消灭宗教，只能承认这种社会现象的存在，实行宗教信仰自由政策，加以积极的管理与引导。就党的任务和宗旨而言，我们党要代表最广大人民群众的根本利益，当然也包括要代表信教群众的利益，否则我们所说的代表最广大人民群众的根本利益就要打很大的折扣。而代表信教群众的根本利益，除了代表他们的政治利益、经济利益，也包括要尊重他们精神上信仰宗教的自由权利。革命战争和社会主义建设的历史都证明，我们同信教群众在现实社会中根本利益上的一致性是主要的，而在宗教信仰问题上的差异性，是次要的，因此在正确方针政策指引下，是完全可以做到"政治上团结合作，信仰上互相尊重"，共同致力于建设中国特色社会主义社会的大目标的。这里需要指出，我们讲的宗教信仰自由，除了有信教的自由，还有不信教的自由以及改变宗教信仰的自由。

有人认为，只有信仰宗教的人执政，才会真正实行宗教信仰自由。其实，近代宗教信仰自由观念，是17世纪欧洲宗教战争和18世纪资产阶级革命的产物，与主政者信不信教无关。历史和现实表明，恰恰在某种宗教占据统治地位的国家或者朝代，对其他宗教甚至本宗教内部的派别往往是不容忍的，是没有什么"信仰自由"的。比如在天主教占统治地位的中世纪欧洲对"异教徒""异端"的迫害，"十字军"东征；奥斯曼帝国打着伊斯兰教的旗号进攻欧洲，强迫所占地区民众改信伊斯兰教。"9·11"事件后美国领导人声称反恐是"新的十字军东征"，近年多次发生西方国家士兵在中亚焚烧、践踏《古兰经》事件，就是其宗教歧视的自然流露。古往今来，国家、地区、族群之间大小冲突乃至战争，打着宗教旗号的层出不穷，但是能指出哪一起是因为倡导无神论世界观而发动的吗？

2. 依法管理宗教事务。

为什么要管理宗教事务？因为一个人是否信仰宗教，信什么宗教，固然是由个人自己决定，是一种自由的状态，但是包括宗教团体、宗教活动场所、宗教教职人员、宗教财产在内的宗教事务却会影响到社会共同利益，因此要遵守一定的社会规范。宗教界人士和信教群众首先是中华人民共和国的公民，作为公民就必须遵守宪法、法律、法规所规定的义务。任何宗教都没有超越宪法和法律的特权，都不能干预行政、司法、教育等国家职能的实施，不能妨碍正常的社会秩序、工作秩序、生活秩序。当然，更不能利用宗教搞破坏社会稳定、民族团结、国家统一的活动。另一方面，管理也不是自由的、随意的、个人式的，管理必须依法，这个法就是国家的宪法、法律和规范性文件。2005年国务院颁发了《宗教事务条例》，这是迄今最完整的宗教事务管理综合性法规，之后又出台一系列配套法规，共同使宗教事务管理纳入法制化轨道，成为依法治国方略的一个重要体现。

实践经验表明，管理要分层次。宗教涉及国家利益和社会公共利益的事务，由政府宗教工作部门实施行政管理，加强对宗教团体、活动场所和教职人员的引导和监督；宗教涉及其他社会公共领域的事务，尽可能纳入一般社会管理，由政府各相关主管部门负责，形成齐抓共管工作机制；宗教内部事务，由爱国宗教组织发挥管理主体作用，实行民主管理。

3. 坚持独立自主自办原则。

独立自主自办原则是我国独立自主的外交路线在宗教工作中的体现，其实质就是我国宗教团体和宗教事务不受外国势力的支配。我们之所以要坚持这个原则，一是历史原因。鸦片战争后，西方宗教势力借着列强的坚船利炮进入中国，任意传教并操纵、控制中国教会，使中国教会成为西方修会、差会的附庸，为帝国主义的侵略服务。新中国成立后宗教界开展了反帝爱国运动，中国各宗教走上了独立自主自办的道路，基督徒、天主教徒获得自己的尊严。如果放弃这个原则，就等于忘记了历史的教训，就等于为外国插手中国内部事务留下一个很大的缺口。二是现实原因。当前，境外利用宗教对我国进行渗透的问题日益突出，境外利用基督教的渗透从东向西、从低文化层次向高文化层次扩展；梵蒂冈极力利用"圣统制"操控我国天主教；伊斯兰极端主义派别向我国西部地区特别是新疆渗透，一些地方伊斯兰教出现"去中国化"倾向；十四世达赖利用藏传佛教破坏西藏稳定，分裂国家。渗透目的是操纵我国宗教，进而把宗教变成反对中国党和政府的政治力量。因此，必须毫不动摇地坚持这个原则，维护我们党的领导地位和社会主义国家政权，维护国家的统一和人民的利益。

我们不仅不反对，而且支持我国宗教界同各国宗教界建立在互相尊重、互不干涉内部事务基础上的平等交往。这些年佛教、道教分别多次举办"国际佛教论坛""国际道德经论坛"等国际性会议，天主教分别参加多种国际性交往，基督教多次在境外举办"圣经事工展"，伊斯兰教同各国伊斯兰教界积极开展友好交往，五大宗教团体组成"中国宗教和平委员会"参与"世宗和""亚宗和"活动，等等，都向世界介绍了中国宗教的真实情况，成为中国民间外交重要组成部分。

4. 积极引导宗教与社会主义社会相适应。

宗教总是某一具体时代的宗教，它作为上层建筑的一种形式以其特有方式反映着当时社会的经济、政治和文化面貌，同时又随着社会经济、政治、文化的发展变化而变化。马克思在谈到13世纪至17世纪的各种宗教改革运动时说，这都是"使旧的神学世界观适应于改变了的经济条件和新阶级的生活方式的反复尝试"，"随着每一次社会秩序的巨大历史变革，人们的观点和观念也会发生变革，因此，人们的宗教观念也发生变革"。恩格斯在谈到基督教从原始形态向中世纪的形态变化时指出，"在中世纪，随着封建制度的发展，基督教成为一种同它相适应的、具有相应的封建等级制的宗教",即天主教。

就中国来说,历史上凡是外来宗教,都必然要经历一个中国化的过程,否则难以存在和发展。佛教传入中国就是一个融入中国文化、又贡献中国文化的成功范例。佛教起初与儒学观念多有矛盾,讲"沙门不敬王者",讲"识体轮回,六趣(地狱、恶鬼、畜生、阿修罗、人间、天上)无非父母;生死变易,三界孰辨怨亲",且每每有过度发展的趋势。但经过几次"法难",到了宋代,宗颐禅师赋诗"天生三武祸吾宗,释子回家塔寺空,应是昔年崇奉日,不能清检守真风"那个时候,已经认识到宗教与政府、社会及儒学过不去是没有前途的。为了与"孝"观念符合,中国僧人创造了《父母恩重经》这样的一批印度没有的经典。以禅宗为代表,佛教比较自觉地走上中国化的道路。佛教进入中国,促进了哲学、音韵学、形象艺术、语言文字的发展,现在人们基本上已经把佛教作为中国自己的传统宗教来对待。相反的例子也有。明代利马窦在中国传教,尽力适应中国文化,天主教徒一度发展很快,但1704年罗马教廷发布"上谕",严禁中国教徒祭祖祭礼。康熙耐心解释中国教徒祭祖祭礼没有宗教意义,只是崇敬先人先师而已,但遭教皇拒绝。康熙无可忍耐,遂下令禁止传教,这一禁就是百余年,天主教在中国遭到严重遏制。也有学者认为,这一着也带来副作用,就是在当地历史条件下中国断了同西方文明接触的一条重要渠道。

今天中国的社会是社会主义社会,宗教适应了历史上的中国还不够,还要适应今天的中国,要改变旧时代的政治烙印,在宗教观念、制度、礼仪、组织等方面进行调整,从现实生活中吸收新鲜养分。宗教与社会相适应如果处理得好,就能够对社会发展和稳定产生积极作用;如果处理不好,就会产生消极甚至破坏作用,关键在于党的引导和政府的管理,在于宗教界的自觉与努力。宗教界推动宗教与社会主义社会相适应包括不同的层面，第一层面是爱国守法，能做到这一条就算是基本上相适应了；第二层面是多做有利于社会民生的事；第三层面是挖掘弘扬教义教规中有益于社会进步的内容。目前我国各大宗教爱国爱教人士都努力从自身实际出发，参与自然灾害救助，兴办慈善事业，支持教育卫生事业，保护文物，保护自然生态，做了大量有益工作。佛教提倡"人间佛教"，道教开展"玄门讲经"，伊斯兰教开展解经活动，基督教开展神学思想建设，天主教推进"民主办教""自选自圣"。新疆伊协在中国伊协指导下编、讲《新编卧尔兹讲集》，用对《古兰经》《圣训》的正确阐释引领清真寺讲台，中伊协 2014 年 5 月在乌鲁木齐召开伊斯兰教中道思想研讨会，提出坚守中道，远离极端，在反暴力、恐怖势力的斗争中发挥了重要作用。2011 年起，达赖集团歪曲佛教教义，在藏区煽动制造自焚事件百余起，企图迫使我们在政治上对其让步。包括藏传佛教在内的佛教界针锋相对阐释佛教珍爱生命、不许杀生的基本教义，有力支持我们的反自焚斗争。

对教义教规作出新的阐释，要启发宗教界的自觉，不能由我们越俎代庖。

（三）当前宗教领域存在的问题

现在我国宗教无论在信众数量上、社会影响力上都呈现上升态势。一般来说，我们贯彻宗教信仰自由的政策，肯定信教群众是建设中国特色社会主义事业的积极力量，自然也就为宗教的发展提供了较过去宽松得多的环境，再加上市场经济条件下人们思想观念、行为方式的变化，这种增长总体上可视为是自然的，正常的。我们的工作目标不是简单地去压制这种增长，而是承认当前宗教现象有其内在规律，通过依法加强管理，将其活动纳入法制轨道，实现规范化、有序化，从而团结信教群众同我们共同奋斗。

结合国内外大背景，结合宗教的历史作用和实际状况，我们也需要考虑到，宗教的发展在未来会给我国社会带来什么变化。中国历史上虽然活跃着不同宗教，但总体从来不是一个宗教国家，而是世俗国家；中华文化虽然包容着丰富的宗教文化因素，但总体从来不是一种宗教文化，而是世俗文化；中国老百姓大多数不信教或不持某种固定宗教信仰；受中国文化的浸濡，信教群众在信仰上也具有许多鲜明的中国特点。这些是我国国情的一部分。我们党作为一个唯物主义、无神论的党而能够如此自然地从人民中生长出来，得到人民广泛支持；我们党执政后，执政地位能够如此稳固，与这些国情是分不开的。我以为，如果今后中国信教与不信教人口结构与今天相比发生重大改变甚至颠倒，如果我国宗教逐渐"去中国化"、极端化，信教群众传统信仰特点被改变乃至与境外"共融"，那么对我们党执政地位、对我们国家的前途不可能没有影响。

当前普遍出现的宗教不正常发展和活动混乱现象，固然有前述的经济社会变化一般因素起作用，但也与我们工作导向存在的问题有关。比如，《宗教事务条例》明确规定宗教团体以外的组织及个人不能建大型露天宗教造像，但有的地方把宗教视为获取经济利益和提高本地知名度的工具，视为"政绩"，同商界联手，争相滥建露天宗教造像，搞成地标性建筑，由公司或个人承包经营；有的地方热衷大规模宗教活动，甚至人为把一个地方营造为"佛都""佛国"，助长宗教热。有的省藏区寺庙急剧膨胀，甚至出现万人以上规模的"寺庙"。西北一些地方清真寺无序增建，相互攀比，形制上离传统清真寺越来越远。

治理宗教热、宗教活动乱，不能改变宗教信仰自由政策，更不能对宗教"宣战"，但是这并不意味着可以无所作为。可以很快就做起来的，至少包括：坚持政教分离，不允许宗教干预政府的职权、干预国民教育，不允许使用行政力量推行、助长某种宗教；坚持社会生活世俗化取向，集体宗教活动一般应在合法宗教活动场所举行，从事慈善、公益事业不能借机传教；团结爱国宗教团体，把境外利用宗教进行的种种渗透坚决顶回去；对宗教事务实行有效管理，促进、帮助宗教团体建立健全内部管理制度；新建宗教场所要掌握"当地信教公民有经常进行集体宗教活动的需要"这个尺度，遵守有关法规。

我们实行和坚持宗教信仰自由政策，是因为这一政策符合宗教现象发展规律，符合人民和国家的根本利益，而不是说我们共产党人可以赞成唯心主义，可以在唯物主义和唯心主义之间持中立态度，可以放弃在人民特别是青少年中间进行唯物主义、无神论的教育，放弃对宗教活动的管理和引导责任。宪法第二十四条规定，国家在人民中"进行辩证唯物主义和历史唯物主义的教育"。作为执政党，我们应抛掉种种无所作为的怪论，自觉主动地把宪法责任承担起来，在媒体和各级各类学校教育（宗教院校除外）中宣传辩证唯物主义和历史唯物主义，宣传无神论；坚持党员不能信仰宗教的一贯原则。

现在一些专家学者和宗教界人士喜欢讲宗教与文化的关系，主要观点认为宗教是一种文化，既然是文化，就得用文化政策对待之，换句话说，把它纳入社会主义文化建设。我以为这种认识是有偏颇的。宗教在一定程度上反映出不同社会发展阶段人类的文化特征和文化创造，或者说构成一种社会文化体系，与社会其他文化形态有着密切关系，对中华文化有其特殊贡献。我们的文化建设包括汲取宗教文化中的积极因素，但不能因此而将宗教与中国传统文化、今天的社会主义文化简单等同起来。宗教的核心是超自然的神灵信仰，无论哪一种宗教文化，无论表现为哲学、伦理学、文学、美学还是其道德规范，都是以对超自然神灵的崇拜为核心，这是宗教文化与社会其他文化形态的根本区别。我们今天建设民族的、科学的、大众的社会主义先进文化，本质上属于世俗文化，要坚持以马克思主义和中国特色社会主义理论体系为指导，以中华民族优秀传统文化为根基，以亿万人民改革开放和现代化建设的现实生活为源泉，以外来健康有益文化为补充，其中包括挖掘宗教文化中与社会主义核心价值体系要求相符和、与现代文明相适应的积极因素。但不能一般性地倡导和推动宗教文化，更不能把宗教作为核心价值、"普世价值"和社会主义文化及道德建设的支撑，在文化建设的名义下人为扩大宗教的影响。

　　本文是作者为有关部门、单位作民族、宗教工作报告时使用的基础稿。

关于民族地区城镇化进程中就业问题的几点建议

(2014年9月11日)

总体上看，当前民族地区就业形势是好的。2013年，内蒙古、广西、贵州、云南、西藏、青海、宁夏、新疆八省区城镇新增就业220万人，比2005年增加87万人，地区生产总值每增长1%吸纳城镇新增就业人数从9.3万人提高到17.9万人，城镇登记失业率保持在4.1%以下。但另一方面，民族地区正处在工业化初期向中期发展阶段，城镇化水平滞后于工业化进程，就业结构滞后于产业结构的调整，就业问题面临的困难比东中部地区更多。民族地区就业工作不仅关系到各族群众利益，而且关系到民族团结、边疆巩固和社会稳定，应当有更加积极的就业政策和措施。

调研组建议：

一、提升经济总量，调整产业结构。民族地区生产总值多年连续以两位数增长，但总量仍然偏低。2013年地区生产总值64772亿元，仅占全国的10.3%；人均生产总值33936元，是全国平均水平的78%。与此同时产业结构不合理，第一产业比重偏高，第二产业以煤、电、重化工等资源开发型产业为主，结构偏重，产业链条短，而高新技术产业、服务业发展滞后。2012年，三次产业比重为13.6∶48.0∶38.4，对应的就业人员比例为54∶16∶30，也就是生产总值比重最低的第一产业吸纳了一半多劳动力，而比重最大的第二产业仅容纳16％的劳动力，吸纳就业能力不强。非公有制经济，特别是中小企业发展滞后，也严重制约了富余劳动力就业。2010年民族地区农村劳动适龄人口（15—64岁）约7700万人，但富余劳动力2600万人，占适龄人口的33.8％，大大高于全国22.5％的水平。发展，仍然是解决民族地区各类问题的最重要基础。建议对有条件在民族地区发展的清洁能源和不破坏生态环境的资源开发利用项目，优先布局建设。实行差别化产业政策，现有中小企业发展专项资金、科技型中小企业技术创新基金、企业技改贴息资金等对民族地区给予倾斜。设立民族地区促进就业专项引导资金，扶持吸纳就业能力强的投资项目和劳动密集型企业。支持非公有制经济和县域经济发展，创造更多就业岗位。鼓励中央企业、对口援建项目和政府投资类项目吸纳当地劳动力。

二、推动产业和劳动力"双转移"，促进东西部深度合作。近几年随着全国产业布局变化和劳动力供求关系变化，西部外出务工人员增速放缓，东部出现民工荒现象。西部民族地区应着眼长远，把与东部合作作为根本大计，长期坚持，不断深化。第一，利用自己在资源、区位、交通、原有产业等方面相对有利条件，主动承接东部劳动密集型、资源加工型产业，将东部人才、技术、管理优势有序转移进来。2013年宁夏吴忠市引进山东恒丰纺织集团先进纺织设备，吸纳当地1000名劳动力（主要是回族）就业，今年全部投产后年产值将超过50亿元，带动就业7000人。第二，继续鼓励、支持劳动力走出去，到东部就业。广西田阳县是少数民族聚居区，也是自治区级贫困县，全县总人口34.8万人，每年有农民工7.16万人外出务工，获得劳务收入约10亿元。有关地方要帮助外出务工农民消除小富即安、不愿再出门拼搏的情绪，帮助他们疏通外出务工渠道，通过职业培训掌握更多专业生产技能，改变过去单纯靠拼体力、拼年轻的状况，帮助他们解决后顾之忧，借助东部条件使外出务工农民最终成长为民族地区新型产业大军。

三、把就业作为城镇化进程的关键指标。城镇化的关键问题是城镇产业能够吸纳多少农业劳动力。2012年民族地区城镇化率为43.1%，比全国水平低近10个百分点，按到2020年城镇化率达到60%的目标测算，每年将有260万农村人口要转为城镇居民。但民族地区普遍缺少大中城市的辐射和拉动，城镇化进程受到产业发展不足的制约。如2013年贵州城镇人口占总人口的38%，城镇规模偏小，大部分县城人口不到10万人，对农村人口吸纳能力低。有的民族地区一个时期内城镇化率提高较快，也是建立在矿产等特殊资源开采的基础上，有"虚高"成分。内蒙古城镇化率达到57.7%，但除去林、垦、矿区150万人口和城镇的400万农民工，城镇化率也才35.6%。一些地方群众因环境保护等原因迁入城镇，放弃了原有农牧生活，又缺少在城镇就业所需的一技之长，靠政府补偿金过日子，长此下去，可能造成过去分散的就业问题、贫困问题向城镇集中。建议实行差别化的金融、税收、能源和财政政策，支持就业吸纳力较强的产业项目向民族地区城镇聚集。鼓励和支持民营中小微企业发展，更多提升和利用民营企业的就业容纳能力。探索实施"双轨制"过渡政策，在农牧民落户城镇后一个时段内保留其土地承包经营权及享受相关惠农惠牧政策的权利。建立健全由政府、企业、个人共同参与的农业转移人口市民化成本分担机制，推动进城农牧民与城镇居民平等享有就业、子女就学、住房购房、社会保障等基本权益。

四、提升职业教育权重，提高职业教育水平。同全国一样，民族地区职业学校毕业生就业率明显超过普通学校，如广西、宁夏、新疆职业学校毕业生就业率均超过96%。但民族地区也同样存在"重普教、轻职教""重学历、轻技能"现象。有的地方民族学校至今从小学到大学基本使用少数民族语文授课，课程设置又"重文轻理"，学生毕业后专业能力与市场需求脱节，仍然寄希望国家给特殊性就业政策。建议以就业为导向，将地方高校更多转型为应用技术类大学，把中等职业教育作为高中阶段教育发展的重点；落实中等职业教育国家助学金和免学费制度，推动民族地区未升学应届初高中毕业生免费接受职业教育；在安排职业教育专项经费时，将贫困人口比重、教育发展水平差距作为重要因素，给予民族地区更多支持；调整职业教育布局和专业设置，同市场更紧密结合，避免分散和低水平重复办学；借助东部地区优质职业教育资源，提升民族地区职业教育水平。民族地区无论普通教育还是职业教育，都要把学习国家通用语言文字作为基础性公共课程，在不长时间内彻底解决青年学生不会国家通用语文的问题。

五、重视少数民族群众就业问题。我国"民族地区"，除西藏（少数民族占总人口91.83%）、新疆（少数民族占总人口59.9%，其中维吾尔族占总人口45.94%）外，大多数地方汉族人口明显多于少数民族人口。因此，对这些地方聚居程度较高、贫困程度较深的少数民族群体的就业问题，要有特殊关注，防止他们特有的困难被一般性地方统计数字淹没。一些少数民族群体长期从事农耕或游牧业，缺少系统的技能培训，如青海省海南藏族自治州牧民受教育年限仅为5年，很难短时间内向其他产业转移。目前我国约6000万少数民族群众主要使用本民族语言，3000万人主要使用本民族文字，语言交流障碍加大了他们参与就业竞争的难度。有的群众适应现代企业的纪律要求还需要一个过程，使得一些企业在招工时尽量规避吸纳少数民族务工者。有的群众因饮食和风俗习惯问题，外出就业受到当地条件限制及自我限制。政府要帮助这部分群众解决实际困难，避免在城镇化进程中被边缘化，同时也要引导他们适应城市现代生活，养成现代文明新观念，增强在市场经济大潮中的竞争能力，更好地同各兄弟民族交往交流交融。

2014年4月至8月间，作者率全国政协民族和宗教委员会调研组就民族地区城镇化进程中的就业问题进行调研，本文系调研组提交全国政协的调研报告。

《民族区域自治法》是
反分裂的强有力武器

(2014年10月17日)

民族区域自治既是中国共产党运用马克思主义民族理论解决我国民族问题的基本政策,也是我国的一项基本政治制度。1984年《中华人民共和国民族区域自治法》(简称《民族区域自治法》)的颁布实施,使党和国家长期坚持的这一基本政策和基本政治制度,用法律的形式确定下来,使中国民族工作走上法制化、规范化的道路,对于维护国家统一、社会稳定、民族团结,增强各族人民建设社会主义现代化国家的积极性和主人翁责任感,具有重大意义。

《民族区域自治法》的颁布实施,其意义首先在于在我们这个多民族国家,有力地维护了中国特色的单一制统一国家的政治基础,维护了国家统一。邓小平同志1981年在新疆考察时明确指出:"新疆的根本性问题是搞共和国还是搞自治区的问题。要把我国实行的民族区域自治制度用法律形式固定下来,要从法律上解决这个问题,要有民族区域自治法。新疆稳定是大局,不稳定一切事情都办不成。不允许搞分裂,谁搞分裂就处理谁。"

这段话表明邓小平同志对于制定民族区域自治法的根本考虑。历史和现实都充分表明，国家统一是全国各族人民的根本和长远利益所在。《民族区域自治法》强调全国各族人民都要接受中国共产党的领导，强调所有自治地方都是中华人民共和国不可分离的部分，强调所有自治地方的自治机关必须维护国家的统一，保证宪法和法律的遵守和执行，从而成为我们任何时候反对在中国搞"联邦制""民族自决""自主分离权""自治权高于国家主权"以及"大藏区高度自治""东突厥斯坦"等分裂主义图谋的强有力的法律武器。

《民族区域自治法》的颁布实施，进一步巩固了我国各民族平等、团结的政治局面。民族团结是振兴中华伟大事业不断取得胜利的重要前提，而民族平等是实现民族团结的基本条件。《民族区域自治法》体现了国家坚持实行民族平等、团结和共同繁荣的原则，具体规定了自治地方的建立，自治机关的组成，自治机关的自治权等各项自治内容，对保障各族群众的合法政治权益，发挥各族人民当家作主的积极性，发展平等、团结、互助、和谐的社会主义民族关系，起到了法制上的保证作用。我国少数民族的政治权利不仅在各级民族区域自治地方，而且在全国人大、全国政协等国家高层政治生活中得到体现和保障，有力增强了各族人民爱国主义精神和对国家的政治责任感。

《民族区域自治法》的颁布实施，极大地促进了少数民族和民族地区的经济社会发展。发展经济、改善民生，是我国社会主义初级阶段民族工作长期、重大而迫切的任务。《民族区域自治法》除了对自治地方经济、社会各个领域的发展应享有的自主权、优先权等作出规定，而且明确上级国家机关对帮助、指导、扶持自治地方加快发展应负的责任，从而为民族区域自治地方经济社会的发展不断注入新的活力。

改革开放 30 多年来，随着我国经济社会持续发展和各领域改革不断深入，民族工作面临的社会条件与新中国建立初期乃至改革开放初期相比，都发生了重大变化。特别是社会主义市场经济的发展和市场经济体制的确立，把过去高度集中的计划经济体制下不同地域、不同产业、不同所有制之间的各种行政壁垒和区隔打开了，民族地区包括劳动力在内的各种生产要素在全国范围内流动起来。更多的少数民族群众到城镇和东中部地区经商、务工、求学，参与到城镇化进程中来，民族混居程度迅速提高；少数民族群众的科学文化水平不断提升，运用市场经济规律谋发展的能力不断增强，不同层次、不同类型的多民族现代产业队伍逐步形成；不同民族群众之间有了更多共同生产生活和学习的机会，相互了解不断加深，国家意识、公民意识、法律意识普遍增强。这就使得各民族间的交往交流交融比历史上任何时候都更加普遍、更加经常和更加方便。

在新的历史条件下，《民族区域自治法》的贯彻实施，要进一步实现依法行使民族区域自治权和贯彻执行党和国家方针政策相统一、保护少数民族合法权益和依法履行公民义务相统一、促进区域内全体群众共同富裕和重点帮助相对贫困地区相统一。不能把民族区域自治视为某个民族独享的自治，把民族区域自治地方视为某个民族独有的地方。我们的努力方向，应当是增进各族群众对伟大祖国的认同，对中华民族的认同，对中华文化的认同，对中国特色社会主义道路的认同，使建立在社会主义现代国家基础上的一致性和共同性的增强成为民族关系发展的主流。

人民政协是中国共产党领导的各党派、各团体、各民族、各阶层大团结大联合的组织。从九届政协起，每个少数民族都有全国政协委员，从十届政协起，人口百万以上的少数民族都有全国政协常委。本届全国政协2200余位委员中，有258位是少数民族；现任22位政协副主席中，有4位是少数民族。政协作为各民族参与国家高层政治生活的有效平台，在国家民主政治建设中发挥着不可或缺的作用。全国政协民族和宗教委员会历来非常关注《民族区域自治法》的贯彻落实，长期围绕发展民族地区的经济文化，维护少数民族群众的合法权益，增进各民族的大团结和交往交流交融，反对分裂、维护祖国统一，积极建言献策。我们将深入学习贯彻最近召开的中央民族工作会议精神，适应新的形势，推进工作创新，为《民族区域自治法》在新的历史条件下的贯彻实施做出新的贡献。

本文是作者在中宣部、全国人大民委、全国政协民宗委、国家民委、司法部共同举办的纪念《民族区域自治法》颁布实施30周年座谈会上的发言。

"党员不能信教"原则不可动摇

(2014年11月14日)

据人民网报道,中央巡视组在向今年第二轮巡视的各省区市、单位反馈意见中,批评一些地方少数党员信仰宗教、参与宗教活动。这是一个很重要的动向,它表明,少数党员背离党的辩证唯物主义世界观转而投向宗教的问题,已经引起中央有关方面重视,并纳入纪律工作的视野。

共产党员不能信仰宗教,本来是我们党从建立之初起就一贯坚持的重要思想原则和组织原则,是没有任何疑义的。但是近年这一原则屡屡遭到质疑和否定,其中一个重要原因,是有一些"学者"在故意搅浑水。

一、 政治纲领和世界观高度一致是我们党的政治优势

一个常听到的论点是,说共产党不能信仰宗教,是将政治信仰与宗教信仰混为一谈,是对信仰认识的专制与僵化。事实上,世界各国政党在政治主张与宗教信仰的关系问题上情况十分复杂,并无普遍适用之规。有的政党只对其成员的政治主张有所规定而不要求世界观一致;有的政党完全

建立在相同宗教信仰的基础上，甚至明确打着宗教旗号；也有的政党只着眼一时选票，既没有长远的政治纲领，也没有完整的组织系统，当然更没有党内世界观的认同。

而中国共产党的一个鲜明特征，是政治纲领和世界观高度一致，党的全部理论、思想和行动都建立在马克思主义的辩证唯物主义世界观基础之上。正是由于拥有科学的世界观，我们党才能领导人民依靠自己长期、艰苦的探索和奋斗，一步一步夺取革命事业的胜利和实现初步富裕，而不是引领人民把希望寄托于神灵和祈祷，去追求虚幻的天国和来世；才能通过亿万人民的实践不断探索和深化对中国革命和建设的客观规律的认识，而不是乞灵于神灵的启示和主观主义的臆想；也才能从世界观上为党保持统一的、严格的组织性和纪律性奠定坚固的基础，而不是把党搞成党员各信各的神灵，为眼前一时利益而聚散的松散团体。

政治纲领和世界观高度一致是我们党的政治优势，也是我们实现全党团结的组织优势。没有这一世界观基础，党的全部思想、理论、组织大厦就要坍塌，我们就不叫"中国共产党"。笔者认为，如果有人把这也叫作"专制和僵化"，那么他离开这个党就是了，而不应一边挖党的墙角，一边又声称这是为了党好。

二、他国政党的政策不能作为改变中共政策的依据

还有一个常听到的论点是，现在越南共产党、古巴共产党和俄罗斯共产党都允许党员信教了，中国共产党应当学习他们。事实上，以上几个党所处社会的宗教问题的历史和现状都非常复杂，党的政治纲领、指导思想

和社会作用与我们党相比都存在相当大差别。"共产主义阵营"解体之后，人们早都认识到各国政党有权选择自己的道路，制定自己的各项政策，没有哪一个党的政策天然可以成为其他党必须共同遵循的模式。

时至今日，还有人企图把他国政党的政策拿来作为改变中国共产党政策的依据，使人仿佛看到历史的倒退。我们不否定以上政党依据本国国情制定自己宗教政策的探索，也不排斥借鉴他们的有益经验，但客观地说，中国社会主义建设事业整体发展并不比他们差，中国执政党宗教政策的整体效果也不比他们差，还需要抛弃我们自己成功的经验去照搬别人那一套吗？更何况别人那里宗教领域混乱、头痛的事并不比我们少。在有些"学者"那里，对越共、古共、俄共等从来是不屑一顾的，而唯独在"党员可以信教"这一点上，鼓吹、推介不遗余力，这种怪象不应当引起思索吗？

三、把社会道德水准下降归咎于无神论，是一种古老谬说

还有一种影响较广的认识误区是：宗教信仰缺失导致当前中国社会道德沦丧，有那么多的党员、干部在金钱、美色、权力面前倒下，就是因为缺少宗教道德约束。其实，把社会道德水准下降归咎于无神论，是一种相当古老的谬说。笔者认为，在某种意义上，中国人的道德规范可以分为世俗道德和宗教道德两类。由于中国传统哲学的人本主义精神作用，世俗道德一直是中国人道德建设的主要支撑，比如中国传统的"忠孝节义""孝悌忠信礼义廉耻"乃至今天倡导的社会主义核心价值观等，都属于世俗道德，我们民族历史上仁人志士，大多数是在世俗道德熏陶下长成的。宗教道德的作用则是第二位的，而其之所以能够对社会生活起到一定的积极作用，

是因为其有益内容同样是从世俗生活中产生并与世俗道德相契合，只不过加上了神灵的光环。因此，说信教人数不够多导致中国人道德缺失是完全不成立的。我们党的任务是引领宗教界在社会道德建设中发挥积极作用，而不是帮助他们把社会更多的人乃至共产党员变成宗教徒。改革开放以来，中国人总体道德水平是上升了还是下降了，这个问题有待专门分析。而我们在实际生活中看到的是，有些人所谓"世风日下"，与这些年社会信教人数不正常增长、宗教活动过热同时发生；世界范围内宗教团体（如梵蒂冈）道德危机频繁出现，并不比世俗社会少；世界上大量暴力、流血冲突甚至战争发生在相同或不同宗教背景的国家、人群之间，与无神论并无关系。就我们党内产生的腐败分子来说，固然其中有不信仰宗教者，但是也不乏丛福奎、韩桂芝、刘志军、李春城等诸多宗教狂热分子。

一个社会道德的提升是多种因素起作用的结果，其中包括宗教在一定条件下的道德约束作用，但如果认为宗教越强大，社会道德水平就越高，那么中世纪梵蒂冈影响下的欧洲应当是人类道德的黄金时代了，而文艺复兴则是多余的了；十四世达赖统治下的全民信教、政教合一、封建农奴制的旧西藏应当是理想中的"香巴拉"了，而民主改革则是多余的了。

四、有人想向中国共产党"传教"

顺便指出，现在有的极力宣传"党员可以信教"的"学者"，实际上早已皈依基督教，这种宣传已带有向共产党"传教"的性质。笔者希望这样的人有勇气以虔诚基督徒身份同笔者讨论问题，而不要刻意装扮出纯客观、无立场的模样。

"党员不能信教"原则不可动摇

今年 9 月召开的中央民族工作会议上,习近平同志再次指出,党员要坚决执行不信仰宗教、不参加宗教活动的规定,在思想上同宗教信仰划清界限,同时尊重和适当随顺民族风俗习惯,以利于更好联系信教群众,把他们紧紧团结在党和政府的周围。这再次表明,"党员不能信教"原则在毛泽东、邓小平、江泽民、胡锦涛和习近平等党的主要领导同志有关论述中是一以贯之的。我们党政治上的正确和组织上的巩固,只能建立在辩证唯物主义世界观基础之上,不可能有其他选项。

本文发表于《环球时报》。

顺应民族交融的大势

——由历史纪实文学《瞻对》引起的对话

(2014 年 12 月 13 日)

选择《瞻对》是因为其历史充分反映川属藏区社会特殊的复杂与纠结

朱维群：阿来先生①所著《瞻对》这本书，起初是四川文艺出版社的同志推荐给我的，建议我写篇书评。我读后很喜欢你这本书。为什么呢？因为它对我们的现实工作有很强的借鉴意义。

1989 年我作为《人民日报》记者第一次进入四川藏区，从康定过折多山，经道孚、炉霍、甘孜、德格诸县，直抵金沙江畔，与西藏昌都地区隔江相望。后来在中央统战部工作，由于分管涉藏工作，去四川藏区的次数就多了，其中 2012 年从甘孜县南下理塘，沿途林密山高，恰恰是《瞻对》

---

① 阿来（1959~），生于四川马尔康县，藏族，当代著名作家，第五届茅盾文学奖获得者，中国作家协会主席团委员，四川省作家协会主席。代表作品有《尘埃落定》《空山》《格萨尔王》《瞻对》等。

顺应民族交融的大势

所述故事的发生地，今新龙县地界。那几年我奉命多次同十四世达赖喇嘛私人代表接触商谈，对方领头的就是书中所提及的瞻对地方头人之一甲日家族的后裔。达赖集团的头面人物中，出身四川藏区的颇多。

因工作需要，我也常常涉猎甘孜、阿坝一带近现代历史，感觉这片由雪山、森林、草原、峡谷构成的僻远而多彩之地实在是一座有待挖掘的历史研究富矿。历史上这里充满了大小土司等地方势力之间的矛盾、地方世俗势力与寺院势力的矛盾、地方势力与中央政府及四川当局的矛盾、西藏地方与中央政府及四川当局的矛盾……非下大功夫不能理清其中关系。这些矛盾纵横交错，经常导致社会动荡甚至战乱，有清一代牵制了朝廷大量精力，而朝廷对这一带的治理又影响到大西南政治、军事、经济、文化格局的最终形成。同时我也感觉，历史上这些矛盾至今还时隐时现地在现实生活中发生某种作用，以致四川藏区今天发生的一些事件，其影响力往往超出这个地域，甚至引起中央的特别关注。那时我就有一个想法，如果有人能把这一带历史写清楚，将是一件对现实工作很有意义的事情，当然也将是一项很艰难的工作。

你在大量翔实史料和实地调查基础上，用纪实的笔法，把两百年来瞻对地方的历史作了一个准确、形象、简约的梳理，又进而把笔锋扩展到今天甘孜州乃至整个川属藏区，并涉及到历史上这一地域与西藏的关系。诚如你所言，"这部地方史正是整个川属藏族地区，几百上千年历史的一个缩影，一个典型样本"。我一向以为，我们今天涉藏政策的设计和施行，必须同每个具体地方的历史和现状紧密结合起来，从中总结出规律性的东西，才能避免陷入历史上那种持续百年的循环，才能提高工作的针对性和有效性，推动每个地方发生实质的变化与进步。

那么，你是如何选择瞻对这么个小地方作为你这本书的起始点的？

阿来：这种认知的取得，在我来说，其实经历了一个挺长的过程。20多岁的时候，读中国大框架的历史之外，渐渐对地方性的小历史发生兴趣。只有大的国家史与小的地方史相结合，才能解决一个人的自我认知，回答我是谁？我从哪里来？将往哪里去？这样一些人生的基本问题，也才能真切认知一个国家内部的文化与社会形态的多样性真实状况。必须说，从20世纪80年代迄今，我国地方性的小历史的研究与建设，一直非常薄弱。

我出生在阿坝州马尔康县一个十几户人家的小村子里，如果在传统社会，我的命运要么上山放羊，要么就出家当个小喇嘛，除此不可能有第三种选择。正是在新的社会条件下，村子里有了一所简陋的小学校，我才有了上学的机会，得以进入一个广大无边的世界，眼界慢慢打开，思想也慢慢融入现代社会。我想，正是这种融入使我得以逐渐超越了乡愿与狭隘。20多岁时我开始尝试写小说。一个有真正文学追求的人，至少要把个人命运放在历史与社会环境中去考察，放到历史发展的大势中去考察。所以，那时就自己开始进行地方史料的搜集与考察与梳理。

我家乡属于嘉绒藏区，其近现代史跟明清以来施行的土司制度大有关系，所以，我自然很关注藏区土司制度问题。在我们嘉绒藏族地区，康熙、雍正年间共册封了十八家土司，我对这十八家土司的家族史、各土司家族间的相互关系，以及与中央王朝的关系都尽其所能进行过仔细研究，其结果是30多岁出了小说《尘埃落定》。后来曾想接着写清代针对促浸与赞拉两土司的大小金川之役，详考史料与民间口传资料之后，感到这前后两次大小金川之战，虽然打得很苦，过程很曲折，但在乾隆一朝终归是彻底平复了。战后清政府在这里实行改土归流、留下兵丁屯垦，应该说是比较彻底地解决了问题。但这在川属土司中属于少数特例,并不能充分反映川属藏区特别复杂、纠结的那一面。其实有清一代在川属土司地区用兵很多,但战后大多并未如大小金川之役后那样改土归流,其结果或者是反叛的土司重新屈膝称臣,或者扶持新的地方豪强担任土司,没有社会制度改变,没有权力结构和生产关系的调整,两三百年间,无非是"叛复无常"的局面不断循环。重涉那些历史旧事,我常常吃惊于经历那么多战乱,无论是清朝中枢,还是地方豪强,双方付出那么巨大惨重的代价,却不思根本性的变革。直到中华民国政府倒台,这种局面竟然延续了数百年之久。

四川、甘肃、云南那些当年实行土司制的藏区,我几乎都跑过了,最后选定写瞻对,是因为这个地方在川属藏区非常具有典型性。它地处进藏大道之旁,有清一代至民国中央政府曾7次对这里用兵,而其土司制度一直到清末才告坍塌,民国时期又死灰复燃。同时,近些年来,藏区一些地方紧张的形势,以及那种一定要把内部原本具有的族源的、历史的、文化的、甚至是宗教(藏传佛教内部不同教派)的多样性的存在,描述成一个文化与政治整体的假象——即所谓"大藏区"——的现实,促使我在更广大的范围内对川属土司历史进行更深入的考察。

写瞻对,既有厚重的历史内涵,又有明晰的现实针对性,我越写越感到我不是在写历史,而是在写现实。写作中困难也很多,主要是藏区普遍缺少符合史学研究要求的文档存留,地方上传下来的东西主要是有关佛教的,其中牵涉部分历史的信息也掺杂太多佛教的解释,可信程度自然降低。好在我的汉语包括文言文基础尚可,可以查阅清史和清宫档案,同时也收集了大量彼时代民间知识分子的记录,结合进行了大量的田野考察,逐步理清了瞻对地方的历史脉络。

"藏独"观念并不是藏人固有的

朱维群：我感觉你对瞻对历史的描述有一个贯穿全书的大背景：西藏和各省藏区自古是中国的一部分。

阿来：在本书或我其他作品的写作中，一直有两个原则：一、不预设立场，而是尊重现实，尊重历史，在现实和历史的考察中得出结论。二、一个作家的出发点，也就是说，他的动机应该是"善"。这个善，放在有关民族与文化问题方面，那就是提倡交流与融汇，而不是煽动疏离与敌视。这是所有民族与文化走向的大势，也关系到社会的安定与人民的福祉。这个"善"，用佛家的说法，是一个愿心；用西方古典哲学康德们的话来说，就是服从历史的规定性。也就是说，真正的"善"，必指向"真"。

基于此，在梳理瞻对有关史料时，我心里一直带有一个问题："西藏独立"观念是不是藏人固有的？我所查阅到的所有资料表明，历史上，自吐蕃政权崩溃后，藏人心目中并没有什么"独立"概念。我读到过一个民国时期曾经很活跃、向往共产主义的藏族青年革命者的回忆录，其中讲他如何在金沙江边向一个贵族宣传斯大林的民族理论，而那个听讲人，听到今天我们所熟悉的以语言、以地域、以信仰的异同来划分民族共同体这样的"常识"时，还感到闻所未闻的惊讶。

这并不奇怪，民族，其实是一个相当现代的概念。当时藏区各地方同中央政府之间发生矛盾，不是因为政治上要"独立"。具体到川属藏区，不过是因为生产力低下，人口稀少，以土司（有时也以寺院）为代表的地方势力，随着彼此间势力的消长，在这种动态的过程中，势力强劲的一方，总是图谋扩大自己的势力范围,打破治权平衡,其主要方式是侵吞弱小一方的地盘与百姓,或者越界掠夺财物。这种情形自古而然,但在土司制度实行以后,清代中央就负起了维持地区秩序与地区间权力平衡的责任,冲突起来后便要调解,调解无效就要实行强力镇压。比如瞻对这个地方,从清朝到民初中央政府对此地用兵,除了民国年间的战争有"藏独"因素的掺入外,其他几次,都是出于前述原因。当然,强力镇压施行后,当地势力也竭力反抗,结果双方都付出惨重代价,但绝非是为什么"独立"而战。

只是到了近代,英国人入侵西藏,西藏上层眼见清朝国力衰微,不能再如清中期前那样以强力保护西藏,一些人的意识才慢慢变化,有了脱离中国的政治诉求,并且通过宗教势力——特别是格鲁派势力的扩张,把这种诉求扩散到其他藏区。川属藏区一些土司受到这种观念影响,已是民国时期了。近现代西方"一个民族一个国家"的观念,又给"藏独"意识披上现代理论的外衣。所谓"西藏独立",其实藏人过去都不这么想,这是清末西藏地方反抗英国入侵惨败,以及二战前后英属印度的独立运动的影响,由此渐渐产生出来的观念。而民国数十年间,中国内战不止,加上日本人的入侵,中央政府除了名义上不断向国际宣示对西藏主权外,很难实质上制约西藏地方政府,从而强化了这种观念。

我们的民族区分应当是富有弹性的

朱维群:其实,西方国家自己也没有真正实行"一个民族一个国家",如果真正实行,今天的西方国家大多也应该解体。在今天,这种理论主要是针对中国来的,就是利用中国多族群的国情,从"民族问题"入手,使其分裂中国的图谋获得"理论""公义"的支撑。

阿来：中国所谓"民族"与西方所谓"民族"有很大区别。自古以来，中国的民族你来我往，一直处于一种既相互有所区别，又不断交融、融合的过程之中。比如藏汉之间，从古到今是大量混血的，现代社会人口的迁移更加速了这个进程。即使不混血，一个汉人在藏区久了或一个藏人在内地久了，在文化上都会增加许多对方的东西，以致很多人在公共场合如果不特意标明民族身份，从装束到交往、表达方式都区别不出彼此。

另一方面，一些人口较多的少数民族内部也富有文化多样性，比如藏族有卫藏、安多、康巴、嘉绒、白马等等分别，有各自的历史传承，各自不同的族源，各自的生产方式和风俗习惯，相互语言也往往说不通。只是吐蕃的兴起，尤其是后来藏传佛教的传播，为这些本不相同的高原族群增加了许多共同的文化特性。

这个进程正可以说明，历史上中国各民族之间的边缘本是模糊的，有弹性的，而不是清晰到从地理上就可以拉出一条明确的线，作为不同民族或不同文化的分界，更不是清晰到每一个人都有一个亘古不变的基于血缘的民族身份。所谓"蛮夷之分"，在中国人传统的认知中，在细部上其实始终是模糊的，而这种模糊带来的弹性，其实就是交汇融通的可能性，这本来是中国解决民族问题的有利条件。问题是到了当代，我们的民族识别和一些措施使公民的民族属性过于清晰，行政区划又使民族的地域概念过于清晰，把文化上的弹性、过渡性地带弄没了。

1971年，法国著名人类学家列维·斯特劳斯应联合国邀请在国际反对种族主义者大会上作开幕演讲，那时，他就敏锐地指出，对于文化与种族的多样性这样的全球化问题，有两种处理方式，那就是"既可以靠一种加大差异的力量，也可以靠一种减弱差异的力量"。我以为，我们现今的一些政策，是在"加大差异"，差异越被过分强调，那么国家共识与认同的形成就越发困难。斯特劳斯就曾经指出：如果"加大差异"形成一种力量或习惯，那可能会付出两个代价，或者是"社会不能发展"，或者是"社会发展也不无风险"。

朱维群：首先要承认，民族现象在中国是客观存在的；同时也要指出，中国各民族自古就是互相交融的。从我国各民族的族源来看，没有哪一个民族的成分是纯粹单一的，每个民族的发展演化都是在各种形式的民族混居、通婚、迁移中，既保持自己特色，又不断吸收、容纳其他民族成分的过程中完成的。这就造成中国各民族间的界限不同程度地呈现出相对性、变易性、不确定性。

清人解释孔子的思想，"诸侯用夷则夷之，进于中国则中国之"，并不把基于血缘的民族身份区分看成凝固不变，而是强调文化认同对于民族身份认定的关键意义。这个传统，使得在中国搞"民族分裂"不太容易。我们周边的人，很多家庭是多民族组成的，生出孩子的民族身份也可以有多种选择，为什么长大了却要把民族界限识别得那么清楚？

在我们公民的各种身份认证中，除了性别、年龄等自然属性，民族身份几乎都被列为第一表征，时时处处受到强调和提醒。这固然有助于一定时期内增强国家对少数民族采取帮扶、优惠措施的针对性，但也造成我们一些地方不同民族身份的人之间发生点什么事，很容易就上升为"民族问题"，而成了"民族问题"，法律的效能往往就会打折扣，解决办法或者偏向于对特定民族成员采取防范措施——其后果是引发有关少数民族人群不满；或者偏向于妥协迁就、花钱买平安——其后果又往往是引发内地人群不满。我们社会原来很"皮实"的民族关系反而变得越来越敏感，有的时候成了易碎品。

我在2012年一篇文章中建议将来居民身份证中取消"民族"一栏，当时受到很多人尖锐指责，他们认准如果身份证上没有这一栏，他那个民族就会被"消亡"。现在一些民族同志也意识到，这个东西固然在一定条件下可以带来某些优惠、好处，但在一定条件下也可以带来特殊防范。总的来看，我们民族政策的走向，还是要向"交往交流交融"努力，增强中华民族的共同性、一致性，而不是再去强化和细化民族之间、民族区域自治地方和非民族区域自治地方之间的区分，把这种界限划得越来越清楚。

至于会不会如同有些同志所担心的国家对少数民族经济上的特殊帮扶由此减少呢？不会的。我国少数民族地区与贫困地区在很大程度上是重叠的，国家对少数民族的帮扶总体上可以通过地域性差别化政策解决。对真正整体性贫困的民族可以保持原有的民族性差别化政策，但其范围实际上是很有限的。

阿来：我对把民族身份具体到每一个人，而且明晰地落实在户籍、身份证和各种行政履历上的这种做法，可以明确地说，是持反对态度的。

刚才说到不同民族间、不同文化间保持一定模糊性，也就是一些弹性，是有好处的。而把身份明确到每一个个体身上，民族区分就成为刚性的存在，难以变更了。即便血缘混杂了，文化交融了，还需要你退后一步，去寻找一种特殊的"民族"归属。文化多样性固然是重要的，但没有必要以刚性规定每一个人的民族身份作为手段。

民族身份问题有两个理论来源：一是斯大林的民族理论，但这个理论的最大实验场是苏联，其结果我们已经看见。另一个理论来源是上个世纪中期兴起的后殖民理论，是反殖民主义的，倡导或应和了当时的反殖民的民族国家独立风潮。但这样的理论用于一个多民族国家内部治理，是有问题的。何况，从西方来讲，这个理论也在发展中，比如亨廷顿的文明冲突论就观察到民族国家兴起后新的政治格局与新的冲突源泉。美国人福山对苏美冷战结束后的世界范围内的民族问题也有很深入的思考。福山说："很奇怪人们为什么会认为，民族主义这种近代的历史现象从此以后会是人类社会场景的永恒特征"，因为"经济力量正在通过创建一个一体化的世界市场，摧毁这些民族藩篱"。

必须看到，在今天的社会，对文化区分的过度强调最后几乎都会演绎为政治问题。我最近在写一部长篇小说，其中一个重要的主题，就是谈这种身份识别带来的困境与冲突。今天，在西藏、新疆一些事态的刺激下，一些地方在施行种种安全措施中，往往以个人的族别身份作为重点防范与盘查的依据，其实伤害了很多认同并维护中国统一的少数民族身份的公民。这样的举措，虽有短期工作之便利，长期来看却有"为渊驱鱼，为丛驱雀"的负面效果。

我个人也身在其境，当我身在旅途，在酒店，在机场，在一切有安全防范之处，都因为身份证上的那个族别，而受到重点盘查，都为之迷惑，为之痛苦，为之愤怒。我不需要因为民族身份在工作中受特殊照顾，我也不希望因民族身份而感到我不能在这个国家享受和大多数人一样的平等的公民权。

民族教育要把学生放到开放竞争的环境中去

阿来：我们民族地区教育体制中有些做法我认为也有待研究。比如，民族院校、民族中学、民族班等的设置，作为一种过渡性措施，在新中国建立后一个时期，是有其必要性的。但是，现在经过几十年发展，民族地区经济、社会发生很大变化，很多地方的基础设施比建国初期的内地还要好出很多，同时，苏美对峙的冷战结束后，国际的意识形态背景也发生了很大变化。如果我们还是把青少年学生按民族身份圈在一起，分开教育，效果就未必好。过于强调差异，不利于国家共识的培养与形成。

现在国家为了促进少数民族教育，把一些孩子集中到内地大城市上学，这本来是促进少数民族教育事业、促进民族交融的好办法，但是到了内地依然把这些孩子圈在一起，异地陌生环境的无形压力，使他们更加抱成一团，结果是那个小社会的封闭程度比原先当地那个大社会还要厉害。我认为，无论是在民族地区还是异地办学，无论是中学还是大学，要把学生分散开来，放到一个充分竞争的环境中去。民族学生起初学习基础可能弱一些，可以低几十分录取入学嘛。但是毕业时不能降低标准，否则你把他弄到内地来有什么意义？这会使得少数民族孩子永远也摆脱不了低水准、受照顾的状态，永远也建立不起竞争的自信心。我们多少年来形成这么一个循环：少数民族孩子从小在民族中学读书，然后到民族学院读书，所学专业大部分又是本民族语言、文学、历史，毕业后又在民族院校或相关机构教书、做研究。这样传上两三代，就算是种青稞，种子也会退化呀！

教育要尽可能在地化，因为教育的影响是全面的，不仅对学校里的受教育者而且对于整个社会都会产生影响，过分依赖异地教育等于放弃教育与文化在社会更大范围产生影响的可能性。

朱维群：我问过一些少数民族高中生、大学生：你们这样的知识结构，国家通用语文也不能很好掌握，将来就业问题怎么办？他们说，国家可以给我们制定专门政策啊，可以分配岗位给我们啊。有些地方管教育的干部也是这个想法。我赞成国家在一个时期内为少数民族学生就业制定一些特殊政策，客观上，教育模式的转换也需要一个过程。但是在市场经济竞争的大环境下，这毕竟不是长远之计，从长远看也不利于少数民族群体的进步与兴盛。

阿来：我经常回想我在村里上学那个时候。学校只有几间烂房子，几十套破课桌，哪里有现在这个条件！但是当时来了两个外地老师，他们影响了我一辈子。他们不仅给学生带来新知识，而且给整个村子带来新观念、新时尚，整个村子都在谈论他们，年轻人就会模仿他们的说话、穿着、姿态，女孩子甚至想嫁给他们。有文化的人到了一个地方，他会有形无形、有意无意之中一点一点改变那个地方，而且是柔性改变。

我80年代开始在当地中学教书的时候，老师中有广东人、上海人、湖北人，现在再回那个学校，没有五湖四海，师资几乎全面本地化了。我希望民族地区学校要有外来师资，至少占三分之一，最好有一半。不能过分依靠热情却缺乏专业经验的短期志愿者，要通过同内地学校结对子的方法，让内地老师轮班来，一个人待上两三年，保持一个循环，使民族地区学校保持一支稳定、连续的内地教师队伍。

总之，教育最好主要在当时当地进行，移风易俗，增加文化共性，增进国家共识，文化教育要走在前面。国家既然可以指定强有力的政策措施在行政、经济、维稳方面向各地藏区输送大量的高素质干部，为什么就不能有相应措施输送文化教育方面的优质人才？文化教育不走在前面，没事的时候不闻不问，有事时，就是维稳力量冲在前面，这既无助社会长期的安定发展，也授人以口实。

国家治理当然有刚性的一面，但更长期更常态的还是柔性的施展。照顾民生自然也展示国家力量柔性的一面，但那只是物质层面，更重要的是情感与精神。中国各藏区，论物质条件与老百姓生活水平，相对几十年前，其提高程度何止十倍，改革开放后更是成绩斐然。但为什么这些年"藏独"意识仍然在一些地方滋长？这说明，只从物质层面着手解决民生问题，并不能解决国家认同问题。认知与认同，这个要靠文化教育长期春风化雨式地建立。最重要的是教育在地化，青少年学生进入内地也要适度，要分散，要交融，在适度照顾的前提下也要充分竞争。不只是学生要如此，教师和管理人员更要如此。

今天四川藏区的治理仍然要重"势"

朱维群：我们再回到阿坝、甘孜的话题吧。四川藏区面积占全省的一半，素有"汉藏走廊"之称，既是上世纪50年代和平解放西藏的前进阵地，又是1956年叛乱首发地。就经济发展来说，这里地处高寒，群众贫困面大，贫困程度深；就社会稳定来说，近年反分裂斗争十分尖锐，2008年拉萨"3·14事件"后这里一度也有闹事，2011年以来自焚事件一度频发多发，对西藏和其他藏区的稳定也带来负面影响。

你在分析瞻对这个延续数百年的"铁疙瘩"为什么在清末民初的社会风暴中终于融化时，把这一现象解释为"势，大势所趋"。概括你的叙述，我把这个势大致归纳为：新的生产力和生产关系输入，使四川藏区社会的政治经济文化形态发生改变，为其跳出历史的重复循环提供了内生推动力；改土归流，实现地方行政管理方式同国家主体管理方式的一致化，为四川藏区走出停滞、割据、战乱，走向长治久安，从管理方式上提供了可能性；摆脱"大藏区"的羁绊，倾心内向，把命运系于中央政府，系于四川和四川背后广阔、先进的内地；抑制寺庙势力的膨胀，摆脱西藏政教合一的统治集团依靠宗教影响力对四川藏区的政治控制；提升中央政府对四川藏区的权威和治理水平，抵制外国势力及其操控下的西藏统治集团搞"大藏区"、将涉藏事务国际化的图谋，等等。我认为，这些经验对今天四川藏区的治理仍具有相当完整的借鉴意义。

改革开放以来，四川藏区的稳定问题过几年就会程度不同地出现一个反复，要打破这种循环，同样的道理，必须从根本上改变藏区的社会形态，而改变社会形态的关键是植入和培育现代生产力和现代管理方式，输入现代文化教育，健全现代社会各项服务，打破封闭半封闭状态。

近年来，藏区与内地人流、物流、资金流和信息流的对流加快，旅游业迅速发展，中央的项目支持、省内外的对口支援使先进技术和管理经验大量进入，新的生产力和生产方式已经在形成之中。这不仅使藏区经济社会发展有了更强的内生动力，而且促进了藏民族同内地民众的相互了解和交融。大体上四川藏区从西北向东南，离四川盆地越近，民族交融程度越高，社会发育程度和稳定程度也就越高。但是在地域广大的"深藏区"，传统落后的牧业、半农半牧业仍占据主要地位。我查了一下，2013年四川藏区三大产业结构比例为19.0：46.7：34.3，但从业人员依次为82.76万、6.59万、36.12万，也就是说大约66%的从业人员仍然从事传统落后的农牧业，只创造19%的GDP。我以为，我们应抛弃形形色色的顾虑，充分借助四川藏区业已形成的这个势，促进藏区社会的全面发育，包括：加紧把援助重点从一般性"扶贫"、给钱给物，转变为重点植入和培育现代生产力和生产方式，通过专业合作组织把农牧民同内地的市场联系起来，促使藏区积极主动为国家项目提供配套服务，主动参与四川盆地各城市工业园区建设，把教育的重点转到职业教育。同时遏制宗教过热现象、淡化原始部落制和土司制遗留下来的旧有社会思想意识。在这个过程中增进藏民族对四川、对全国的认同，而不是对"大藏区"的认同。完全实现这一目标无疑需要一个过程，但不如此就不能从根本上摧毁"藏独"赖以生存的社会结构性基础，就不能彻底摆脱藏区几年一乱的循环。

阿来：改变四川藏区社会的反复性，有几个问题要引起注意。

第一个问题，寺庙影响力膨胀。历史上藏区寺庙形成了顽固的利益集团，近代以来，他们把自己视为全体藏人当然代表，使老百姓、使整个社会都处于宗教势力的覆盖之下，很难产生与发出不同诉求和声音。民主改革后情况发生改变，但现在宗教势力膨胀的问题正不同程度地重新发生。从长远看，一定要坚持把宗教与政府权力彻底分开，也即政教分离。从世界范围看，这也是欧洲从文艺复兴以来所取得的经验。就国内的经验看，这是藏区民主改革最重要的成就。

今天，宗教界人士通过政协参政议政，或一些特别渠道发表意见是可以的，但是不能染指政府的权力。一些基层政府把属于政府的工作拱手让给寺庙，这等于放弃政府的职能和权威。前些年，有寺庙人员公然在社会上煽动、强迫藏人不吃肉，不屠宰牲口，不种庄稼，甚至以暴力威胁，而他们自己却过着十分优裕的生活，你能指望这样的人帮政府搞稳定，改善社会民生吗？

目前西藏自治区的出家僧人数为46000多人，据我可以查到的资料，这个数目已经超过了西藏全区教职工的数量。而四川藏区僧侣人数更达到六万多人，这实在是太多了。我国政府规定寺院编制，这在国内外被一些人当作政府压制"宗教自由"的口实，而我们的回应大多数时候是无力的。

其实，至少清代，政府就对藏区各寺院的僧人数量有明确规定，只是到了晚清，辖制能力日渐衰微，才造成宗教势力特别是格鲁派寺院失控性发展。唐代，西来东传的佛教曾兴盛一时，造成宫廷中兴佛派与毁佛派的激烈斗争。其中所关涉的现实政治问题，就是寺院规模越来越大，而引起劳动力与兵源的紧张，税收的减少，宗教势力大到一定程度后便会通过不同的途径来影响与干预政治。所以，如何保障宗教信仰自由，又使宗教处于一个适度的规模与程度，使其不离宗教导人向善的本旨，安于其位，不干预国家政治，一直是一个真正的中国问题。很遗憾，这些历史经验本可以成为很丰厚的思想资源与施政镜鉴，但这方面的研究却非常薄弱。在这一点上，我觉得我们这些知识分子是失语与缺位的。更有甚者，还有研究者最后失去学术的理性，而使自己成为失去学者本位的宗教膜拜者。

朱维群：我们当然要坚持宗教信仰自由政策，也充分肯定藏传佛教界这些年的进步。但是无须讳言，一个时期以来，一些寺庙扩规装修，金碧辉煌，与学校、医院形成鲜明对比。很明显，藏区当地社会的经济基础根本不足以支撑如此巨大的耗费，相当部分资金来自沿海、内地民间特别是一些企业老板、演艺明星的大额捐赠。内地资金支撑藏区寺庙的不正常、超规模扩张，实际上是对藏区社会发展的一种外来阻扰。一个时期以来，藏区众多假僧人假活佛也乘机到内地"传教"敛财，破坏了内地治安，也败坏了藏传佛教声誉。

阿来：现在藏区活佛僧人，无论真假，到内地弄钱都很容易。我去过新龙县一个村子，当地人说，这村很多男人都装成喇嘛到内地化缘，成了一种"产业"。他们对我说：汉人笑我们信教是愚昧，可是他们连真假喇嘛都分不清楚就给这么多钱，不是更愚昧吗？

我讲的第二个问题是一些知识分子思想倾向正发生变化。比如有一些受过现代教育的年轻人，起初非常激烈地反对宗教，认为藏人之所以落后就是因为宗教的拖累。他们意识中，是让藏人从宗教束缚中解脱出来，融入现代社会。但他们传播与实现这些思想的途径有限，后来一些人反对宗教的势头慢慢收敛，却对"藏独"产生同情。拉萨"3·14"事件后，新华社记者来采访时我就讲过：不要只盯着街上扔石头的那些小青年，这些人头脑比较简单，只要有人扔石头，不管扔向谁他们就会跟着扔。要注意的是他们背后有"思想"的人。

政府要多想办法，为关心民族命运与国家政治的青年知识人找出路，给他们更多机会参与国家政治与社会建设，让他们在健康的正确的方向上报效国家与民族。青年知识分子，应是统一战线在新现实新社会环境下争取的重点。真正的宗教人士、高僧大德，按佛典修行化众，并不那么关心政治。但年轻知识分子，对民族问题、国家政治必然高度关切。要理解他们的关切，提供正确的路径帮助他们实现社会关切。这些年轻知识分子所在相关学院与学术机构应当对这些思想的流变有敏感，有引导，提高他们的学术理论水平，不能让他们始终处于一个次文化圈，而成为一代"愤怒青年"。

朱维群：我在新疆爱国主义教育活动有关会议上也讲过这样的话：不仅要使农牧民、基层职工、普通市民受到教育，更要使干部、传媒工作者、教育工作者等掌握着现代社会话语权的群体受到教育。上街闹事的人只能煽动他周围有限人群，而掌握着社会话语权的人如果思想倾向扭曲，比如《匈奴简史》等三本坏书的写作、出版者，他们可以影响一大批人，可以源源不断地制造出上街闹事的人。创造一个好的思想、舆论社会环境，始终是西藏、新疆实现社会稳定的重大问题。

阿来：第三个问题是干部问题。要承认，我们基层一些干部工作比较软、比较懒的状况需要改变。一些时候基层政府把很多说服老百姓的工作交给宗教人士去干，即便这些宗教人士是倾心爱国的，政府也不能把本来属于自己的职责转让出去。在藏区，虽然各方面困难、问题多一些，但同时这也是考验、提升各级政府执行力的机会。问题和困难通过什么途径解决，通过什么人解决，关乎政府的权威能否真正树立。

特别建议在藏区这样实行民族区域自治的地方，国家大中型建设项目和大中型国企民企应当多吸收本地的工人、干部、专业技术人员，而不要把这些人全都局限在地方上，局限在当地。这会真正有助于本地人才的全面成长与发展，让各民族人才真正流动起来。

朱维群：我们从《瞻对》这本书谈起，谈到四川藏区治理，谈到我国民族工作的趋势，这恰恰说明这本书引起人们讨论的东西可能比它提供的结论性东西还要多。这个对话有些内容可能会引起一些争论，让我们听从未来实践的检验吧。

阿来：一句话，新中国建立以来，我们国家实行民族区域自治及相关民族政策，总体是成功的，取得了很大的成就。但从新中国成立到现在已经半个多世纪，国内国际形势，以及与民族文化相关的意识形态都发生了很大变化。目前，国家在政治经济各个领域进行大规模的改革，本着改革开放的基本精神，我们的民族政策的一些部分，也到了进行适度反思与改进的时候了。

本文发表于 2015 年 5 月 31 日凤凰网。

关注"丝路经济带"的民族宗教问题

(2015年12月8日)

　　传统丝绸之路，通常是指以洛阳、西安为起点，向西经陕西、宁夏、甘肃、青海、新疆，连接中亚、西亚直至地中海各国的陆上商道。今天中国首倡的丝绸之路经济带，则是由中国经中亚、俄罗斯至欧洲，中国经中亚、西亚至波斯湾、地中海，中国至东南亚、南亚、印度洋等一系列国际经济合作走廊组成的网络状开放型经济贸易体系，其所联通的国家、地域远超传统丝绸之路，但是其基本构成仍然不脱离历史上的主干。

　　历史上的丝绸之路同时也是"民族融汇走廊""宗教交流走廊"。今天丝绸之路经济带在中国境内关联度最高的地区仍然是少数民族人口比例较高的地区，比如被定位为核心区的新疆，少数民族约占总人口的63%，宁夏回族约占总人口的36%。这些地区同时又是宗教比较活跃的地方，特别是伊斯兰教具有广泛的社会影响，新疆穆斯林人口占总人口近50%。出境再往西，经中亚、西亚直至北非，基本都是伊斯兰国家，沿线民族、宗教情况复杂，各国政局稳定性及经济前景无不与这两个问题密切相关。我们对丝绸之路经济带的研究无疑以基础设施建设、资源开发、商贸连通、产业链分工等经济活动为中心，但同时也要看到，无论国内还是国外，民族、宗教因素始终是关系到丝绸之路经济带建设全局的重要问题。

在经济带国内段，首先要看到，尽管改革开放以来国家不断增加对西部地区的投入，使这里的基础设施有了很大改善，群众生活有了很大提高，但由于地处高原、高寒、干旱、边境地区，沿线迄今很多地方仍是欠发达地区，基础设施历史欠账多，社会发育程度低，城镇化进程慢，生态保护任务重。由此造成内生发展动力不足，对国家财政补贴的依赖度偏高。"民族地区"和"贫困地区"两个概念在这里经常是重叠的。比如甘肃21个民族县（市）中有18个属于全国集中连片特困区域，民族地区贫困发生率22.9%，高于全省平均水平3.1个百分点；新疆喀什地区贫困发生率21.76%，克州贫困发生率达46%，比全疆平均水平还高28个百分点。因此，当我们研究如何利用丝绸之路经济带建设的战略机遇和战略空间加快对外交流、互通时，必须考虑到调动沿经济带各民族地区的积极性，用好当地自然资源、人力资源、文化资源，使其有一个更快的发展。为此，国家有必要在这些地方多上一些类似"疆电外送"那样投入大、效益好，具有长期、多方面带动效益的项目，增强地方经济整体实力。避免过去在民族地区资源开发中当地受益偏少的情况再发生，努力使民族地区群众从项目中多受益，增加就业，提高收入，带动脱贫。只有沿线各地都有一个较快的发展，丝绸之路才能从传统意义上的"商路"变成现代意义上的"经济带"，才能拥有向西开放的强大推动力和可靠的经济、社会基础。

改革开放的头三十多年，中国的对外开放主要是向东，而西部边陲则被当地干部自嘲为"口袋底"。丝绸之路经济带战略构想的提出和实施，把"口袋底"打通了，中国西部再一次成为贯通欧亚大陆的东西大通道的组成部分，成为中国对外开放新的前沿。在新的开放格局中，与西部境外的经济合作将迅速扩大，而来自西部境外的文化影响力也势必显著增强。沿经济带民族地区不仅要抓住机遇，利用地缘条件，就近向西看，向西开放，更要坚持向东看，向祖国内地开放，在与东中部地区各类生产要素的流动中，特别是劳动力和各类人才的流动中，增进各民族全方位的交往交流交融，更好地依托和融入全国经济大局。新疆境内有9个民族同相邻国家的民族血缘相亲、语言相通、风俗相近，有天然的文化心理上的亲近感。这是争取沿线国家民众对丝绸之路经济带理解、支持和参与的有利条件。同时更要在经济带建设的过程中运用事实的力量、文化的力量、兄弟情谊的力量，不断增强我国沿经济带各民族对伟大祖国、对中华民族的认同感和向心力。

历史上丝绸之路在促进古代中国与中、西、南亚广大区域宗教交流方面起到过重要作用。可以预见，今天丝绸之路经济带的建设将为我国西部与境外的宗教交流提供更便捷的条件。现代国际社会地缘政治和国家主权概念已经大大不同于古丝绸之路那个时代，从国家主权和安全的角度看，国家有责任对这种交流进行管理和指导，有必要总结历史的经验，使这种交流最大限度地发挥正面、积极的作用。抗日战争时期，中国伊斯兰教界运用宗教交流形式，在中东、北非和东南亚伊斯兰教界揭露日本军国主义对中国穆斯林和世界穆斯林的危害，对抗日本在阿拉伯世界的欺骗宣传，推动了伊斯兰世界抗日联盟的形成。这一经验值得我们在今天新的历史条件下予以借鉴与继承。要引导我国西部广大穆斯林在向西开放的新的条件下，坚持伊斯兰教进入中国千余年来走"中国化"道路的传统，坚持中国宗教独立自主自办原则，抵制宗教极端化、"去中国化"、一切以外国马首是瞻的倾向发生和滋长，抵制各种对国家主权构成威胁的外来渗透。这是中国伊斯兰教走与社会主义社会相适应道路的必然要求，也是丝绸之路经济带获得成功的重要保障。

在经济带国际段，各国普遍有着与中国加强经贸合作的强烈愿望，也各自拥有自己的优势。但是一些国家经济实力不强，或者虽然拥有一定实力却遭受国际强权势力封锁、打压；一些国家政局持续动荡，给经济活动带来很多不确定性；一些国家政府孱弱，地方、部族势力尾大不掉，政局的变化往往导致已经谈妥的项目发生改变。1979年伊朗伊斯兰革命后，伊斯兰复兴运动浪潮冲击着几乎整个伊斯兰世界，宗教极端主义借机兴起、泛滥，中亚一些地区成为极端势力、暴力恐怖势力的聚集地。比如国际极端组织汇聚的费尔干纳谷地，距新疆克州直线距离不足200公里。这些势力不仅对经济带的未来构成潜在威胁，而且已经现实地影响到我国西部的思想和社会稳定。

因此，丝绸之路经济带国际段建设要努力探求中国与相关国家和地区的社会各方的利益平衡点，项目的实施要尽可能惠及当地经济社会发展，惠及当地百姓，包括更多使用当地各民族、部族员工，增加其就业率，提高其技能水平，输入适用技术。研究、尊重沿途国家和地区同中国之间文化的差异性和法律体系的区别，多方开展人文合作，倡导不同文明、不同宗教、不同民族间的平等对话和交流。善于发挥宗教在改善与相关国家关系中的公共外交作用，支持有关国家化解本国由民族、宗教问题引发的冲突、矛盾，同时努力避免卷入他国宗教、教派、部族争端的旋涡。在这个过程中，也要十分注意防止邻近国家与地区的民族宗教问题向我国溢出。

经济带国际段特别是中国经中亚、西亚至波斯湾、地中海，中国至东南亚、南亚、印度洋路线的建设，必须警惕和防范境外宗教极端主义、暴力恐怖主义的破坏以及对中国的渗透、颠覆、分裂活动。经济带建设从宏观规划到具体项目决策，都要从社会政治角度进行风险评估，最大限度地趋利避害，同各相关国家共同建立安全风险预警机制和反暴恐合作机制，维护好中国自身利益和经济带相关国家的共同利益。

2015年8月，作者率全国政协民族和宗教委员会调研组就"丝绸之路经济带"所涉及的民族宗教问题赴甘肃、新疆进行调研。本文系调研组提交全国政协的报告的一部分。

"活佛转世"最高决定权在中央

(2015年11月30日)

十世班禅转世灵童寻访认定严格遵循宗教仪轨历史定制

1995年11月29日,第十世班禅转世灵童金瓶掣签仪式在拉萨大昭寺释迦牟尼像前举行,紧接着同日在拉萨参加经金瓶掣签认定的坚赞诺布继任第十一世班禅册立典礼,12月8日,第十一世班禅坐床仪式在日喀则扎什伦布寺举行。20年前这一系列庄严仪式,是藏传佛教活佛传承历史上的大事,也是体现中国中央政府对西藏的主权、对活佛转世事务最高决定权的大事。

同达赖喇嘛世系一样,历史上班禅世系名号的确立以及转世灵童的寻访认定,是属于中国主权范围内的事。1713年,清康熙皇帝封第五世班禅为"班禅额尔德尼",并赐金册金印,这是历代班禅正式称谓"班禅额尔德尼"的开始。1793年清乾隆皇帝颁赐金瓶于拉萨大昭寺,专掣达赖、班禅等藏区呼图克图以上大活佛,此后直至1904年,仅西藏地区就有39个重要活佛世系的76位灵童是通过金瓶掣签而认定的,其中包括第十、十一、十二世达赖和第八、九世班禅。凡免于掣签的,必须报请中央政府批准。这一制度,对于以中央权威制止以往灵童寻访认定过程中的营私舞弊行为,保护藏传佛教正常秩序及社会稳定,维护祖国统一发挥重要作用。

1989年1月28日,十世班禅在西藏日喀则圆寂。1月30日国务院即作出关于十世班禅转世问题的决定,从6月开始,成立了由第十世班禅的经师、扎什伦布寺民管会部分成员等组成的灵童寻访工作班子,及由中国佛协会长赵朴初、副会长帕巴拉·格列朗杰为总顾问的顾问班子,开展寻访各项工作。但以十四世达赖为首的分裂主义集团的捣乱破坏活动也随即开始。达赖公然同中央对抗,妄称确认下世班禅完全是他的"责任",并在国外非法组成"寻访班子"。1995年初,在寻访工作取得实质性进展、已形成重点对象名单的关键时期,达赖违背班禅大师本愿,弄虚作假,企图把他圈定的一名儿童秘密通过个别人强行塞进重点名单,而当他的阴谋被中央识破之后,达赖悍然在国外擅自宣布他所圈定的儿童为"班禅转世灵童",此举再次暴露他分裂国家、背离藏传佛教传统的本来面目。

1995年11月初,班禅转世灵童寻访领导小组在北京召开会议,一批有代表性有影响的活佛、高僧大德参加。会议一致表示要旗帜鲜明地同达赖祸藏祸教的行径进行坚决斗争,决定尽快把候选儿童确定下来,通过金瓶掣签认定,报中央政府正式批准,圆满完成十世班禅转世这件佛门盛事。

这次会议同时再一次给达赖的问题定性,指出"大量事实表明,达赖是图谋西藏独立的分裂主义政治集团的总头子,是国际反华势力的忠实工具,是在西藏制造社会动乱的总根源,是阻挠藏传佛教建立正常秩序的最大障碍"。鲜明提出"只要达赖一天不停止叛国乱藏的活动,我们同他的斗争就一天不会停止"。

由于灵童寻访认定工作指导思想进一步明确，工作步伐明显加快，到12月就圆满完成十一世班禅的认定、批准、迎请、坐床，整个过程如行云流水，一气呵成。西藏和其他藏区信众一片欢腾，而达赖则一败涂地，唯一收获是头上从此多了著名的"四顶帽子"。

十一世班禅全面健康成长

1996年1月，第十一世班禅和扎什伦布寺致谢团到北京拜见江泽民主席和李瑞环主席等中央有关领导。当时班禅还不满6岁，是新中国成立后中央领导接受拜见的最小的客人。作为一名出生于藏北大草原的藏族儿童，在中南海灯火辉煌的会见大厅里，班禅态度庄重、礼貌周全、举止大方、应对得体，引起会场一片惊叹，获得江泽民主席等领导同志的充分肯定，喜爱之情溢于言表。从那时到现在，班禅又先后拜见了胡锦涛主席、习近平主席和多位党和国家领导人，得到多方鼓励、帮助和指引，这些在班禅成长过程中发挥了不可替代的巨大作用。

20年来，班禅刻苦学习，虚心求教，严守戒律，在国民教育和宗教教育两方面都不断取得新成绩。

经过藏传佛教名师指教，班禅佛教造诣不断提升，1996年受沙弥戒，2009年受比丘戒。他每年都要到西藏或其他藏区举办法事活动，广泛接触寺庙僧众和信教群众，为他们讲经说法，近年来已累计为超过150万信众摸顶赐福，所到之处，获得广大信教群众的由衷崇敬。

从2009年开始，班禅已连续参加三届世界佛教论坛，他待人谦虚、礼貌、平和，在世界佛教界广结善缘，展示了中国藏传佛教的良好形象。

2010年他当选为中国佛教协会副会长，成为中国佛协最年轻的副会长，在国内外宗教界影响力不断上升。

2010年，刚满20岁的班禅被增补为全国政协委员，2013年当选为全国政协常委，又成为全国政协最年轻的委员、常委。班禅对政协的各类会议非常关心，只要时间安排得开，都要参加并争取发言。政协丰富的参政议政活动和与政协委员们的广泛接触，开拓了班禅的眼界，也给予了他提高参政能力的更多锻炼机会。班禅在政协先后提出《关于制定〈"汉藏互译名词术语"规范〉的提案》《关于日喀则市职业技术学校升格为高职学院的提案》《关于培养儿童和少年好习惯的意见和建议》，他所提交的《应依法纠正以藏传佛教历史名人的名字注册企业名称的行为》被评为2012—2013年度全国政协优秀社情民意信息。在今年6月全国政协常委会议上，班禅作了《依法管理宗教事务，使宗教为弘扬中华文化建设精神文明服务》的大会发言，常委们报以热烈掌声。从班禅在政协的活动中不仅可以看出他关注点广泛，而且可以体会到他对涉及民众生活的各类问题的强烈责任心。

未来大活佛转世事务要遵循同样规矩

大概因为年事已高，也因为"藏独"闹剧前景暗淡，近年来十四世达赖对于自己的转世问题谈得越来越主动、频繁。虽然达赖对于这样一个极为严肃的问题采取了一种"游戏视之"的态度，笑话百出，但始终固守一个调子，即"达赖喇嘛的转世问题，只有达赖喇嘛本人才能决定，与中央政府没有丝毫关系"。其"理由"是"无神论的中国共产党不能决定基于信仰基础上的事情"。美国国务院《2014年国际宗教自由报告》假充内行，跟着帮腔，称"由政府官员而不是宗教领袖对活佛转世以及其导师的确认，是背离传统习俗的重大偏差"。

然而历史事实是，决定达赖世系的存在及达赖转世从来就不是单纯的宗教事务，更不是达赖个人权利，它首先是西藏地方的重大政治事务，是中国中央政府对西藏主权的重要体现。达赖称号的出现，是由蒙古部落世俗权力授予的，1653年清顺治皇帝册封五世达赖，这个世系及其地位从此才正式确认下来。旧西藏实行政教合一制度，教依政而行，政恃教而立，达赖世系则位于这一制度的权力顶峰，达赖首先是中国西藏地方的政治首领，谁掌握了达赖名号，谁就掌握了西藏地方的政权。正因如此，历代中央政府从来没有也不可能放弃对达赖转世事务的决定权，这不仅是必要的，而且是合乎法理的，与执政者信不信教无关。十四世达赖本人，也是经当时国民政府批准免于掣签并派要员主持坐床典礼才得以继任的。如果没有当时中央政府的批准，那个名叫拉木登珠的青海湟中县小男孩大约终身也就是位普通农民。

1959年旧西藏政教合一的封建农奴制被彻底废除，但时刻梦想恢复旧制度的达赖集团还在，旧制度的影响还在，分裂主义思想和活动从来没有停止，因此，中央政府对活佛转世事务的决定权不仅不能削弱，而且要进一步加强，以确保反分裂斗争的胜利。即使将来达赖集团倾覆，在活佛转世问题上仍然要根据宪法关于"任何人不得利用宗教进行破坏社会秩序……的活动"的规定和《宗教事务条例》《藏传佛教活佛转世管理办法》，继续维护中央最高权威，防止对宗教的滥用，保持藏传佛教正常秩序，保护真正的宗教信仰自由。事实上，在十世班禅和其他大活佛灵童寻访认定的全过程中，中央和地方政府均充分尊重宗教人士的地位和作用，对他们履行观湖、打卦、秘密寻访、遗物辨认等传统宗教程序和仪轨予以支持和保障，真正体现了政教分离和宗教信仰自由的原则。这次班禅转世灵童寻访认定，使西藏大活佛灵童产生的基本程序在新中国得到确认和实践，未来必将继续得到尊重与遵循。而任何以其他方式产生的所谓"活佛"，都是非法的、无效的。

本文发表于《环球时报》。

达赖与暴力恐怖主义的关系能撇清吗？

(2015年12月25日)

前不久，十四世达赖在接受意大利《新闻报》采访时表示，"伊斯兰国"（IS）其因"偏狭"伤害了伊斯兰教，但"仍有必要与IS对话，需要倾听、理解，给予所有的尊重"。达赖甚至大发奇想："对要砍头的人如何倾听呢？只有用心来倾听敌人"。日前笔者在接受《环球时报》采访时，对达赖的此番言论进行谴责，达赖集团大为不快，伪政府发言人声称"歪曲、抵毁达赖言论是中共的一贯做法，所以不必为朱维群的疯狂言论感到惊讶。"

但是达赖集团对笔者的攻击无法阻止众多国际媒体对达赖奇谈的愤怒和嘲弄。俄国《奥德纳柯》杂志评论员写到："笔者一直想知道谁会第一个想到，着手使那些在镜头前砍掉反对者的头颅、活活烧死俘虏、让十来岁的孩子执行死刑的人变得有人性。原来是一个被西方媒体奉若神明的佛教兜售者。"俄"诺亚方舟"网评论员质问达赖："你要如何呼吁那些在意识形态方面毫无人性的人进行人道对话？"该评论员怀疑："达赖对该犯罪组织产生了敬仰之情"。吉尔吉斯斯坦政治学家马尔斯·萨里耶夫指出："达赖喇嘛呼吁与'伊斯兰国'对话，事实上，这是公众人物通过声明使恐怖组织合法化。"以色列学者迈克尔·莱特曼强调："达赖发表这样的言论，不是致力于和平，而是致力于战争。这只会导致更多战争和更多独裁暴力的发生。""加拿大家园网"转载日本网友对达赖的尖锐质问："您老人家是ISIS的同谋吧？到底是怎样的脑回路才能说出这样的话啊？"乌克兰网民建议："让我们派这个聪明人去敌方谈判吧！"篇幅有限，恕不一一列举。在此之前，2015年11月20日，联合国安理会一致通过决议，促请有能力的会员国根据国际法在叙利亚和伊拉克境内受"伊斯兰国"控制的领土上，采取一切必要措施，特别防止和打击"伊斯兰国"和"胜利阵线"的恐怖主义行为，摧毁他们在伊拉克和叙利亚相当多的地方建立的庇护所。达赖的言论，公然同整个国际社会的共识相对抗，招致国际舆论的一致谴责，是必然的。

问题还在于，达赖对现实和历史上的暴力恐怖行为及其制造者表示认同和赞扬，已经不是个别事件。1995年制造东京地铁沙林毒气事件，造成13人死亡、6300多人受伤的"奥姆真理教"教主麻原彰晃，与达赖是师徒关系，并在达赖推荐下使"奥姆真理教"成为日本政府正式承认的宗教团体。东京地铁惨案发生后，达赖公开说，他认为"奥姆真理教"是宣传佛教教义的，麻原仍是他的朋友。更有甚者，达赖在为庆祝自己75岁生日而接受印度电视台采访时，突然主动大谈起希特勒，声称："希特勒，从本质上说，特别在他年轻时，一定是一个充满同情心的常人。"当记者追问："你正在表示对希特勒的宽容吗？"达赖回答："当然了！如果我一直对他持有憎恨是没有用的。"达赖多次公开表示，希特勒"本性深处也有慈悲"，"他的痛苦也是相应的，所以我们把他作为发更大慈悲心的对象。"今日之世界，什么样的人，才会对希特勒如此大发慈悲？

达赖集团伪议会议员声称，中国关于达赖从未放弃过暴力的指责是谎言，"没有任何根据"。其实，对十四世达赖集团稍有了解的人都知道，这个集团的分裂主义历史，同时就是一部暴力恐怖主义历史。20世纪50年代这个集团与外国势力相勾结，在西藏发动武装叛乱，达赖在其"自传"中对这场"和平起义"有绘形绘色的描述："多数人以棍棒、铁锹、刀子及其他武器武装自己，部分战士及康巴人持有步枪、机枪，甚至有十四五门迫击炮"，他本人也曾"接过步枪，扛在肩上"。叛乱失败后达赖集团逃亡国外组织训练"藏独"武装力量扰乱中国边境，为害14年之久，达赖在其"自传"中还抱怨"美国人不希望留下援助西藏的把柄，刻意不供应美制的装备。他们空投的都是粗制滥造的火箭炮及老旧的英制步枪"。中国进入新时期后，受到达赖宠爱、纵容的"藏青会"声称："武装斗争和使用暴力是西藏获得完全独立的必由之路"，"恐怖活动可以用最低成本获得最大效果"，并同克什米尔有关组织、斯里兰卡泰米尔组织、阿富汗基地组织以及新疆的"东突"等国际恐怖组织接触，寻求相互支持。达赖集团多次在西藏煽动策划闹事，其中2008年发生在拉萨的"3·14"严重打砸抢烧暴力犯罪事件中，暴徒打死烧死无辜藏汉群众18人，打伤烧伤数百人。达赖不仅公然表示"不会要求他们停下来"，还造谣"中国军队冒充藏人搞打砸抢烧"，污蔑被烧的商店是妓院，被烧死的人是妓女，鼓吹放火有理，杀人有理。近年境外藏独势力通过境内少数寺庙煽动、制造自焚事件，达赖主持"特殊法会"，带头绝食，对自焚行为进行支持和鼓励，把一个又一个不谙世事的年青僧人、还俗僧人骗进火堆……

以上超简约的回顾足以说明，达赖集团同暴力恐怖主义的关系是撇不清的。当达赖又在鼓吹"倾听、理解、尊重伊斯兰国"的时候,善良的人们不可只当作一个笑话来听,而应当联系这个集团的过去和现在,对其真实目标和用心有一个清醒的认识。

本文发表于《环球时报》。